Sintaxe, sintaxes
uma introdução

CB002524

Consulte nosso catálogo completo e últimos lançamentos em **www.editoracontexto.com.br.**

Gabriel de Ávila Othero
Eduardo Kenedy
(orgs.)

Sintaxe, sintaxes
uma introdução

editora**contexto**

Foto de capa
Jaime Pinsky
Montagem de capa e diagramação
Gustavo S. Vilas Boas

Preparação de textos
Lilian Aquino

Revisão
Fernanda Guerriero Antunes

Dados Internacionais de Catalogação na Publicação (CIP)
Angélica Ilacqua CRB-8/7057

Sintaxe, sintaxes : uma introdução /
Gabriel de Ávila Othero, Eduardo Kenedy (orgs). – São Paulo :
Contexto, 2023. 224 p.
Diversos autores
Bibliografia
ISBN 978-85-7244-915-1

1. Linguística 2. Linguagem 3. Língua portuguesa – Sintaxe
I. Othero, Gabriel de Ávila II. Kenedy, Eduardo

15-0579   CDD-410

Índice para catálogo sistemático:
1. Linguística

2023

Editora Contexto
Diretor editorial: *Jaime Pinsky*

Rua Dr. José Elias, 520 – Alto da Lapa
05083-030 – São Paulo – SP
PABX: (11) 3832 5838
contato@editoracontexto.com.br
www.editoracontexto.com.br

Sumário

Prefácio

Jairo Nunes

O século xx testemunhou um desenvolvimento impressionante dos estudos sobre a faculdade da linguagem humana em todos os seus domínios específicos. Nesse panorama de consolidação da Linguística enquanto ciência, os estudos sobre a sintaxe das línguas naturais passaram por uma grande guinada. Até a metade do século, a pesquisa em sintaxe era bastante acanhada, quando comparada, por exemplo, à investigação em fonologia, e seu alcance não ia muito além do que já havia sido estabelecido pelas gramáticas tradicionais. Sem dúvida, parte dessa estagnação se deveu à inexistência à época de ferramentas formais que possibilitassem análises sintáticas mais aprofundadas. Com o desenvolvimento de semelhantes ferramentas no campo das ciências formais, a pesquisa em sintaxe desabrochou com grande vigor e, a partir dos anos 1960, passou a funcionar como um ponto de referência fundamental para as pesquisas nas demais subáreas da Linguística.

Pode-se dizer que o auge dessa fase da sintaxe como locomotiva dentro da Linguística data da década de 1980 com a formulação do que ficou conhecido como Teoria de Princípios e Parâmetros. A atração que esse modelo teórico exerceu NA comunidade acadêmica não se deu só pelos princípios e parâmetros específicos propostos, mas principalmente pela sua capacidade de agregar os mais diferentes tipos de investigação em sintaxe. Qualquer descrição sintática de qualquer língua deveria em última análise ser redutível a um princípio (uma propriedade invariante entre as línguas humanas) ou a um parâmetro (uma propriedade subespecificada que requer especificação via experiência Linguística) e, portanto, poderia ser falsificada não só por dados da língua em questão, mas por dados de outras línguas, dados de aquisição e dados de mudança Linguística. Uma vez que esse diálogo passou a ser parte intrínseca dessa perspectiva de pesquisa em Linguística, estabeleceu-se um intercâmbio extremamente frutífero entre pesquisas que anteriormente não estariam conectadas e, com isso, o corpo de conhecimento que foi produzido nessa década foi simplesmente espantoso. Não é nenhum exagero dizer que mais se descobriu sobre a sintaxe das línguas humanas nesse período do que em todos os séculos de especulação Linguística que a precederam.

O fato de os avanços NA investigação em teoria sintática no último século serem inegavelmente significativos não implica, porém, que os resultados foram obtidos dentro de um quadro teórico monolítico. Muito pelo contrário! O sucesso da pesquisa em sintaxe a partir dos anos 1960 levou inevitavelmente a vários debates acalorados e visões divergentes sobre a natureza do objeto de estudo da sintaxe, sua interface com outras subáreas da Linguística e com outras áreas, e as metodologias adequadas para esse estudo. Esses debates resultaram nas variadas vertentes de investigação sintática atuais, que estão em competição ou são total ou parcialmente complementares.

Nesse contexto, a publicação de *Sintaxe, sintaxes: uma introdução* é bastante oportuna. O aluno de Letras e Linguística ou qualquer outra pessoa interessada em sintaxe vai encontrar nestas páginas de *Sintaxe, sintaxes* uma apresentação bastante clara das mais representativas abordagens sintáticas da atualidade. Escritos por expoentes de cada abordagem específica, os capítulos fazem uma seleção bastante representativa das principais questões com que cada abordagem lida e esquematizam o tipo de análise oferecida. Além disso, a contraposição de diferentes abordagens é feita de modo bem equilibrado, com uma dosagem bastante adequada NA exposição das análises, atendo-se aos ingredientes cruciais, sem apresentar obstáculos ao leitor não familiarizado com detalhes de ordem mais técnica. A discussão contextualiza cada abordagem no cenário geral do percurso da investigação em sintaxe a partir do século passado e permite que o leitor vislumbre eventuais desdobramentos neste século. Esta é, a meu ver, uma das maiores virtudes desta obra: o leitor não só passa a ter uma visão global do que foi a pesquisa em sintaxe no século XX, mas também se dá conta de que mais perguntas foram levantadas que resolvidas e que tudo está ainda num grande processo de ebulição. Em outras palavras, o leitor se sente instigado e convidado a fazer parte da empreitada do século XXI, já devidamente municiado de um conhecimento básico e direções para aprofundamento.

Boa leitura e boa empreitada!

Introdução

Gabriel de Ávila Othero
Eduardo Kenedy

As línguas naturais estão entre os fenômenos mais complexos conhecidos pela ciência, tanto do ponto de vista neuropsicológico quanto sociocultural. A linguagem humana, NA forma de uma língua específica, como o português, é o fenômeno biossocial responsável pela organização mental da vida interna de um indivíduo e pela cooperação comunicativa que dá à luz as sociedades organizadas. Sem a posse da faculdade da linguagem, a espécie humana dificilmente teria alcançado sucesso evolucionário a ponto de espalhar-se para todas as partes do mundo e então criar tecnologias, inventar a agricultura, codificar sua fala em sistemas de escrita e gerir comunidades cada vez mais populosas e complexas. Boa parte da complexidade da linguagem deve-se especialmente a um dos componentes de sua estrutura: a sintaxe. É o componente sintático existente em todas as línguas que torna possível a combinação de itens lexicais finitos em um número infinito de frases, as quais, por consequência, dão origem aos ilimitados textos e discursos humanos. Se os estudiosos das ciências naturais e sociais impressionam-se com a grandiosa variedade de nossos comportamentos verbais – desde a arte até a própria ciência, passando pela política, pela história e pela criação de alta tecnologia –, são os linguistas que devem revelar a origem dessa diversidade. Sem a sintaxe, haveria severas limitações ao que um humano poderia pensar, dizer e fazer.

A exemplo do que acontece com a linguagem em si mesma, a sintaxe das línguas naturais é também um fenômeno extremamente complexo. Não é por outra razão que existem tantas abordagens diferentes no empreendimento científico de explicar o que é e como funciona a sintaxe de uma dada língua. Tais abordagens, muitas vezes, são complementares e correspondem à conhecida "divisão do trabalho" natural ao fazer científico. Por exemplo, a sintaxe é parte da estrutura das línguas e, assim, compreende um conjunto de formas e arranjos formais, mas é claro que essas formas querem dizer alguma coisa sobre o mundo e, dessa maneira, cumprem alguma função comunicativa. A dicotomia entre *formalistas* e *funcionalistas* é um dos casos mais antigos de divisão de tarefas entre sintaticistas. No entanto, algumas vezes as múltiplas abordagens no estudo da sintaxe podem representar lutas epistemológicas mortais. Algumas "sintaxes" defendem, por exemplo, que o componente sintático seja o epicentro – ou o coração – da gramática de qualquer língua, ao passo que outras "sintaxes" sequer reconhecem a existência de uma "sintaxe" como componente diferente do léxico. É precisamente a apresentação da diversidade de "sintaxes" no estudo da "sintaxe" o principal objetivo deste livro.

Este volume apresenta ao estudante universitário NA área de Letras e Linguística 11 capítulos que ilustram diferentes maneiras de conceber e de fazer *sintaxe*. Não se trata de uma compilação exaustiva e definitiva de tudo o que a Linguística tem pesquisado sobre as estruturas sintáticas das línguas, mas, antes, de uma reunião das principais abordagens que se vêm mostrando influentes e produtivas nos estudos de sintaxe desenvolvidos no Brasil nas últimas décadas. Com o presente livro, é apresentada aos estudantes brasileiros a possibilidade de comparar sistematicamente as noções básicas de 11 paradigmas em sintaxe, abrindo-se espaço para os primeiros passos NA formação de novos sintaticistas.

Sintaxe Gerativa

Eduardo Kenedy

O que é Sintaxe Gerativa?

A Sintaxe Gerativa é uma das mais influentes abordagens a respeito da gramática das línguas humanas. Formulada por Noam Chomsky em meados do século XX, a maneira gerativista de observar, descrever e explicar fenômenos sintáticos transformou-se ao longo dos anos numa teoria linguística complexa e diversificada que, até os dias atuais, permanece produtiva e bem-sucedida (cf. Chomsky, 2013). Com efeito, grande parte da história dos estudos em sintaxe no curso das últimas quatro décadas define-se a partir da Sintaxe Gerativa, seja, por um lado, para desenvolvê-la em modelos gerativistas mais específicos e pontuais (como o minimalismo, a otimidade, a sintaxe experimental ou a HSPG),[1] seja, por outro lado, para criticá-la e, fazendo-lhe oposição, fundar novos paradigmas (como o funcionalismo ou o construcionismo).[2] Em pleno século XXI, parte considerável dos sintaticistas do mundo é formada por gerativistas, e mesmo aqueles que não se veem como tal reconhecem a relevância da abordagem chomskiana e seu legado para a Linguística contemporânea.

Em suas origens (Chomsky, 1957, 1965), a Sintaxe Gerativa estabeleceu-se como parte de um novo paradigma NA Linguística que se opunha ao então dominante estruturalismo. Os mais influentes estruturalistas, como o europeu Ferdinand de Saussure e o norte-americano Leonard Bloomfield, assumiam a premissa de que as ciências da linguagem tinham a função precípua de descrever as relações entre os elementos básicos de um sistema linguístico – os seus signos (morfemas, palavras) e as suas unidades distintivas (fonemas). Chomsky reconhecia a importância do descritivismo estruturalista, mas, para ele, a Linguística deveria assumir uma tarefa mais básica e fundamental: explicar o *caráter gerativo* das línguas naturais. Para Chomsky, o caráter gerativo da linguagem caracteriza-se pelo fato de que, em todas as línguas humanas, é possível criar um número infinito de expressões linguísticas utilizando-se, para tanto, uma quantidade finita de elementos constitutivos. Dizendo de outra forma, Chomsky notou que não existem limites para o número de frases que um falante de uma língua particular, seja ela qual for, pode produzir e compreender. Em qualquer língua humana, é possível gerar uma quantidade infinita de frases, que são formadas com base em um conjunto limitado de fonemas, de morfemas, de palavras e de regras computacionais. Segundo a nova linguística chomskiana, a capacidade gerativa das línguas consistiria justamente em fazer uso infinito dos recursos finitos existentes em seu léxico e em sua gramática. Essa capacidade seria, para Chomsky, o traço mais fundamental da linguagem humana e é sobre ele que a linguística deveria debruçar-se.

Tabela 1: Em números aproximados, unidades linguísticas e o caráter gerativo da linguagem

Unidade	Quantidade de itens numa língua	Significado
fonema	de 20 a 40	nenhum
morfema	mais de 10 mil	fração do significado de uma palavra
palavra	mais de 50 mil	conceitos e combinações simples
frase	infinito	expressão de pensamentos

De fato, como se vê NA tabela 1, o número de fonemas, morfemas e palavras que existem numa língua pode ser muito grande. Contudo, por mais extenso que seja, esse número é sempre limitado. Já a quantidade de frases que podemos produzir e compreender em qualquer língua é ilimitada. A todo momento, os falantes das línguas humanas criam e ouvem frases novas, inéditas,[3] nunca produzidas antes NA história de sua língua. Ora, a originalidade da abordagem chomskiana caracterizava-se por indagar: como os humanos são capazes de gerar infinitas frases com base nos recursos finitos das línguas? O que há por trás dessa capacidade gerativa? Buscar respostas científicas para essas indagações foi a agenda de trabalho trazida à Linguística por Chomsky.

No empreendimento proposto pela Linguística Gerativa, a Sintaxe sempre ocupou um lugar central. Isso acontece porque o caráter gerativo das línguas revela-se exatamente no componente sintático da gramática. Entenderemos isso se considerarmos que, para o gerativismo, a linguagem humana possui dois componentes fundamentais: o léxico e as regras computacionais. É no léxico que são depositadas as unidades mínimas da língua (fonemas, morfemas, palavras, idiomatismos, expressões fixas), que, por se tratar de itens finitos, devem ser memorizadas pelos falantes de uma língua específica. Já as regras computacionais são também finitas, mas, quando aplicadas sobre os itens presentes no léxico, criam unidades infinitas como sintagmas[4] e frases. Essas unidades são geradas composicionalmente, isto é, vêm à luz no momento em que são engendradas pela sintaxe, e assim não podem ser memorizadas pelos falantes. De acordo com os sintaticistas de orientação gerativista, as regras computacionais da linguagem pertencem ao domínio da sintaxe e cabe à Sintaxe Gerativa descrevê-las e explicá-las.

Como podemos entender, a proposta original chomskiana estabelece que a infinitude discreta[5] é a propriedade basilar das línguas humanas, e tal propriedade emerge do componente sintático da gramática. Esse caráter central atribuído à sintaxe faz com que, algumas vezes, estudiosos não gerativistas interpretem linguística gerativa e Sintaxe Gerativa como termos sinônimos. Entretanto, devemos ter em conta que a Linguística Gerativa dedica-se também ao estudo dos demais componentes de uma língua – a fonologia, a morfologia, o léxico, a semântica, a pragmática e o discurso –, tomados isoladamente ou em interação, inclusive com a Sintaxe. A Sintaxe Gerativa é, portanto, apenas uma fração do gerativismo. Além disso, não podemos nos esquecer de que a Linguística Gerativa é também uma teoria geral, abrangente e multifacetada a respeito da faculdade da linguagem humana, de sua natureza, evolução, aquisição e uso – e não apenas sobre a sintaxe das línguas (cf., entre outros, Chomsky, 1995; Hauser, Chomsky e Fitch, 2002; Pinker e Jackendoff, 2005). De fato, o gerativismo consolidou-se NA história do conhecimento como uma das disciplinas das ciências da cognição responsáveis pela revolução cognitiva dos anos 50 e 60 do século XX. Sua inserção entre as ciências cognitivas faz com que a Linguística Gerativa possua uma grande rede de conceitos relativos à natureza da linguagem NA cognição da espécie humana, os quais nem sempre estão explicitamente em análise quando fazemos Sintaxe Gerativa a respeito de um fenômeno morfossintático particular. Isso quer dizer que noções como *inatismo, modularidade, pobreza de estímulos, gramática universal, faculdade da linguagem em sentido amplo e restrito* etc. podem não ter uma relação imediata e explícita com o fazer mais pontual da Sintaxe Gerativa.[6] A respeito desse aspecto cognitivista e epistemológico do gerativismo, o mínimo que é preciso saber, para os propósitos do presente capítulo, é que, segundo os gerativistas, tanto os itens atômicos do léxico quanto as regras computacionais da Sintaxe têm lugar NA mente humana e compõem o conhecimento linguístico tácito (a *competência linguística*) que cada indivíduo possui quando se torna capaz de produzir e compreender um número infinito de frases em sua língua.

O que a Sintaxe Gerativa estuda?

Ao fazer emergir o caráter gerativo da linguagem, a Sintaxe utiliza regras computacionais para construir sintagmas e frases. A mera existência de tais regras deixa transparecer que, em nenhuma língua, é possível combinar aleatoriamente itens lexicais, sintagmas ou orações e ter como resultado uma frase normal. NA verdade, em qualquer língua, somente algumas combinações sintáticas são permitidas, isto é, apenas certos tipos de estrutura são gramaticais e bem formados. A Sintaxe Gerativa nos ensina que, ao usarmos uma língua, podemos construir um número infinito de frases, mas ao fazermos isso obedecemos a regras sintáticas: a criatividade linguística é sempre regida por regras. Por exemplo, em português, NA composição de um sintagma nominal (SN), uma regra computacional determina que artigos (ART) devem sempre anteceder o núcleo N desse sintagma; do contrário, a estrutura será agramatical[7], malformada. É isso o que vemos nos exemplos a seguir: (1) [o livro][8] é possível NA língua, mas (2) [livro o] não.

(1)   [SN [ART o [$_N$ livro]
(2)   * [SN [$_N$ livro [ART o]]

A Sintaxe Gerativa interessa-se por estudar como as regras do componente sintático são aplicadas nas diferentes línguas humanas. O objetivo de um sintaticista gerativista é descrever quais são as regras de uma língua que geram estruturas sintáticas gramaticais e, ao mesmo tempo, impedem a geração de estruturas agramaticais. Ao longo dos anos de amadurecimento da Sintaxe Gerativa, os sintaticistas vêm analisando inúmeras línguas e, como era de se esperar, têm descoberto que certas regras computacionais aplicam-se a um dado conjunto de línguas, mas não a todas as línguas naturais. A regra sintática que determina a anteposição de artigos a nomes é um exemplo disso.

Ela se aplica ao português e a muitas outras línguas, porém não é universal. De fato, algumas línguas sequer possuem artigos, e outras os pospõem aos nomes, como é o caso do romeno. Por outro lado, os gerativistas também vêm descobrindo que muitos fenômenos sintáticos realizam-se uniformemente entre as línguas. Por exemplo, quando usamos um pronome anafórico para estabelecer correferência com uma expressão nominal, pronome e referente devem ocupar orações diferentes numa dada frase, como vemos acontecer em (3) NA língua portuguesa. Se quisermos fazer correferência entre um pronome e um referente presentes no interior de numa mesma oração, então devemos usar um pronome reflexivo, tal como se ilustra em (4).

(3) a. [O professor$_i$ disse [que o aluno não o$_i$ reconheceu na festa]].
  b. * [O professor disse [que o aluno$_i$ não o$_i$ reconheceu na festa]].
(4) a. * [O professor$_i$ disse [que o aluno não se$_i$ reconheceu na festa]].
  b. [O professor disse [que o aluno$_i$ não se$_i$ reconheceu na festa]].

Em (3a), o pronome anafórico [o] ocupa a oração subordinada iniciada com [que], enquanto seu referente, a expressão nominal [o professor], encontra-se noutra oração, a oração principal da frase. Em função dessa distribuição, a correferência entre esses dois elementos, que se indica pelo "i" subscrito, é gramatical. Como resultado, temos uma frase bem formada em português. Já em (3b), o pronome [o] toma como referente a expressão [o aluno]. Nesse caso, pronome e referente encontram-se NA mesma oração, iniciada com o conectivo [que]; logo, o resultado é uma construção agramatical NA língua.

Essa lógica se inverte quando analisamos os pronomes reflexivos. Em (4a), a correferência foi estabelecida entre a expressão nominal [o professor] e o reflexivo [se], que ocupam orações diferentes e, dessa forma, provocam agramaticalidade. Já em (4b), [o aluno] e [se] compartilham a mesma oração e isso faz com que a correferência seja gramatical. O fato interessante – e mais importante para a caracterização da Sintaxe Gerativa – é que, se traduzirmos os exemplos (3) e (4) para qualquer língua humana, as regras sintáticas serão as mesmas: pronomes anafóricos ocuparão uma oração diferente da de seu referente, enquanto pronomes reflexivos e referentes ocuparão a mesma oração; do contrário, teremos agramaticalidade.

O que devemos entender a partir desses exemplos é que, ao passo que certas regras sintáticas são particulares e dependentes de uma língua ou de uma tipologia linguística, como ocorre em (1) e (2), outras regras são universais e independentes de uma língua específica, tal como acontece em (3) e (4). Pois bem: a principal agenda de pesquisa em Sintaxe Gerativa consiste justamente em investigar a sintaxe das diversas línguas humanas e descobrir o que é universal e o que é particular nas regras que governam a infinitude discreta.

NA tarefa de descrever a sintaxe das línguas, os sintaticistas de formação gerativista possuem uma teoria bastante madura e poderosa: a Teoria de Princípios e Parâmetros (cf. Chomsky, 1981; 1995). Essa teoria é capaz de fornecer explicações para a universalidade dos fenômenos sintáticos, bem como para as possíveis variações da sintaxe de uma língua para a outra. Segundo a Teoria de Princípios e Parâmetros, as línguas humanas possuem todas uma origem comum: a Gramática Universal (GU). A GU é composta por dois tipos de informação diretamente relacionados à Sintaxe: (i) os Princípios, que são universais e invariantes entre as línguas, e (ii) os Parâmetros, que são também universais, mas variam de maneira limitada de uma língua para a outra.

Na Sintaxe Gerativa, assume-se que, enquanto os Princípios são invariantes e, assim, fazem parte da cognição humana mesmo antes de sua experiência linguística, os Parâmetros da GU, por sua vez, precisam ser formatados na mente durante o processo de aquisição da linguagem. A necessidade de formatar os Parâmetros da GU e, desse modo, criar o conhecimento de uma língua específica, é, por assim dizer, motor principal da aquisição da Sintaxe do português, do japonês ou de qualquer língua natural. A aquisição de Parâmetros pode ser entendida como uma espécie de escolha entre opções de configurações sintáticas preexistentes NA GU. Por exemplo, durante a aquisição da língua de seu ambiente, uma criança precisa descobrir (tacitamente) se essa língua possui sujeitos nulos ou preenchidos, núcleos sintáticos finais ou iniciais, movimento de QU-[9] ou QU- *in situ*, concordância morfossintática ou não etc. No curso de alguns anos, esses Parâmetros são formatados com um "sim ou não", um "positivo ou negativo", e, finalmente, formam uma grande rede de relações gramaticais da qual emerge o conhecimento da sintaxe de uma língua. Uma criança exposta a uma variedade do português do Brasil, por exemplo, formatará os Parâmetros de sua GU de tal forma que a sintaxe de sua língua terá sujeitos nulos, núcleos iniciais, movimento de QU-, concordância, e uma gama de outros fenômenos gramaticais variáveis entre as línguas.

Com base NA Teoria de Princípios e Parâmetros, um sintaticista poderá descrever as semelhanças e as diferenças entre duas línguas distantes tipologicamente, como, digamos, o português e o japonês, de uma maneira sistemática e interessante. Por exemplo, essas duas línguas compartilharão Princípios – afinal, esses são os mesmos para todas as línguas humanas. O Princípio da Subordinação, para citar apenas um exemplo,[10] estabelece que uma oração pode ser estruturada numa dada frase como complemento de outra oração, à qual se subordina. Assim, uma construção como [João é feliz] pode ser o constituinte de outra oração hierarquicamente superior: [Paulo acha que [João é feliz]]. Já que se trata de um Princípio, a Subordinação é um fenômeno sintático que será encontrado em português, em japonês e em qualquer outra língua. Mas é claro que português e japonês também apresentarão diversas diferenças sintáticas. Muitas dessas diferenças poderão ser explicadas em função da maneira pela qual cada uma dessas línguas formatou Parâmetros da GU.[11] O Parâmetro do Núcleo, por exemplo, estabelece que as línguas parti- culares deverão formatar sua gramática como Núcleo Inicial ou Núcleo Final (ou, se quisermos simplificar a descrição, Núcleo + Final ou Núcleo – Final). Em português, tal Parâmetro é formatado como Núcleo Inicial e, dessa forma, núcleos sintáticos antecedem seus respectivos complementos estruturais: dizemos [eu *comprei doce*] e não *[eu *doce comprei*]. Em japonês, o mesmo Parâmetro é formatado como Núcleo Final e, assim, complementos estruturais devem anteceder os seus respectivos núcleos. Nessa língua, devemos dizer algo como [eu *doce comprei*] e não *[eu *comprei doce*].

Em suma, a Sintaxe Gerativa estuda o componente sintático das diver- sas línguas humanas e, ao fazê-lo, tem o objetivo de caracterizar o que é universal e o que é particular nos inúmeros fenômenos sintáticos que dão vida à infinitude discreta. Ao fazer isso, os sintaticistas procuram descobrir quais Princípios e quais Parâmetros da GU motivam as regras sintáticas que geram estruturas gramaticais e proíbem as agramaticais numa dada língua ou em todas as línguas naturais.

Como estudar um desses fenômenos usando a Sintaxe Gerativa?

Ao estudar a sintaxe das línguas, um sintaticista gerativista lançará mão de pelo menos dois princípios metodológicos fundamentais: os julgamentos de gramaticalidade e o formalismo.

Os julgamentos de gramaticalidade dizem respeito às intuições que um falante nativo da língua em estudo tem sobre certas estruturas sintáticas numa dada língua. Por exemplo, as seguintes frases do português têm seu *status* gramatical definido conforme a intuição do próprio autor deste capítulo.

(5)   a. Os alunos parecem estar cansados.
         b. * Os alunos parece estar cansados.
         c. * Os alunos parece estarem cansados.
         d. * Os alunos parecem estarem cansados.

A partir dessas intuições, seria possível elaborar uma generalização descritiva interessante e estabelecer que, NA língua portuguesa, o infinitivo flexionado só é gramatical em locuções verbais quando as marcas de concordância acontecem no verbo auxiliar e somente nele. Isso seria atestado pela gramaticalidade de (5a), por contraste à agramaticalidade das demais possibilidades.

Muitas vezes, os julgamentos não são uma questão de tudo ou nada, e o falante nativo pode ter dúvidas quanto à gramaticalidade de uma estrutura. Nesse caso, ele deverá indicar sua incerteza quanto à construção, como se vê em (6c).

(6)   a. O livro que encomendei chegou.
         b. * O livro quem encomendei chegou.
         c. ? O livro o qual encomendei chegou.

De acordo com quem julgou as frases em (6), (6a) é claramente gramatical e (6b), agramatical. Há, contudo, dúvida sobre (6c): o uso de [o qual] só parece gramatical quando a oração relativa em que se insere é uma *explicativa*, mas não uma *restritiva* como a do exemplo. Todavia, é possível que outros falantes do português não compartilhem dessa intuição, logo qualquer generalização descritiva sobre (6) poderá ser posta em xeque.

Os julgamentos de gramaticalidade são indispensáveis no fazer da Sintaxe Gerativa. É a partir deles que se torna possível investigar, de uma maneira relativamente simples, o resultado (gramatical ou agramatical) de certas operações sintáticas numa dada língua. É também por meio desses julgamentos que podemos investigar, sem necessitar de recursos muito elaborados e caros, as diferenças e as identidades entre a sintaxe das diferentes línguas. Não obstante, tais julgamentos devem ser aferidos de maneira rigorosa, preferencialmente com recurso a experimentos;[12] do contrário, podem incorrer em problemas metodológicos que enfraquecerão as generalizações descritivas propostas pelo sintaticista.[13]

O segundo princípio metodológico assumido pelos sintaticistas de orientação gerativa é o *formalismo*. Esse termo, NA Sintaxe Gerativa, possui pelo menos duas acepções. Em primeiro lugar, formalismo diz respeito à formalização adequada das generalizações descritivas propostas pelo linguista. Assumindo esse tipo de formalismo, um sintaticista, ao descobrir uma regra computacional, um Princípio, um Parâmetro, um fenômeno sintático etc., deverá apresentar o seu achado da maneira mais explícita e inequívoca possível, evitando as ambiguidades, as múltiplas interpretações e as subjetividades que se mostram indefectíveis fora de uma linguagem não científica e não formalizada. Vemos um exemplo de formalização a seguir.

(7)   DOMINÂNCIA: α domina β se e somente se existe uma sequência conexa de uma ou mais ramificações sintáticas entre α e β e o percurso de α até β por essas ramificações é unicamente descendente. (Mioto, Silva e Lopes, 2013: 54 – adaptado)

Não é preciso explicar os detalhes dessa definição, pois o necessário para o momento é entendermos que, com base nela, os sintaticistas poderão falar sobre dominância, identificar um constituinte que domina e o outro que é dominado, formular regras computacionais a partir da noção de dominância etc. sem que haja confusões ou desentendimentos sobre o que é *dominância*. Com efeito, o mesmo tipo de formalização é esperado, NA Sintaxe Gerativa, para qualquer definição, generalização descritiva ou proposição geral aduzidas pelos estudiosos.[14]

A outra acepção do termo *formalismo* refere-se à concepção gerativista segundo a qual as formas da sintaxe possuem natureza e funcionamento independentes do conteúdo e das funções que tais formas eventualmente veiculem no uso da linguagem. Isso quer dizer que, para a Sintaxe Gerativa, a sintaxe é um componente autônomo NA arquitetura da linguagem humana. De acordo com os sintaticistas gerativistas, as regras computacionais da sintaxe são um conjunto de operações formais que constroem sintagmas e frases. Essas regras seriam exclusivamente sintáticas e não seriam afetadas por informações de outra natureza (tais como semântica, pragmática, discursiva). Desse modo, uma pesquisa em Sintaxe Gerativa a respeito de um fenômeno linguístico específico descreverá esse fenômeno em função tão somente de certas operações formais. É em virtude da adoção desse tipo de formalismo que a pesquisa em Sintaxe Gerativa tipicamente trabalha com frases isoladas, fora de contexto, as quais a princípio devem apresentar as informações necessárias e suficientes para explicar o funcionamento autônomo da Sintaxe.

A autonomia da Sintaxe em relação aos demais componentes da linguagem foi ilustrada por Chomsky no seu clássico exemplo de 1957, que traduzimos como se segue.

(8)   Ideias verdes incolores dormem furiosamente.

Para Chomsky, essa frase, apesar de ser sintaticamente gramatical, é inaceitável de um ponto de vista semântico; afinal de contas, "ideias" não possuem cor e, se pudessem ser "verdes", esse "verde" não poderia ser do tipo "incolor". Além disso, "ideias" são abstratas e não podem exercer atividade física concreta, como "dormir", e, por fim, dormir envolve repouso e tranquilidade, algo incompatível com a semântica do advérbio "furiosamente". O argumento de Chomsky era claro: a Sintaxe é autônoma em relação à semântica porque é capaz de gerar formas gramaticais sem conteúdo semântico normal, tal como se vê em (8). Note-se que, se a sintaxe por ela mesma fosse violada e uma estrutura agramatical fosse gerada, sequer conseguiríamos imaginar um conteúdo semântico relacionado a uma sopa de palavras como "* Furiosamente ideias dormem incolores verdes".

Poderia me dar um exemplo?

A Sintaxe Gerativa, ao descrever as operações formais que geram as estruturas sintáticas das línguas, assume uma noção fundamental: as frases que produzimos e compreendemos quando usamos a linguagem são, NA verdade, o resultado de um processo computacional. Segundo os gerativistas, para entendermos como a sintaxe funciona, devemos ir além do que vemos NA superfície de uma dada frase e procurar reconstruir cada operação sintática do processo que lhe deu origem. Em Sintaxe Gerativa, o conjunto das computações que geram uma frase é chamado de *derivação*,[15] enquanto os sintagmas e as frases que resultam das operações sintáticas denominam-se *representação*.

A fim de exemplificar o fazer da Sintaxe Gerativa, analisemos um fenômeno bem específico: o licenciamento de sintagmas de valor nominal com algum *Caso*. Diante das representações (9a) e (9b) a seguir, um sintaticista irá indagar-se sobre as razões formais que tornam a primeira frase gramatical e a segunda, agramatical.

(9)   a. Paulo quer que João estude.
       b. * Paulo quer João estudar.

Algum fenômeno sintático acontece NA computação de (9a) e falta em (9b). Se analisarmos os exemplos (10a) e (10b), teremos mais evidências para tentar descobrir do que se trata.

(10) a. Maria parece gostar de sintaxe.
       b. * Parece Maria gostar de sintaxe.

NA análise de frases dos tipos (9) e (10) em diversas línguas, os estudiosos da Sintaxe Gerativa formularam a noção de *Filtro de Caso*. Esse Filtro estabelece que, no curso de uma derivação, expressões nominais visíveis – sintagmas plenos como [João], [Maria], [o livro], [aquele gato], [todos os meus alunos] etc. – precisam ser licenciadas com algum Caso (nominativo, acusativo, oblíquo ou outro) para poderem figurar numa representação qualquer. Se sintagmas desse tipo não forem licenciados com algum Caso, então a estrutura resultante será agramatical. Numa frase, são poucas as posições sintáticas que licenciam o Caso em expressões nominais. Uma delas é a posição de sujeito de um verbo finito, em que o nominativo é licenciado. NA frase (9a), reproduzida a seguir como (11), o verbo finito da oração principal, [quer], licencia seu sujeito [Paulo], enquanto o verbo finito da oração subordinada, [estude], licencia seu respectivo sujeito [João].

(11)   [[Paulo [quer [que [João [estude]]]]]

Expressões nominais visíveis licenciadas com Caso (nominativo). Filtro de Caso OK.

Já NA frase (9b), o verbo [estudar], presente NA oração subordinada, encontra-se em forma infinita e, assim, não é capaz de atribuir Caso a seu sujeito. Note-se que não há nessa frase nenhuma outra posição para onde o sintagma [João] pudesse ser deslocado, a fim de ser licenciado e preservar o Filtro de Caso. Como consequência, temos uma construção agramatical. A situação das frases em (10) é um pouco diferente. Em (10b), a representação, tal como se encontra, é agramatical; afinal, o sintagma [Maria] é pleno, isto é, possui matriz fonética (não é nulo, oculto) e está posicionado como sujeito de [gostar], verbo que, em forma infinita, não consegue licenciar sujeitos. Ocorre, no entanto, que nessa frase existe uma posição sintática livre que é capaz de licenciar uma expressão nominal com o Caso nominativo: trata-se da posição de sujeito do verbo finito [parece].[16] Durante a derivação dessa frase, o Filtro de Caso será preservado se uma operação sintática deslocar o constituinte [Maria] para essa posição, evitando que ele seja visível no local de onde é deslocado. É exatamente essa operação que se aplicou em (10a), frase reproduzida a seguir como (12). O movimento do sintagma para uma posição licenciada (indicado pela seta) e seu respectivo pagamento fonético na posição não licenciada (indicado pelo tachado duplo) são operações formais que tornam a frase gramatical.

(12)   [Maria [parece [~~Maria~~ [gostar [de [sintaxe]]]]]]

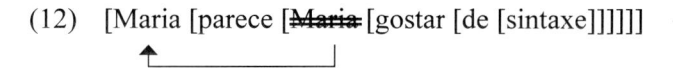

Regra desloca [Maria] para uma posição em que é licenciado com nominativo. Filtro de Caso OK.

O que vemos em (11) e (12) é uma breve ilustração da maneira pela qual, em Sintaxe Gerativa, se postula a existência de operações formais que são necessárias e suficientes para gerar estruturas sintáticas gramaticais (e eliminar as agramaticais) numa língua. Em seu trabalho, o sintaticista gerativista formulará tais operações e verificará como elas são ou não invariantes entre as línguas. Naturalmente, uma operação formal advogada pelo pesquisador em Sintaxe Gerativa deverá dar conta de uma vasta gama de fenômenos linguísticos, e não apenas de um fato em isolado. As regras de movimento são, por exemplo, uma computação pervasiva no sistema formal das línguas. Elas se aplicam não só em relação ao licenciamento de sintagmas com o Filtro de Caso, mas também, entre outros fenômenos, sobre elementos QU-. Em línguas como o português, elementos QU- são tipicamente deslocados para a periferia esquerda da frase, onde assinalam a força ilocucionária das orações interrogativas. É isso o que vemos representado em (13).

(13)   [Que [livro [o João [leu ~~[que [livro]~~]]]]]?

Ao formular regras descritivas, o estudioso da Sintaxe Gerativa também deverá investigar sob que circunstâncias sintáticas as operações descritas pelas regras são aplicadas. É muito comum que existam restrições à aplicação de regras computacionais. Uma regra de movimento, por exemplo, aplica-se para deslocar constituintes somente em distâncias locais. Cruzar, por meio de movimento, longas distâncias, como orações inteiras, é algo que provoca agramaticalidade, como se vê acontecer em (14).

(14)   *[Que [livro [o João [conheceu [uma pessoa [que [leu ~~[que [livro]~~]]]]]]]]?

Em resumo, ao sintaticista de orientação gerativa compete descobrir e descrever as regras computacionais que atuam na derivação de representações gramaticais, seja numa língua específica, numa tipologia linguística ou universalmente. Ao formular suas descrições, o sintaticista deverá ser o mais abrangente possível e estar atento à produtividade e às restrições relacionadas às regras que descobriu.

Quais são as grandes linhas de investigação?

Como a Sintaxe Gerativa possui uma tradição muito longa, é muito difícil descrever de maneira sistemática e adequada todas as grandes linhas de investigação que foram desenvolvidas nesses quase 60 anos de história da área. O que apresentamos a seguir é somente uma indicação de alguns grupos de trabalho importantes que vêm sendo desenvolvido por pesquisadores brasileiros no curso das últimas décadas.

Teoria da Gramática. Essa linha pode ser considerada a abordagem clássica da Sintaxe Gerativa. Nela, desenvolvem-se modelos formais abstratos que buscam descrever tanto a competência linguística dos falantes de uma língua como fenômenos sintáticos mais específicos.

Sintaxe Experimental. Essa linha complementa-se à Teoria da Gramática por sempre utilizar experimentos linguísticos para investigar questões relativas à competência sintática dos falantes de um ponto de vista cognitivo.

Sintaxe Comparativa. Essa linha visa comparar um conjunto de línguas para verificar o comportamento de Parâmetros e ensejar a descoberta de novos Princípios e Parâmetros ou de novos fenômenos morfossintáticos específicos.

Sintaxe Histórica e Sintaxe Paramétrica. Essa linha dedica-se ao estudo da história antiga ou mais recente de determinada língua, a fim de pesquisar, entre outros fenômenos, a formação e a modificação de certos Parâmetros, e o surgimento, a variação e a mudança de aspectos morfossintáticos.

Aquisição da Sintaxe. Essa linha é parte dos estudos em Aquisição da Linguagem e visa estudar especificamente como se dá a aquisição de aspectos sintáticos da(s) língua(s) do ambiente da criança.

Processamento da Sintaxe. Essa linha é parte dos estudos em Psicolinguística e tem o objetivo de investigar a dimensão psicológica das computações sintáticas na produção e na compreensão de frases em tempo real.

Evolução da Sintaxe. Essa linha dedica-se à pesquisa em evolução da linguagem humana e tem o objetivo de levantar hipóteses a respeito do surgimento da sintaxe como capacidade cognitiva do *Homo sapiens*.

Notas

[1] Veja, por exemplo, os capítulos "Sintaxe em Teoria da Otimidade", "Sintaxe Experimental" e "Sintaxe Lexical", neste volume.

[2] Veja, por exemplo, os capítulos "Sintaxe Funcional" e "Sintaxe Construcionista", neste volume.

[3] O ineditismo das frases que podem ser geradas em qualquer língua humana é a situação típica do uso da linguagem. Não obstante, frases repetidas, como *frases feitas*, *frases-chavão* e *frases-clichê*, constituem diminutas exceções ao aspecto criativo da sintaxe.

[4] Em Sintaxe, sintagma é uma unidade intermediária entre a unidade mínima (a palavra) e a unidade máxima (a frase) das computações sintáticas. Um sintagma é tipicamente um conjunto de palavras ou de outros sintagmas, mas pode ser também constituído por único elemento (sintagma unitário), por ou uma ou mais orações ou pode ser nulo (sintagma vazio). Para noções básicas sobre sintagma, ver Unidade 8 de Kenedy (2013).

[5] O termo "infinitude discreta" é usado em linguística para fazer referência às unidades atômicas (discretas) da língua – por exemplo, palavras, morfemas – que são combinadas pelas regras computacionais da sintaxe e dão à luz um número infinito de frases. O caráter gerativo das línguas decorre da infinitude discreta.

[6] Como leitura básica sobre a epistemologia da Linguística Gerativa, ver Borges Neto (2004).

[7] Na literatura gerativista, o asterisco antes de uma estrutura indica sua agramaticalidade. O uso de um ponto de interrogação antes de estruturas indica dúvida a respeito de sua gramaticalidade.

[8] Na Sintaxe Gerativa, utilizam-se colchetes para indicar limites entre sintagmas. Numa representação desse tipo, o colchete à esquerda indica o início de um sintagma e a ele deve corresponder um colchete à direita, que sinaliza o fechamento do mesmo sintagma: [livro]. Esses colchetes podem ser etiquetados, indicando-se em fonte subscrita o tipo do sintagma (SN (sintagma nominal), SV (sintagma verbal), SP (sintagma preposicional), etc.): [SN livro]. Havendo sintagmas dentro de sintagmas, os colchetes à esquerda indicarão a abertura de novos sintagmas, que serão fechados à direita por um colchete respectivo: [SV li [SN livros]].

[9] Um "QU-" é um pronome como *que*, *quando*, *quem*, *qual* e expressões equivalentes como *onde* (em que lugar), *como* (de que maneira) etc. Em Sintaxe Gerativa, entende-se que o movimento de QU- acontece quando um elemento desse tipo ocupa, na frase, uma posição linear diferente daquela em que esse mesmo elemento é interpretado. Por exemplo, em "[Que livro você acha que o João ainda não leu]?", o QU- aparece ao início da frase, mas é interpretado somente em seu final, como complemento do verbo "ler". Nesses casos, diz-se ter ocorrido movimento de QU-. Em línguas de QU- *in situ*, como o chinês, elementos QU- sempre ocupam a posição em que recebem interpretação, sem sofrer movimento. Ver mais sobre o assunto nos capítulos "Sintaxe Tipológica" e "Sintaxe em Teoria da Otimidade", neste volume.

[10] Outro exemplo de Princípio da GU são os Princípios de Ligação, que explicam, entre outros fenômenos, a universalidade do comportamento de relações de correferência como as ilustradas em (3) e (4).

[11] Note-se que nem todos os fenômenos sintáticos das línguas naturais podem ser reduzidos a uma variação de Parâmetros da GU. A própria anteposição de artigos a nomes em português, citada em (1) e (2), é ilustração disso. Muitas particularidades sintáticas das línguas específicas derivam de idiossincrasias presentes em seu léxico. Entender o léxico como fonte dos traços gramaticais que provocam as variações sintáticas, paramétricas ou não, é algo bem estabelecido na Linguística Gerativa contemporânea (cf. Chomsky, 1998).

[12] Hoje em dia, o recurso a alguma metodologia experimental é cada vez mais acessível aos sintaticistas (cf. Maia, 2012). Para saber mais sobre isso, ver o capítulo "Sintaxe Experimental" do presente volume.

[13] Muitos fenômenos extrassintáticos podem influenciar ou determinar os julgamentos de gramaticalidade e, por isso, precisam estar sob o controle do sintaticista. O mais problemático deles é o efeito de saciação (Snyder, 2000). Para saber mais sobre esse efeito, ver o capítulo "Sintaxe Experimental" neste volume. Outros fenômenos não sintáticos interferentes nos julgamentos são os seguintes: frequência de determinado item lexical, suporte discursivo e referencial para expressões nominais ou para proposições, demanda da memória de trabalho do ouvinte/leitor, interveniência de elementos semelhantes ou díspares numa mesma estrutura frasal, *status* discursivo das expressões nominais presentes na frase, diferenças dialetais, assimetrias entre intuições automáticas e intuições frutos de reflexão etc. Para uma revisão sobre metodologias adequadas para julgamentos de gramaticalidade, ver Cowart (1997).

[14] A formalização não é exclusividade da Sintaxe Gerativa, sendo buscada também por outras abordagens. Deve-se notar que a formalização faz com que a linguística se aproxime do modo de fazer ciência das disciplinas formais e naturais, algo que não é a prática mais comum nos estudos sobre linguagem. Com efeito, o pouco uso de formalização produz, na Linguística, muitas querelas a respeito de conceitos básicos como "linguagem", "língua", "discurso" ou mesmo "sintaxe". Em Sintaxe Gerativa, é comum, por exemplo, utilizar-se o termo "Sistema Computacional da Linguagem Humana" para fazer referência à sintaxe das línguas naturais, de modo a evitar confusões com outras acepções da palavra "sintaxe".

[15] O termo clássico para descrever o que chamamos hoje de derivação é *transformação*. Em suas origens, a Sintaxe Gerativa era também denominada *transformacional*, termo que se usava para fazer alusão às "trans-

formações" que uma estrutura sofria até que uma frase fosse completamente formada. Nos anos anteriores aos 1990, a noção de *transformação* era explicitada pela assunção de dois níveis de representação: *Estrutura Profunda* e *Estrutura Superficial*. Na estrutura profunda, seriam estabelecidas as relações semânticas básicas de uma frase e, sobre ela, seriam aplicadas regras transformacionais que gerariam a estrutura de superfície, a qual seria então encaminhada para outros níveis representacionais – a *Forma Fonética* e a *Forma Lógica*. Dos anos 1990 em diante, as noções de Estrutura Profunda e Superficial foram abandonadas e assume-se que a derivação aconteça sobre itens retirados do léxico (e organizados numa Numeração) e sobre sintagmas e orações formadas a partir deles, até que representações sejam construídas e encaminhadas para a Forma Fonética e a Forma Lógica.

[16] Um detalhe importante no exemplo é que a posição de sujeito do verbo [parecer] encontra-se vazia em virtude de esse verbo selecionar do léxico (na Numeração) apenas os itens que compõem o seu *complemento* [Maria gostar de sintaxe], mas não algum item que possa compor o seu sujeito. Como não há na Numeração um item que possa figurar como sujeito de [parecer], então a sintaxe utilizará um item já presente na derivação e deslocará [Maria], o sujeito sem caso da oração subordinada, diretamente para a posição disponível na oração principal, fenômeno denominado em Sintaxe Gerativa como *alçamento*.

O que eu poderia ler para saber mais?

As seguintes leituras são essenciais para os primeiros contatos com a Sintaxe Gerativa no nível acadêmico da graduação.

BERLINK, R.; AUGUSTO, M.; SCHER, A. Sintaxe. In: MUSSALIM, F.; BENTES, A. C. (orgs.). *Introdução à linguística*: domínios e fronteiras. v.1. São Paulo: Cortez, 2001, pp. 207-44.

BORGES NETO, J. O empreendimento gerativo. In: MUSSALIM, F.; BENTES, A. C. (orgs.). *Introdução à linguística*: fundamentos epistemológicos. v. 3. São Paulo: Cortez, 2004, pp. 93-129.

CHOMSKY, N. *Syntactic Structures*. The Hague: Mouton, 1957.

_____. *Aspects of the theory of syntax*. Cambridge: MIT Press, 1965.

_____. *Lectures on government and binding*. Dordrecht, Netherlands: Foris, 1981.

_____. *The Minimalist Program*. Cambridge: MIT Press, 1995.

_____. *Derivation by phase*. MIT Occasional Papers in Linguistics: 1998.

_____. Problems of projection. *Lingua*, v. 130, 2013, pp. 33-49.

COWART, W. *Experimental syntax: applying objective methods to sentence judgments*. London: Sage Publications, 1997.

HAUSER, M.; CHOMSKY, N.; FITCH, W. T. The language faculty: what is it, who has it, and how did it evolve? *Science*, v. 298, 2002, pp. 1569-79.

KENEDY, E. *Curso básico de Linguística Gerativa*. São Paulo: Contexto, 2013.

_____. Gerativismo. In: MARTELOTTA, M. (org.). *Manual de Linguística*. São Paulo: Contexto, 2008.

MAIA, M. *Sintaxe Experimental*: entrevista com Marcus Maia. *ReVEL*, v. 10, n. 8, 2012.

MIOTO, C.; SILVA, M. C.; LOPES, R. V. *Novo Manual de Sintaxe*. São Paulo: Contexto, 2013.

NEGRÃO, E.; SCHER, A.; VIOTTI, E. A competência linguística. In: Fiorin, J. L. (org.). *Introdução à linguística*: I. objetos teóricos. São Paulo: Contexto, 2002, pp. 95-119.

_____. Sintaxe: explorando a estrutura da sentença. In: FIORIN, J. L. (org.). *Introdução à linguística*: II. princípios de análise. São Paulo: Contexto, 2003, pp. 81-109.

PINKER, S. Como a linguagem funciona. In: _____. *O instinto da linguagem*: como a mente cria a linguagem. São Paulo: Martins Fontes, 2003, pp. 95-149.

PINKER, S.; JACKENDOFF, R. The faculty of language: what's special about it? *Cognition*, v. 95, 2005, pp. 201-36.

SNYDER, W. AN Experimental Investigation of Syntactic Satiation Effects. *Linguistic Inquiry*, v. 31, n. 3, 2000, pp. 575-82.

Sintaxe Minimalista

Maximiliano Guimarães

O que é Sintaxe Minimalista?

Trocando em miúdos, a Sintaxe Minimalista é uma maneira de fazer teoria e análise sintática no quadro teórico da Gramática Gerativo-Transformacional (GGT).[1] O objeto de estudo e os métodos são essencialmente os mesmos. Não se trata de outro modelo específico dentro da GGT, tampouco de outra teoria, mas de *um programa de pesquisa*: um conjunto de diretrizes para se construir, no âmbito da GGT, modelos formais[2] mais simples, com menos "peças" e menos premissas sobre como elas se relacionam. Enfim, o Programa Minimalista (PM) é uma tentativa de "enxugar" a GGT, tornando-a mais genuinamente explicativa.

A obra seminal do PM foi de Chomsky (1995), cujo ponto de partida foi o balanço positivo dos sucessos e fracassos do modelo apelidado de Teoria de Regência e Ligação (TRL): a versão da GGT hegemônica nos 15 anos antecedentes. Na TRL (cf. Chomsky 1986a; Chomsky e Lasnik 1993), concebe-se a gramática como um sistema modular, com "pacotes" de princípios de (boa) formação de estrutura que seriam independentes e interagiriam entre si, de modo a gerar construções específicas (como *passiva, relativa, coordenação* etc.) como epifenômenos, e excluir todas as construções impossíveis. *Grosso modo*, tais módulos seriam (i) Esquema X-Barra; (ii) Critério Temático; (iii) Movimento; (iv) Filtro de Caso; (v) Princípios de Ligação; (vi) Princípio de Categorias Vazias; com variantes, a depender da versão específica do modelo. Essa lista aparentemente curta de módulos esconde atrás de si um aparato técnico de tamanho considerável, com a postulação de muitos mecanismos razoavelmente "elegantes, simples e naturais" (*e.g.*, Minimalidade Relativizada) e outros tantos "barrocos, pesados, e *ad hoc*" (*e.g.,* condições de licenciamento de *Lacunas Parasitas*). Na avaliação dos proponentes do PM, o saldo da TRL é positivo; pois, mesmo nos casos em que o aparato formal é pouco explicativo, ele captura bem um conjunto significativo de generalizações empíricas sem precedentes na história da teoria gramatical. O objetivo imediato do PM é reter os ganhos da TRL, corrigindo seus problemas através de um "enxugamento" do aparato formal, reduzindo-o ao mínimo necessário (daí o programa ser nomeado "minimalista").

É impossível comentar aqui todos os pontos da TRL que têm sido objeto de "redução" no PM. Detenho-me a poucos exemplos representativos. Não se trata simplesmente de descartar a parte ruim e conservar a parte boa. É preciso *reformular* a parte boa, e, antes disso, diagnosticar adequadamente o que é necessário e o que é excessivo. Comecemos por uma questão básica de arquitetura geral da gramática. Na TRL, toda sentença possui quatro níveis de representação, relacionados derivacionalmente como em (1).

(1)　*léxico*→[Estrutura-P (EP)]→[Estrutura-S (ES)]→[Forma Lógica (FL)]

[Forma Fonética (FF)]

Nesse sistema, itens lexicais são combinados (conforme o Esquema X-Barra e o Critério Temático) formando uma Estrutura-Profunda (EP), que sofre regras transformacionais que culminam numa Estrutura-Superficial (ES), que deve obedecer a princípios de boa formação (*e.g.*, Filtro de Caso[3]). Nesse ponto, a derivação sintática segue com novas aplicações de transformações (*e.g.*, alçamento de quantificadores, reconstrução) que culminam numa Forma Lógica (FL), que codifica o significado da sentença, fazendo interface com os sistemas cognitivos responsáveis por seu uso e interpretação. Nesse mesmo ponto, há uma bifurcação, na qual a informação em ES é mapeada pelo componente fonológico numa *Forma Fonética* (FF), que faz interface com os sistemas psicomotores responsáveis por sua articulação e percepção. Dos quatro níveis, os dois primeiros são internos à gramática (e justificados por assunções internas à teoria), e os dois últimos fazem interface com outros sistemas cognitivos cujas existências são independentemente motivadas. Quaisquer que sejam os detalhes da gramática, é certo que toda expressão linguística (atômica ou complexa) é, no mínimo, uma conexão entre som e significado. Logo, qualquer teoria precisa, no mínimo, conceber, para cada sentença, uma estrutura legível pelos sistemas psicomotores que lidam com som, e outra legível pelos sistemas cognitivos que lidam com significado. A aposta minimalista é que esse mínimo é o máximo. A gramática não possui níveis de representação internos; possui apenas os que fazem interface com sistemas extragramaticais (por hipótese: um para som (ou gestos), outro para significado). Assim, a arquitetura da gramática seria como em (2).

(2) *léxico* ⎯⎯⎯⎯⎯⎯⎯⎯⎯⎯⎯⎯⟶ [Forma Lógica (FL)]

[Forma Fonética (FF)]

Em (2), itens lexicais combinam-se (por meios sintagmáticos e transformacionais intercalados) até a formação de FL: o único nível de representação sintático.[4] A bifurcação em (2) não corresponde a ES; apenas a um passo intermediário da construção de FL no qual se aplica uma regra de transferência do material morfofonológico carregado até então para o componente relevante. Adiante, veremos justificativas e consequências de um modelo sem EP nem ES.[5] Por ora, lembro que dispensar tais níveis implica reconceber princípios antes entendidos como aplicáveis nesses níveis, tomando-os agora como aplicáveis em FL (ou FF).

Cabe agora explicitar quais seriam as diretrizes minimalistas. A "aposta" minimalista é que todas as condições de boa-formação de estrutura se seguem ou de demandas dos níveis de interface – tomadas como condições de legibilidade – ou de princípios de economia derivacional do "sistema computacional" construtor de estrutura. A gramática só contém mecanismos *conceptualmente necessários* para construir, de forma ótima (*i.e.*, com o *minimum minimorum* de custo computacional), estruturas interpretáveis pelos sistemas de desempenho.

O que a Sintaxe Minimalista estuda?

A Sintaxe Minimalista estuda exatamente o mesmo que a GGT estuda: a Língua-I (*I* de *Internalizada* (na mente), *I* de *Individual*, *I* de *Intensional*).

Isto é, estuda-se a gramática no plano cognitivo, mental, individual; e não uma suposta "entidade social" cuja alegada existência seria externa ao indivíduo, *i.e.*, Línguas-E(xternas) como português, japonês ou finlandês (cf. Chomsky 1986a). O objeto de estudo não são as expressões gramaticais em si (sentenças, palavras, morfemas, sílabas etc.), mas a *intensão* (*i.e.*, as engrenagens internas) do sistema gerativo (representado na mente do falante) que produz, como sua *extensão*, as expressões gramaticais, as quais estudamos não como fim, mas como meio, como fonte de observação indireta de evidências acerca da estrutura da Língua-I. No limite, haveria tantas Línguas-I quanto há indivíduos humanos. Embora todas elas sejam objetos de estudo imediatos, nenhuma é o objeto de estudo *último* da GGT, cuja ambição maior é compreender a Faculdade da Linguagem (FdL), a capacidade mental que os membros da nossa espécie têm de conhecer e usar uma Língua-I qualquer.

Desde Chomsky (1964), com a explicitação dos *níveis de adequação* em teoria gramatical, o objetivo da GGT não é tanto prever exatamente quais são todas as expressões da língua (*nível observacional*). Esse seria um passo para se atingir o *nível descritivo*: a compreensão de como se estrutura a gramática mental do falante, que mecanismos há nela que determinam quais expressões são gramaticais e como elas se estruturam. Busca-se, em última instância, atingir o *nível explicativo*: *i.e.*, como tal gramática mental se forma no desenvolvimento cognitivo do indivíduo infantil. Com o advento do PM, tornou-se possível ambicionar talvez um dia atingir um nível de adequação *além do explicativo* (Chomsky 2005; Boeckx, 2006; 2010; Hornstein, 2009), o que consistiria, basicamente, em responder às duas últimas das cinco questões fundamentais na agenda da GGT em (3).

(3) *Questões Fundamentais* (adaptado de Chomsky e Lasnik (1993))
  (i) De que se constitui o conhecimento gramatical G de um indivíduo I?
  (ii) Como G se forma no curso do desenvolvimento cognitivo de I?
  (iii) Como G é posto em uso por I em interação com os demais aspectos não gramaticais de percepção e cognição?
  (iv) Quais são os correlatos neurofisiológicos de G no cérebro de I?
  (v) Como tal aparato neurofisiológico se desenvolveu no curso da evolução da espécie?

Uma resposta ideal para (i) apontaria o conjunto exato de mecanismos de combinação das unidades atômicas (*grosso modo*, itens lexicais) em unidades complexas (sintagmas e sentenças) representado na mente do falante (segundo a TRL, o conjunto de módulos mencionados anteriormente). O PM toma aquele sistema como essencialmente correto mas um tanto 'barroco' nos detalhes, a serem reconcebidos de modo mais eficaz e elegante. Uma resposta para (ii) vem sendo lentamente desenvolvida na GGT (e continua a sê-lo no PM) através de estudos experimentais que levam em conta diversos fatores extragramaticais (*e.g.*, limitações de memória, percepção etc.) que se fazem presentes nos atos de produção e percepção de fala (cf. Lewis e Phillips, 2015). A resposta da GGT para (iii), sobretudo a partir da TRL, consiste em argumentos racionais calcados em vasta evidência empírica apontando para a existência de uma Gramática Universal (GU) inata, que seria uma parte do sistema referido em (i), já representado na mente da criança desde o nascimento, e que se completa através da experiência de exposição a dados de línguas particulares. Essa GU conteria princípios rígidos e universais, bem como um (limitado) espaço de variação (cf. Crain e Pietroski, 2001). Sobre as questões (iv) e (v), Poeppel (2012) e Hauser et al. (2014), respectivamente, demonstram o quanto respostas satisfatórias ainda são quimeras utópicas. No entanto, dado o seu objeto de estudo, a GGT não pode se furtar a tentar respondê-las. Se a conclusão da investigação da questão (iii) é o inatismo, firma-se um compromisso com a biologia, o que automaticamente desencadeia as questões (iv) e (v). Qualquer que seja o formato de GU proposto, ele precisa ser compatível com o que as ciências naturais apontam como sendo "biologicamente possível". Assim, o PM ambiciona ser mais que apenas um "enxugamento" da TRL. No seio do PM, floresceu um novo empreendimento científico denominado Biolinguística (não surpreendentemente, alvo de muita polêmica, ceticismo e ataques).[6] Nesse contexto, ainda que bem longe de genuínas respostas (certas ou erradas) para tais perguntas ambiciosas, o enxugamento proposto pelo PM tem o potencial de ser um meio bastante promissor de preparar o terreno para semear futuras hipóteses testáveis nesse ora misterioso campo da Biolinguística, como bem coloca Hornstein (2009: 2-4, 14 [tradução minha]):

> O PM parte da assunção de que as operações da GU são simples e que a complexidade atestada nas línguas naturais decorre da interação entre subsistemas simples [...]. Em análises simples, os princípios e as operações básicas são naturais. A questão não trivial é o que nelas as faz 'naturais'.

Contudo, isso não tem nos impedido de argumentar contra e a favor de propostas nesses exatos termos ao longo dos anos. Por exemplo, gramáticas são naturais na medida em que facilitam a 'computação'; condições de localidade (como subjacência e minimalidade) são propriedades 'bem-vindas' do ponto de vista computacional dado o ônus que a distância impõe à eficiência computacional e à memória. [...] Dado o surgimento tardio da Faculdade da Linguagem (FdL) nos humanos, é evolutivamente natural que a FdL tenha 'importado' operações de outras partes da cognição. Isso sugere mais um traço de 'naturalidade', a saber: generalidade. Operações e princípios operantes em outras partes da estrutura cognitiva global são fontes naturais para computações linguísticas [...]. David Poeppel e colaboradores têm enfatizado que qualquer processo gramatical que hipotetizarmos deve estar instanciado no circuito cerebral se ele realmente for operante na *nossa* FdL. Entretanto, a hipótese da ligação entre língua e cérebro é mais provável de render frutos se fizer uso de análises computacionais que apelam para o *genérico* [...]. Logo, conceber as operações básicas como simples e genéricas tem a vantagem de elas serem mais 'implementáveis'. Enfim, a FdL será natural se for baseada em princípios e operações que promovam eficácia computacional, que sejam construídos de partes cognitivamente genéricas e atômicas, e que sejam suficientemente básicos para serem (plausivelmente) instanciados nos circuitos neurais. Evidentemente, mesmo com as premissas acima, sobra bastante espaço para posições divergentes sobre como interpretar essas diretrizes. Não surpreendentemente, há um amplo rol de candidatos potenciais para o inventário básico de princípios e operações básicas. Creio, porém, que essas diretrizes podem exercer um papel mais que meramente retórico na construção e na avaliação de propostas gramaticais. Mais concretamente, creio que a busca por princípios e operações simples sugere um projeto minimalista interessante: a construção de modelos gramaticais baseados num inventário mínimo de operações e princípios que são tanto evolutiva como neurologicamente plausíveis e a partir dos quais as propriedades básicas das gramáticas das línguas naturais podem ser qualitativamente derivadas. [...]. No melhor dos casos, os traços verdadeiramente distintivos da FdL seriam em pequeno número (um ou dois), com as demais propriedades sendo meramente reflexos de aspectos cognitivos independentes da linguagem. Isso é o que se espera de um sistema que emergiu apenas recentemente.

Como estudar alguns desses fenômenos usando a Sintaxe Minimalista?

A resposta curta à pergunta-título desta seção seria: *seguir as diretrizes minimalistas esboçadas ao fim da primeira seção, tendo no horizonte os objetivos de longo prazo esboçados no fim da segunda seção.* Vejamos como tais ideias programáticas gerais podem ser implementadas concretamente, começando pelo que parece mais elementar.

Para prever a geração de sentenças a partir de palavras, qualquer teoria precisa incluir um *componente sintagmático*, cujos mecanismos combinam itens lexicais formando sintagmas, recursivamente combináveis em sintagmas maiores. Tal componente sintagmático é conceptualmente necessário, inescapável.[7] Na TRL, tal componente se constituía dos princípios da Teoria X-Barra,[8] como *endocentricidade, binaridade, uniformidade,* a serem satisfeitos no nível EP e conservados em ES e FL.

No PM, o componente sintagmático se resume à operação de *Conexão,* a partir da qual se chega a uma versão mais 'enxuta' da antiga Teoria X-Barra: a *Estrutura Sintagmática Pura* (ESP) (cf. Chomsky, 1995: cap. 4). A operação Conectar toma dois constituintes sintáticos independentes (atômicos ou complexos) x & y, e, a partir da combinação entre eles, gera o sintagma $[^x x\, y\,]$. Cada conexão forma um novo objeto matemático quase tão simples quanto um mero conjunto formado pelos dois objetos sintáticos combinados,[9] exceto quanto ao fato de tal conjunto recém-formado ter atribuído a si um rótulo categorial, herdado de um de seus membros.[10] É isso que indica o x sobrescrito junto ao colchete de abertura em $[^x x\, y]$. Ou seja, o constituinte formado pela conexão entre x e y é do mesmo tipo categorial de x.[11] No início da computação sintática, os constituintes sintáticos disponíveis para combinação são itens lexicais (*grosso modo,* palavras, simplificando aqui uma série de questões morfossintáticas). A partir desses "átomos", vão sendo formadas unidades mais complexas, que herdam suas identidades categoriais de suas partes imediatas. Adiante, demonstrarei, através de um exemplo concreto, como os "níveis de barra" da Teoria X-Barra são reconcebidos em termos da ESP, de modo a se capturar essencialmente as mesmas relações com um formalismo mais simples. Por ora, questionemos algo mais básico. Ainda que a existência de estrutura sintagmática (num formato X-Barra) seja *empiricamente* justificada, o que faria dela *conceptualmente necessária* (em oposição, por exemplo, a meras sequências lineares de itens lexicais, sem relações de parte-e-todo (cf. nota 7))? É possível identificar algo *nos sistemas de interface* que imponha ao sistema computacional a demanda de produzir combinações de itens lexicais com estrutura sintagmática? Vejamos uma possibilidade.

Para Hornstein (2009), *Conectar* é, a rigor, o resultado da interação entre as operações *Combinar* e *Rotular*. *Combinar* agrupa quaisquer dois elementos gramaticais com rótulo categorial, formando um "bloco" que os contém, e que pode, recursivamente, ser agrupado para formar blocos maiores. *Rotular*, por sua vez, opera em cima do *output* imediato de *Combinar*, e toma aquele bloco recém-formado como um todo, analisa-o em suas partes imediatas e atribui-lhe um rótulo, conferindo-lhe o mesmo estatuto categorial de uma das partes que o compõem, convertendo o "bloco" num sintagma, de caráter endocêntrico. É graças à rotulação que um bloco/sintagma passa a ser conectável a outros. É como se o sistema só conectasse itens lexicais (todos rotulados *a priori*), e *Rotular* "convertesse" uma combinação complexa num "item lexical derivado", por assim dizer. Por exemplo, dado o verbo $adora_V$, que é um predicado de dois lugares, e o argumento $açaí_N$, forma-se o bloco $[adora_V\ açaí_N]$, que, após rotulado, torna-se $[^V adora_V\ açaí_N]$, que é um predicado de um lugar (assim como $dança_V$), que pode se combinar ao argumento $Isabel_N$, formando o bloco $[Isabel_N\ [_V adora_V\ açaí_N]]$, que, rotulado, torna-se $[^V Isabel_N\ [_V adora_V\ açaí_N]]$, equivalente, *mutatis mutandis*, a um verbo a-argumental (*e.g., $chove_V$*).

Nessa concepção radicalmente minimalista de estrutura sintagmática, *Combinar* não seria uma operação exclusiva da gramática; faria parte do aparato cognitivo geral, constituindo-se na capacidade de agrupar quaisquer elementos (representações mentais) formando um "bloco" que as contém, tal que esse bloco pode, recursivamente, ser agrupado para formar blocos maiores. Assim, uma parte da superoperação *Conectar* é conceptualmente necessária de modo trivial, porque deriva de fatores cognitivos externos à gramática.[12] Note que a própria composicionalidade semântica (aludida no parágrafo anterior) depende crucialmente de relações parte-e-todo entre agrupamentos de itens lexicais. Se ela for entendida como uma demanda do sistema externo que interpreta FL, a presença de algo como *Combinar* na gramática é inescapável. *Rotular*, por sua vez, seria uma operação exclusivamente gramatical, responsável por converter "blocos" em "sintagmas", conferindo-lhes um caráter endocêntrico, de modo a que a complexidade computacional de cada passo é sempre a mesma, e a mínima possível, pois o sistema está sempre a combinar átomos, cuja estrutura interna fora "esquecida" por efeito da compilação/atomização resultante da rotulagem. Essa concepção fatorada de *Conectar* reduz o estritamente linguístico a um *minimum minimorum*, oferecendo uma alternativa plausível do ponto de vista da adequação para além do nível explicativo, nos termos da seção anterior.

E quanto à ordem linear entre os itens lexicais combinados? Pode-se trivialmente tomá-la como uma propriedade imposta pela natureza do sistema articulatório-perceptual que faz interface com FF, pois a fala se instancia na linearidade do tempo real. Na impossibilidade de pronunciar e/ou perceber múltiplos itens lexicais simultaneamente, é preciso, de alguma forma, sequenciá-los em FF. Entretanto, isso não significa necessariamente que tal ordenamento deva estar codificado na sintaxe (cf. nota 9). Na maioria das propostas feitas no PM, a precedência linear é estabelecida fora da sintaxe, no mapeamento entre a sintaxe e FF. Segundo Uriagereka (1998) – inspirado em Kayne (1994) e Chomsky (1995: cap. 4) –, o modo mais econômico de se fazer isso é pegando carona nas relações estruturais já existentes na estrutura sintagmática, estabelecendo uma função bijetora entre c-comando assimétrico e precedência. *Grosso modo*, os elementos mais c-comandantes precedem os elementos mais c-comandados.[13]

Quanto à *Economia Derivacional*, a ideia central é que não basta que uma expressão seja estruturalmente bem formada (satisfazendo as demandas das interfaces) para ser gramatical. Ela precisa ser construída o mais economicamente possível, envolvendo o menor número possível de aplicações de operações de construção (basicamente *Conectar*, que já foi visto, e *Mover*, que veremos adiante). Isso faz a previsão radical de que não existe opcionalidade.[14] Uma operação só se aplica se requerida por algum elemento da estrutura em construção.

Poderia me dar um exemplo?

Exemplifico com (4a) como, segundo as versões mais difundidas e praticadas do PM, o sistema computacional constrói uma sentença passo a passo, intercalando aplicações sucessivas de operações sintagmáticas e transformacionais. *Grosso modo*, partindo-se da TRL como referência, a estrutura de (4a) seria, muito simplificadamente, algo como (4b).[15]

(4a)   Quem o jornalista vai criticar?
(4b)   [^{SC} [^{SD} quem]$_2$ [$^{C'}$ C [ST [^{SD} o jornalista]$_1$ [$^{T'}$ vai [^{SV} t$_1$ [$^{V'}$ criticar t$_2$]]]]]]

Primeiro, combinam-se *criticar*$_V$ e *quem*$_D$, formando o bloco [*criticar*$_V$ *quem*$_D$], saturando assim a variável de argumento interno do verbo. Segue-se a rotulagem do bloco, gerando [^{V}*criticar*$_V$ *quem*$_D$].[16] Em paralelo, combinam-se *o*$_D$ e *jornalista*$_N$, formando o bloco [*o*$_D$ *jornalista*$_N$], subsequentemente rotulado, gerando [^{D} *o*$_D$ *jornalista*$_N$]. Os resultados são combinados, e o bloco formado disso é subsequentemente rotulado, gerando (5).

(5)

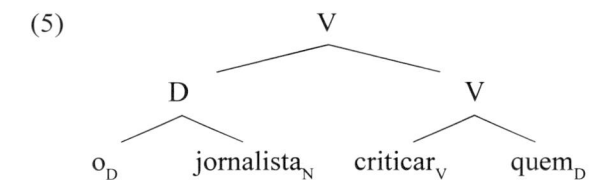

Olhando-se para esse diagrama, tem-se a impressão de que se perdeu uma parte importante da Teoria X-Barra: a distinção entre projeções mínimas, intermediárias e máximas. Entretanto, tal distinção está plenamente codificada em (5). Na ESP, os 'níveis de barra' são definidos relacional e derivacionalmente. Projeções mínimas são unidades da ordem de grandeza de um item lexical, e que não contêm nenhum constituinte sintático (podendo ter complexidade morfológica). Projeções máximas são constituintes não imediatamente contidos em outro constituinte de rótulo categorial idêntico ao seu. Projeções intermediárias são constituintes que não são projeções mínimas nem projeções máximas. Tomemos os três constituintes rotulados como V. O mais encaixado é o item lexical *criticar*$_V$, que já traz o rótulo do léxico[17]. O mais alto é projeção máxima de V (= SV). O do meio é sua projeção intermediária (= V'). Interessantemente, o estatuto de uma projeção pode mudar com a dinâmica derivacional. No ponto mais remoto em que ainda não fora conectado ao sujeito, o constituinte verbal [^{V}*criticar*$_V$ *quem*$_D$] é uma projeção máxima. Uma vez conectado ao sujeito, torna-se projeção intermediária (posto que seu nódulo-mãe[18] também é um V). Duas observações se fazem pertinentes. [$_D$ o_D *jornalista*$_N$] é uma projeção máxima (= SD) que não traz dentro de si uma projeção intermediária (= D'), desnecessária nesse sistema, que, para gerar um SX, não depende de uma meta-regra SX → (SZ) X', na qual o nódulo X' seria obrigatório. Por fim, como definido anteriormente, tanto *jornalista*$_N$ como *quem*$_D$ são, simultaneamente, projeções mínimas e máximas (N = SN e D = SD). Isso é possível nesse sistema mais enxuto, com menos unidades, mas sem perda de informação estrutural relevante. Daqui em diante, por razões expositivas, vou abreviar *Combinar + Rotular* numa operação só (*Conectar*), e usar a notação tradicional de níveis de barra da TRL.

A derivação segue, conectando *vai*$_T$ à estrutura, tomando o SV recémformado como seu complemento, formando o ST = [ST *vai*$_T$ [^{SV} [^{SD} o_D*jornalista*$_N$] [$^{V'}$ *criticar*$_V$ *quem*$_D$]]]. Nesse ponto, move-se o sujeito interno ao SV para ESP/ST.[19] Na TRL, concebíamos o resultado como [ST [^{SD} o_D*jornalista*$_N$]$_1$ [$^{T'}$*vai*$_T$ [^{SV} t$_1$ [$^{V'}$ *criticar*$_V$ *quem*$_D$]]]], com um vestígio silencioso (*i.e.*, **t**$_1$) no lugar de origem do movimento, coindexado ao elemento movido. No PM, propõe-se algo mais simples, calcado em mecanismos mais elementares, mais *conceptualmente necessários* como parte da cognição geral, adaptados às necessidades da linguagem, tornando vestígios e índices epifenômenos. Não há uma operação *Mover*, propriamente. Ela seria fruto da interação entre *Copiar* e *Conectar*. *Copiar* seria tão somente a criação de outra ocorrência de um objeto mental já existente; *i.e.*, uma versão gramatical de uma capacidade cognitiva geral, portanto com um custo mínimo para a teoria linguística. Na sintaxe, *Copiar* teria o poder de criar "clones" de constituintes previamente formados. No entanto, critérios de economia previnem a multiplicação desenfreada de sintagmas. Cópias só são feitas quando requeridas. Voltemos ao passo em que temos um ST ainda sem especificador.

(6) [ST *vai*$_T$ [^{SV} [^{SD} o_D *jornalista*$_N$] [$^{V'}$ *criticar*$_V$ *quem*$_D$]]]

Em (6), [^{SD} o_D *jornalista*$_N$] precisa ser licenciado quanto ao Caso, que lhe é conferido/validado por T, numa relação especificador-núcleo. Não havendo movimento *per se*, a satisfação desse requerimento se dá da seguinte forma. Copia-se [^{SD} o_D *jornalista*$_N$], criando-se uma outra ocorrência desse sintagma, que fica "pairando" no espaço derivacional, aguardando ser integrada à estrutura principal, como em (7a). Em seguida, essa cópia extra é conectada a ST, como em (7b), quando o que era um ST se torna um T', e um novo ST se forma como nódulo-mãe do T' e do SD sujeito recém-conectado.

(7a) $[_{ST}$ vai$_T$ $[^{SV}$ $[^{SD}$ o$_D$ jornalista$_N]_1$ $[^{V'}$ criticar$_V$ quem$_D$]]]] ... [SN o$_D$ jornalista$_N]_1$

(7b) $[^{ST}$ $[^{SD}$ o$_D$ jornalista$_N]$ $[^{T'}$ vai$_T$ $[^{VP}$ $[^{SD}$ o$_D$ jornalista$_N]$ $[^{V'}$ criticar$_V$ quem$_D$]]]]

Nesse sistema, não há vestígios nem índices referenciais que "ligam" elos de cadeia. Os referentes dos elos de cadeia são idênticos por um ser cópia do outro (quando se copia um elemento, copia-se sua referência também (cf. Nunes (2004) para detalhes). Sigamos a derivação até seu término, para, ao fim, tratarmos da pronúncia (ou elisão) de cópias.

Após (7b), conecta-se esse ST a C, gerando (8a). Isso cria um SC que "atrai" o sintagma-QU *quem*$_D$ para o seu especificador (a rigor, só existirá especificador após o 'movimento' do QU). Isso deflagra uma cópia de *quem*$_D$, que paira em paralelo no espaço derivacional no passo (8b). Por fim, em (9), essa cópia é conectada ao SC, que passa a ser um C', e um novo SC se forma como nódulo-mãe do C' e do QU recém-conectado.

(8a) $[^{C'}$ C $[^{ST}$ $[^{SD}$ o$_D$ jornalista$_N]$ $[^{T'}$ vai$_T$ $[^{SV}$ $[^{SD}$ o$_D$ jornalista$_N]$ $[^{V'}$ criticar$_V$ quem$_D$]]]]]

(8b) $[^{C'}$ C $[^{ST}$ $[^{SD}$ o$_D$ jornalista$_N]$ $[^{T'}$ vai$_T$ $[^{SV}$ $[^{SD}$ o$_D$ jornalista$_N]$ $[^{V'}$ criticar$_V$ quem$_D$]]]] ... quem$_D$

(9) $[^{CP}$ quem$_D$ $[^{C'}$ C $[^{ST}$ $[^{SD}$ o$_D$ jornalista$_N]$ $[^{T'}$ vai$_T$ $[^{SV}$ $[^{SD}$ o$_D$ jornalista$_N]$ $[^{V'}$ criticar$_V$ quem$_D$]]]]]]

Note a discrepância entre a estrutura sintática em (9) – com duas cópias de *quem*$_D$ e duas de $[^{SD}$ o$_D$ *jornalista*$_N]$ – e sua efetiva manifestação em FF, em que só as cópias menos encaixadas são pronunciadas. Empiricamente, é inescapável conceber a superoperação *Mover* como não apenas a interação entre *Copiar* e *Conectar*. Seria necessária outra suboperação: *Elidir* (cuja existência é independentemente motivada por fenômenos de elipse em geral),[20] que afetaria as cópias mais profundamente encaixadas, resultando em algo como (10).

(10) $[^{SC}$ quem$_D$ $[^{C'}$ C $[^{ST}$ $[^{SD}$ o$_D$ jornalista$_N]$ $[^{T'}$ vai$_T$ $[^{SV}$ $[^{SD}$ ~~o$_D$ jornalista$_N$~~$]$ $[^{V'}$ criticar$_V$ ~~quem$_D$~~]]]]]]

Seria isso apenas um truque notacional para esconder a velha noção de vestígio? Não. A ideia é que, *na sintaxe*, as múltiplas cópias de um sintagma "movido" existem de fato em todas as posições da cadeia, e isso é crucial para se capturar uma série de fenômenos com o mínimo de aparato técnico, como veremos adiante. *Elidir* seria aplicada no mapeamento entre a sintaxe e FF (*i.e.*, (10) já não é mais uma estrutura sintática, é um estágio intermediário do mapeamento que leva a FF). Sendo assim, ao menos duas questões emergem imediatamente: (i) qual a motivação para executar a elipse das cópias mais encaixadas? Por que não se pode simplesmente pronunciar as múltiplas cópias (afinal, isso parece mais econômico, pois, pela lógica adotada aqui, quanto mais se aplica *Elidir*, mais custo isso teria para o sistema)?; e (ii) em havendo elipse de cópias, por que a cópia sobrevivente é da cabeça da cadeia, e não a da cauda (ou uma cópia intermediária, em caso de "movimento" cíclico)? Há diversas propostas de resposta para essas perguntas (dentre as quais destaco a de Nunes (2004)). Para os propósitos desta introdução, sugiro pensarmos na necessidade de elipse de elos de cadeia em termos de *Economia de Representação* em FF: *i.e.*, por *default*, nenhum elemento é redundantemente super-representado. A razão pela qual não há tensão entre economia derivacional e economia representacional residiria no fato de a operação *Elidir* se aplicar fora da sintaxe, portanto não interferindo no cálculo de economia de suas derivações. No mapeamento entre a sintaxe e FF, a elipse seria necessária para tornar a representação FF mais econômica. A questão que sobra é por que cópias mais altas (mais c-comandantes) têm preferência para serem pronunciadas. Para os nossos propósitos, sugiro que o mapeamento entre a sintaxe e FF se dá aproximadamente como proposto em Fukui e Takano (1998), para quem o componente fonológico constrói a sequência temporal de palavras tomando a "árvore" como um todo, começando pelo nódulo raiz (*i.e.*, o que contém em si todos os demais), e "desmontando-a" em suas partes, num procedimento *top-down* (mais ou menos como num castelo de cartas, que se desfaz, a última carta a ser colocada é a primeira a cair, e a primeira a ser colocada é a última a cair). Sucessivas desconexões (imagem espelhada da história de conexões) alinham na "fila de pronúncia" os elementos encontrados mais cedo (*i.e.*, os mais c-comandantes) antes daqueles encontrados mais tarde (*i.e.*, os mais c-comandados). Nessa perspectiva, podemos pensar que, quando um elemento é reencontrado, é ignorado para efeitos dessa construção, pois já fora representado em FF.

Além do enxugamento do sistema ao se conceber movimento em termos de cópias em vez de vestígios,[21] há também ganhos empíricos. No que concerne FF, encontramos em Nunes (2004) vários casos em que fatores morfológicos ou prosódicos forçam o sistema a executar elisões de cópias de modo não canônico, como em (11), em que um sintagma QU é pronunciado em mais de uma posição. É difícil prever tais padrões num sistema baseado em vestígios, sem apelar para um formalismo pesado e *ad hoc*.

(11)   **Wen** glaubt Hans **wen** Jakob gesehen hat?   (alemão não padrão)
       Quem pensa Hans quem Jakob visto teve
       'Quem Hans pensa que Jakob viu?'

Quanto a FL, a principal evidência empírica (entre outras) a favor de cópias advém dos chamados fenômenos de *reconstrução*, que tinham esse nome na TRL por serem concebidos como um movimento, entre ES e FL, de retorno ao seu lugar original, por parte de um elemento que fora movido entre EP e ES. Essa "sintaxe pingue-pongue" implicava um formalismo mais pesado e *ad hoc* (complicando as condições para licenciamento de vestígios), mas parecia se fazer necessária diante de dados como (12a):

(12a) $[^{SC} [^{SD}$ quais $[^{SN}$ fotos $[^{SP}$ de $[^{SD} \textit{si mesma}_{k/*j}]]]]_1 [^{C'} C [^{ST} \textit{Isabel}_k$ escolheu $t_1]]] $?

Tem-se aqui um sintagma QU complexo: um SD com um determinante QU tomando como complemento um SN que traz dentro de si o SD anafórico "*si mesma*", cuja interpretação deve obrigatoriamente estar atrelada à do SD *Isabel* na posição de sujeito, como mostram os índices. O fato a princípio surpreendente nesse dado é que ele parece, à primeira vista, contrariar generalizações robustas acerca das estruturas contendo SDs anafóricos, respaldadas por uma vasta base empírica. A título de comparação, examinemos (13), em que "*si mesmo*" deve remeter a "*o pai de João*", jamais a *João*, ou a qualquer outro SD externo.

(13) $[^{ST} [^{SD}$ o $[^{SN}$ pai $[^{SP}$ de $[^{SD} \textit{João}]_2]]]_1 [^{T'}$ vai $[^{SV} t_1 [^{V'}$ olhar $[^{SP}$ pra $[^{SD} \textit{si mesmo}]_{1/*2/*3}]]]]$

Pelo *Princípio A* da Teoria de Ligação, uma anáfora (*e.g.*, *si mesmo(a)*, *se*) deve remeter ao mesmo referente do SD mais próximo que a c-comanda e que está contido na menor sentença finita[22] que a contém (cf. Roberts, 1997: cap. 3, para detalhes). Note que *"si mesmo"* é c-comandado por *"o pai de João"*, mas não por *João*. Esse princípio, que explica (13) e mais inúmeros dados intrincados de diversas línguas, parece, à primeira vista, falhar na descrição de (12a), em que a anáfora *"si mesma"* claramente não é c-comandada por *Isabel*, embora ambos os SDs sejam interpretados como tendo suas referências atreladas uma à outra.

Numa estrutura em que o sintagma QU complexo em (12a) está em sua posição argumental interna ao SV, *Isabel* c-comanda *"si mesma"*,[23] o que explicaria a correferência, *modulo* Princípio A. Tal configuração se obtém em EP, como apresentado em (12b).

(12b) $[^{SC} [^{C'} C [^{ST} Isabel_k$ escolheu $[^{SD}$ quais $[^{SN}$ fotos $[^{SP}$ de $[^{SD} si\ mesma_{k/*j}]]]]_1]]]$

Contudo, assumir que princípios da Teoria de Ligação se aplicam em EP é inviável por motivos empíricos e conceptuais que não cabem todos aqui (cf. Chomsky, 1995: 200-212).[24] Descartando-se EP e ES, segue-se que, no nível de representação FL correspondente a (12a/b), o sintagma QU complexo está na mesma posição em que esteve em EP, resultante de um suposto movimento de retorno (reconstrução) do sintagma QU à sua posição original, o que faria com que, nessa situação, FL fosse praticamente isomórfica a EP (*i.e.*, (12b)). Em termos minimalistas, se *Mover* é mesmo *Copiar* + *Conectar* (+ *Elidir*), então, em FL, a estrutura de (12a) é (12c). A *reconstrução* é um epifenômeno de um processo de seleção de cópias a serem interpretadas em FL.[25]

(12c) $[^{SC} [^{SD}$ QU- fotos de si mesma$_{k/*j}]_1 [^{C'} C [^{ST} Isabel_k$ escolheu $[^{SD}$ QU- fotos de si mesma$_{k/*j}]_1]]]$?

Vejamos agora outro exemplo (adaptado de Boeckx, Hornstein e Nunes, 2010), que ilustra como funciona a economia derivacional, e como é vantajoso um sistema sem EP. Em (14a), a categoria vazia (*CV*) na posição de sujeito da oração subordinada adjunto só pode ser interpretada como correferente ao sujeito da oração matriz (*Isabel*), não ao objeto (*Max*). Esta mesma generalização empírica quanto às correferências (im)possíveis entre a *CV* da subordinada e os SDs da matriz se verifica no exemplo análogo (e "inverso") em (14b).

(14a) $[^{ST} [^{SD} Isabel]_1 vai [^{SV} [^{SV} t_1 beijar [^{SD} Max]_2] [^{SAdv} depois de [^{ST} [cv]_{1/*2} tomar açaí]]]]$

(14b) $[^{ST} [^{SD} Max]_1 vai [^{SV} [^{SV} t_1 beijar [^{SD} Isabel]_2] [^{SAdv} depois de [^{ST} [cv]_{1/*2} tomar açaí]]]]$

Na TRL, postulava-se uma *cv* específica (*i.e.*, PRO) para construções desse tipo, em que o sujeito de uma subordinada não finita é correferente a um SD da matriz (tipicamente o sujeito). Estipulavam-se propriedades específicas para PRO e mecanismos específicos (*i.e.*, *Controle*) responsáveis por sua distribuição. No âmbito do PM, Hornstein (2001) propôs a *Teoria de Controle por Movimento*, na qual "movimento" é concebido em termos de cópias, sendo Controle um epifenômeno, capturado sem a necessidade de PRO. A *cv* em (14a), então, seria um mero "vestígio" (*i.e.*, cópia elidida) do sujeito da matriz. Vejamos como a economia derivacional do sistema conspira para o padrão de interpretação em (14a).

A (14a) gira em torno do verbo *beijar*, ao qual se conectam um adjunto (sentencial), um objeto e um sujeito, o qual é também sujeito do verbo dentro do adjunto sentencial. Logo, todos esses três constituintes a serem relacionados a *beijar* (o sujeito, o objeto e o adjunto) devem primeiro ser construídos independentemente, antes de serem todos integrados a um SV nucleado por *beijar*. Sendo a *cv* na posição de sujeito de *tomar* um resíduo do movimento do SD que ocupa em superfície a posição de sujeito de *beijar*, a história derivacional de (14a) passaria então por um estágio anterior como em (15a). Alternativamente, pode-se perguntar se (14a) poderia ter sido gerado a partir de (15b), tendo [^{SD} *Max*], o sujeito da subordinada, se 'movido' para a posição de objeto do verbo da matriz, seguindo-se à conexão de [^{SD} *Isabel*] como sujeito. De fato, ambos (15a) e (15b) são estágios derivacionais prévios possíveis; mas, a partir de (15a), só se pode gerar (14a). Partindo-se de (15b), só se pode gerar (14b).[26]

(15a) beijar ... [^{SD} Max] ... [^{SAdv} depois de [ST [^{SD} Isabel] tomar açaí]]

(15b) beijar ... [^{SD} Isabel] ... [^{SAdv} depois de [ST [^{SD} Max] tomar açaí]]

Em suma, <u>uma *cv* sujeito de uma oração adjunta só pode ser correferente ao sujeito da matriz, não ao seu objeto</u>. Eis o porquê. Partindo-se de (15a), só se poderia "equacionar" o sujeito da subordinada com o objeto da matriz copiando-se o sujeito da subordinada (*i.e.*, [^{SD} *Isabel*]), antes de o adjunto se integrar à matriz (cf. 16a), e então conectar tal cópia como objeto de *beijar* (cf. 16b). Por fim, uma série de conexões integra o adjunto

e o sujeito ao sv nucleado por *beijar*, como em (16c), que, como vimos, é
agramatical (cf. índices em (14b)).

(16a) beijar ... [^{SD} Max] ... [^{SAdv} depois de [ST [^{SD} Isabel] tomar açaí]] ... [^{SD} Isabel]

(16b) [^{SV} beijar [^{SD} Isabel]] ... [^{SD} Max] ... [^{SAdv} depois de [ST [^{SD} Isabel] tomar açaí]]

(16c) *[^{SV} [^{SV} [^{SD} Max] [$^{V'}$ beijar [^{SD} Isabel]]] [^{SAdv} depois de [ST [^{SD} Isabel] tomar açaí]]]

O problema reside no fato de que, em (15a), imediatamente antes de (16a),
o sistema tinha as opções de (i) conectar [^{SD} *Max*] a *beijar*; ou (ii) copiar [^{SD}
Isabel] para em seguida conectar essa cópia a *beijar*, como feito em (16a)
e (16b). A opção (ii) é mais custosa, por envolver *Copiar + Conectar*, em
vez de apenas *Conectar*, como em (i). Logo, (i) exclui (ii) pela métrica de
economia. Em (17), temos a derivação da opção gramatical (i). Embora o
número total de estágios seja igual, inclusive aplicando-se *Copiar + Conectar* a [^{SD} *Isabel*] nos passos (17b) e (17c), ocorre que a escolha por conectar
[^{SD} *Max*] a *beijar* em (17a) é, comparativamente, a mais econômica *naquele
exato ponto derivacional relevante*.[27]

(17a) [^{SV} beijar [^{SD} Max]] ... [^{SAdv} depois de [ST [^{SD} Isabel] tomar açaí]]

(17b) [^{SV} beijar [^{SD} Max]] ... [^{SAdv} depois de [ST [^{SD} Isabel] tomar açaí]] ... [^{SD} Isabel]

(17c) [^{SV} [^{SV} [^{SD} Isabel] [$^{V'}$ beijar [^{SD} Max]]] [^{SAdv} depois de [ST [^{SD} Isabel] tomar açaí]]]

Essa análise (que dispensa o aparato de PRO) depende não só da concepção de *Mover* como *Copiar + Conectar* (+ *Elidir*), e da Economia Derivacional; mas também da inexistência de EP e da assunção de que o Critério
Temático se aplica em FL. Note que [^{SD} *Isabel*] se move de uma posição-θ
para outra posição-θ, o que era excluído *a priori* na TRL, pois em EP (onde o
Critério Temático se aplicaria) o SD só poderia ocupar uma dessas posições.
Sem EP, é possível (e vantajoso) um SD acumular papéis-θ via movimento.

Quais são as grandes linhas de investigação?

São muitíssimas. Trata-se de um programa aberto a inúmeras imple-
mentações técnicas. É impossível aqui fazer justiça a tamanha fertilidade
de propostas (boas e ruins).[28] Destaco apenas duas das disputas internas no
PM: uma técnica, outra "arquitetural".

Quanto ao movimento, embora a abordagem de cópias predomine, há uma alternativa em que *Copiar* não existe, e *Mover* é, literalmente, tão somente uma instância ordinária de *Conectar* (cf. Guimarães, 2004, e referências lá citadas). Voltemos a (6), reproduzido em (18a) a seguir, em notação arbórea. Segundo a análise de "*Mover* como *Reconectar*", o DP em ESP/SV é diretamente (re)conectado em ESP/TP sem deixar de estar conectado à sua posição original, como em (18b), em que o SD "*o jornalista*" tem dois nódulos-mãe (SV e ST), bem como dois nódulos-irmãos (V' e T').

(18a)

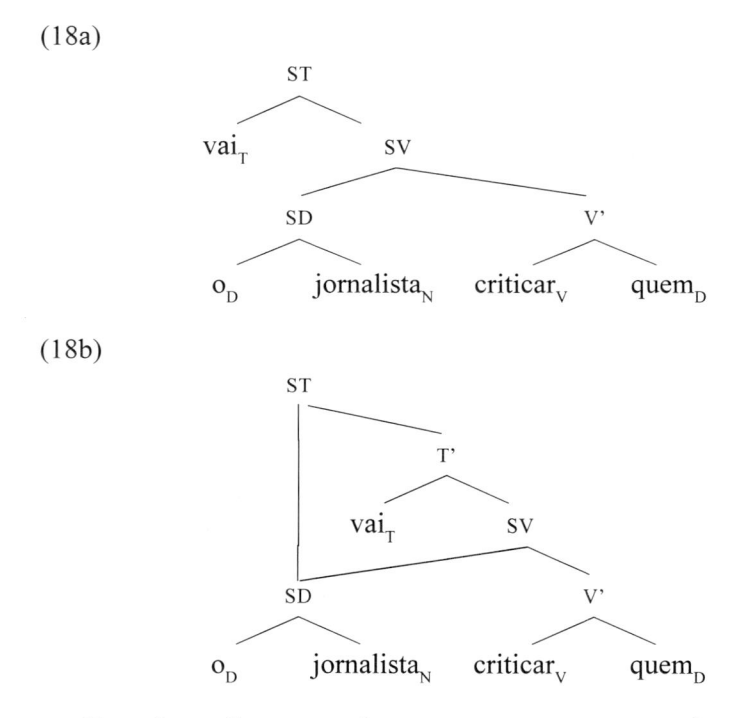

(18b)

Esse formalismo traz boas vantagens conceptuais em potencial a serem exploradas. Enxuga-se o formalismo mais ainda, e dispensa-se todo e qualquer mecanismo extra que assegure identidade entre cópias (quanto a papel-θ, Caso etc.), pois há um só sintagma, cujas propriedades se seguem de suas múltiplas relações na estrutura global. Do lado de FF, tem-se a mesma questão relacionada à pronúncia: por que o elemento multissituado é canonicamente pronunciado como se estivesse apenas na posição mais alta? Há várias respostas para os casos canônicos. Casos mais complexos (cf. (11)) ainda aguardam análises. Em contrapartida, a abordagem de

Reconexão tem sido mais bem-sucedida na análise de casos complexos de construções paratáticas (cf. Guimarães, 2004).[29]

Quanto à "arquitetura da gramática", há intensos debates acerca das muitas alternativas ao esquema em (2) anterior. De um lado, há propostas alavancadas pelo texto seminal de Brody (1995), que defende um minimalismo puramente representacional, sem derivações, apenas com regras declarativas (sintagmáticas e transformacionais) de boa-formação de FL. Do outro lado, há propostas alavancadas pelo texto seminal de Uriagereka (1998), nas quais, no limite, não haveria níveis de representação, apenas componentes interpretativos (de significado e de som), alimentados pela sintaxe "em cascatas", processando a sentença incrementalmente, em pacotes menores, num sistema radicalmente derivacional e dinâmico, como em (19).

$$(19) \quad \textit{léxico} \quad \overset{\displaystyle LF_1 \quad LF_2 \quad LF_3 \ldots \quad LF_n}{\underset{\displaystyle PF_1 \quad PF_2 \quad PF_3 \ldots \quad PF_n}{\longrightarrow}}$$

É a partir da concepção geral em (19) que se tem desenvolvido o modelo minimalista hegemônico na primeira década do século XXI, o de Derivação por Fases (Chomsky, 2001, *inter alia*), aliás, uma reformulação minimalista do modelo de Barreiras (Chomsky, 1986b), que procura explicar as restrições impostas ao "movimento". Certos "movimentos" seriam impossíveis[30] porque o constituinte onde se encontra o elemento a ser movido já teria abandonado o espaço derivacional e enviado às interfaces. Logo, sua estrutura interna seria inacessível para regras transformacionais subsequentes.

Por fim, menciono outra concepção de derivação em desenvolvimento no PM. Phillips (2003), *inter alia*, concebe as derivações sintáticas como transcorrendo na direcionalidade oposta à que vimos na seção anterior. Ou seja, as sentenças são construídas de modo aproximadamente isomórfico a como elas são produzidas e percebidas pelos sistemas de desempenho, com constituintes menos profundamente encaixados sendo introduzidos antes dos constituintes mais profundamente encaixados, num sistema em que a Conexão se dá por sucessivos encaixes de novos elementos dentro de constituintes previamente construídos, como esboçado em (20).

(20a) Que
(20b) [Que pessoa]
(20c) [[Que pessoa] Isabel]
(20d) [[Que pessoa] [Isabel vai]]
(20e) [[Que pessoa] [Isabel [vai fotografar]]]
(20f) [[Que pessoa] [Isabel [vai [fotografar [que pessoa]]]]]?

Essa abordagem, ao mesmo tempo que enfrenta difíceis e sedutores desafios, também tem uma série de consequências empíricas imediatas muito bem-vindas, como a resolução de "paradoxos de constituência"; além de tornar possível diminuir a distância entre as teorias de competência e de desempenho, rumo a uma unificação parcial das respostas às Questões Fundamentais (i) e (ii) em (3).

Essas três abordagens alternativas em (18), (19) e (20) não são mutuamente excludentes. Guimarães (2004) é um exemplo de como elas podem ser combinadas num mesmo sistema.

Notas

[1] Assim, o Minimalismo "herda" da GGT essencialmente os mesmos pontos de divergência em relação a outras abordagens de teoria sintática, bem como a mesma "incumbência" na "divisão de tarefas" que há entre abordagens distintas que investigam diferentes aspectos do fenômeno geral da combinatória de expressões atômicas para formar expressões complexas. Veja, neste volume, o capítulo "Sintaxe Gerativa".

[2] *Modelos*, no plural, pois se pode implementar tecnicamente as diretrizes gerais do Programa Minimalista de diferentes modos e comparar e avaliar os méritos e deméritos conceituais e empíricos de cada implementação.

[3] Sobre o Filtro do Caso, ver exemplificação no capítulo "Sintaxe Gerativa", neste volume.

[4] Já na TRL, a FL sempre foi concebida como uma estrutura *sintática*, e não semântica. O significado das sentenças é extraído diretamente da sintaxe, e não de uma estrutura semântica mapeada a partir da sintaxe.

[5] Tratarei da inexistência de EP adiante. Limitações de espaço me impedem de elaborar a respeito da inexistência de ES. Remeto o leitor ao argumento de Chomsky (1995: 191-199) a favor de uma reformulação do Filtro de Caso (reconcebendo *atribuição* de Caso como *checagem*, que recentemente tem sido entendida como *valoração*), cuja satisfação se daria ao longo de toda a derivação que intercala regras sintagmáticas e transformacionais, e não em um ponto específico ES.

[6] Embora suas origens sejam bem anteriores à TRL (remontando pelo menos até os trabalhos do neurologista Eric Lenneberg na década de 1960), a Biolinguística só veio a deslanchar e a se firmar com o PM.

[7] Quanto à "inescapabilidade" de um componente sintagmático, cf. Lasnik, 2000: cap. 1.

[8] Pela Teoria X-Barra, sintagmas não são somente agrupamentos quaisquer de palavras. São agrupamentos de um tipo específico. Todo sintagma é uma 'projeção' de um item lexical (seu núcleo), que determina a categoria (nominal, verbal, adjetival etc.) do agrupamento, estruturado em três camadas, decorrente de um esquema de metarregras, tal como simplificadamente posto em (i), (ii) e (iii) abaixo:

(i) X' → X (SY)   (ii) SX → (ZP) X'   (iii) SX → SX SW

Pela metarregra (i), um núcleo lexical X (= projeção mínima de X) se emparelha com um sintagma SY (complemento de X) constituindo o bloco X' (= projeção intermediária de X). Pela metarregra (ii), o bloco X' se emparelha com um sintagma SZ (especificador de X), constituindo o bloco SX (= projeção máxima de X). Além de um complemento e um especificador, o esquema X-Barra admite múltiplos adjuntos, aplicando-se reiteradamente a metarregra (iii), que introduz um novo nível SX logo acima do SX que se emparelha com um sintagma SW (adjunto de X). Nesse esquema algébrico, X, Y, Z e W podem corresponder a quaisquer categorias morfossintáticas (N(ome), V(erbo), A(djetivo) etc.). Os parênteses nas metarregras indicam que o símbolo dentro deles é introduzido ou não, a depender das características do núcleo X que se projeta. Assim, todo sintagma tem o mesmo esqueleto estrutural, a saber: [^{SX} [^{SX} SZ [$^{X'}$ X SY]] SW]. Para exemplificar a aplicação desse esquema, tomemos X como o verbo *tomar*, como SZ o SN *Isabel*, como SY o SN *açaí*, e como SW o SAdv *amanhã*. Em '**Isabel vai tomar açaí amanhã**', a estrutura do SV, antes do movimento do SN sujeito, seria [^{SV} [^{SV} (SN *Isabel*) [$^{V'}$ [^{V} *tomar*] (SN *açaí*)]]] (SAdv *amanhã*)]. Para detalhes, cf. Roberts (1997: cap. 1).

9 Assim sendo, posto que a relação de pertencimento a um conjunto não implica nenhum tipo de ordem (*i.e.*, {x, y} = {y, x}), então, contrariamente à tradição pré-TRL da GGT, a estrutura sintagmática não codificaria relações de precedência temporal entre os constituintes.

10 Na versão original da ESP (Chomsky, 1995: cap. 4), a conexão entre x e y não gera simplesmente {x, y}, mas o objeto matemático (também definível em termos de teoria de conjuntos) ligeiramente mais complexo {$x, \{x, y\}$}, no qual se codifica uma assimetria entre os dois elementos combinados, o que determina qual deles se projeta.

11 Poderia, inversamente, ser do mesmo tipo de y, mas jamais de um terceiro tipo z distinto de x e de y, nem poderia não ter tipo categorial. É assim que esse sistema codifica o princípio da endocentricidade de sintagmas.

12 Cabe perguntar por que, quando aplicado no domínio sintático, *Combinar* se restringe a dois termos. Tal questão demanda uma discussão para além do escopo deste capítulo. Por ora, ofereço ao leitor a sugestão de que restringir *Combinar* a dois elementos reduz ao *minimum minimorum* a complexidade computacional da "busca" pelo rótulo do todo feita a partir da inspeção das partes e suas propriedades (cf. Chomsky, 2013).

13 Para nossos propósitos imediatos, adoto a seguinte a definição simplificada de c-comando em (i), que se baseia na definição (simplificada) de irmandade em (ii):

(i) um constituinte X c-comanda seu constituinte irmão Y e todos os que estiverem contidos em Y (e nada mais);

(ii) um constituinte X é irmão de um constituinte Y se e somente se existe um constituinte Z, tal que Z contém X e Y dentro de si, e não há nenhum constituinte W que esteja contido em Z e que também contenha X ou Y.

Aproveitando um exemplo dado dois parágrafos acima, em [^{V} *Isabel*$_N$ [$_V$ *adora*$_V$ *açaí*$_N$]], temos *adora*$_V$ e *açaí*$_N$ como irmãos, contidos imediatamente em [$_V$ *adora*$_V$ *açaí*$_N$], que é irmão de *Isabel*$_N$.

14 A rigor, há espaço para opcionalidade quando duas alternativas derivacionais são comensuráveis em termos de economia e são igualmente custosas para o sistema.

15 ST = Sintagma Tempo, aqui nucleado pelo verbo auxiliar *vai* (por vezes nucleado por um morfema de flexão verbal a se juntar com V entre EP e ES), logo acima do SV; SC = Sintagma Complementizador, nucleado por uma "conjunção integrante" (neste caso, silenciosa), logo acima do ST. O sintagma [o jornalista] é concebido como um SD (= Sintagma Determinante), em vez de um SN (= Sintagma Nominal), o que parece contraintuitivo à primeira vista para um leitor iniciante. Trata-se, porém, da visão predominante na TRL acerca dos SNs, que seriam tomados como complemento de um núcleo D que se projeta num SD, que por sua vez seria argumento de um V ou de um P (em vez de se ter o D como subparte do SN, tal qual nos modelos pré-TRL da GGT).

16 Note que uma rotulagem inversa impossibilitaria tratar o sintagma formado como um 'predicado monoargumental' a ser saturado pelo sujeito.

17 Em ESP não há mais a distinção redundante entre nódulo terminal e pré-terminal.

18 Dizemos que um constituinte Z é nódulo-mãe de um constituinte X se e somente se Z contém X em si, e não há nenhum constituinte W que esteja contido em Z e que também contenha X (cf. relação de irmandade na nota 13). Em (5), o nódulo-mãe *jornalista* é D (= SD); e o nódulo-mãe de D é o V 'mais alto' (= SV).

19 A motivação para tal movimento vem do Filtro de Caso (cf. capítulo "Sintaxe Gerativa", neste volume).

[20] A intuição básica (Chomsky, 1995: cap. 3) é que essa "elipse de elo de cadeia" seja uma instanciação particular da mesma elipse que se dá em outros casos (*e.g.*: *Ele fugiu, mas ela não ~~fugiu~~.*), porém com algumas propriedades específicas, decorrentes do fato de se aplicar sobre cópias em relação de c-comando.

[21] Dispensa-se todo um conjunto de noções especificamente voltadas para movimento (vestígio, índice, e condições de licenciamento de vestígios) em favor de noções motivadas independentemente de movimento.

[22] Aqui, "sentença finita" equivale ao que os gramáticos normativistas classificam como orações que não são reduzidas (nem de infinitivo, nem de gerúndio, nem de particípio).

[23] Em (12b), mas não em (12a), "*si mesma*" está contido no constituinte irmão de *Isabel* (cf. nota 13).

[24] Por ora, observemos (i), em que a anáfora "*each other*" está ligada a "*the defendants*", o que só se daria via c-comando. A anáfora dentro do adjunto só poderia ser c-comandada pelo sujeito da subordinada infinitiva se o caso acusativo de "*the defendants*" for atribuído/checado/valorado tardiamente, via movimento entre ES e FL, para um especificador acima do SV da oração matriz (Chomsky, 1995: 272). Nesse caso, não há, em EP, posições ocupadas pelos SDs ligados que estejam em relação de c-comando.

[25] A cópia a ser escolhida para interpretação em FL não precisa necessariamente coincidir com aquela escolhida para ser pronunciada em FF. Neste exemplo, interpreta-se semanticamente justamente a cópia 'silenciosa'.

[26] Demonstro aqui como a generalização empírica sublinhada a seguir é explicada partindo-se de (15a), em que (14a), na leitura de "PRO controlado pelo sujeito" é uma continuação mais econômica que (14b) na leitura de "PRO controlado pelo objeto". Deixo para o leitor o exercício de verificar como o mesmo raciocínio de aplica partindo-se de (15b), em que (14b), na leitura de "PRO controlado pelo sujeito" é uma continuação mais econômica que (14a) na leitura de "PRO controlado pelo objeto".

[27] Note que economia é computada *localmente*, numa tomada de decisão simples, olhando-se apenas para os passos derivacionais imediatamente anterior e posterior; não olhando para todos os "caminhos potenciais" como fazem enxadristas profissionais em suas tomadas de decisão complexas. Vemos aqui, portanto, um exemplo claro de como as diretrizes gerais de "naturalidade", mencionadas no fragmento de Hornstein (2009) citado na segunda seção anterior, podem ser implementadas concretamente, resultando em eficácia computacional.

[28] O caráter *programático* do Minimalismo já foi alvo de ataques severos, acusações de que o PM não passa de especulações com um jargão pomposo e de ambições inatingíveis, porém sem nenhuma proposta concreta de formalismo que seja logicamente consistente e empiricamente testável. Entre várias repostas a tais críticas, destaco Freidin e Vergnaud (2001) e Boeckx (2006: 84-109).

[29] *E.g.*: "*Lisa disse que Homer bebeu você nem imagina quantas cervejas na festa*". Além do movimento QU, a subordinada "*Homer bebeu quantas cervejas na festa*" é complemento de "*disse*" e também de "*imagina*".

[30] *E.g.*: *[SC [QU onde]$_2$ [ST você sabe [SC [QU quem]$_1$ [ST t$_1$ mora t$_2$]]]] ?

O que eu poderia ler para saber mais?

Para os que têm boa familiaridade com a TRL, há ótimos textos introdutórios ao PM; contudo, a grande maioria está em inglês. Destaco Boeckx (2006, 2010) para uma visão geral de questões epistemológicas, metodológicas e arquiteturais. Para questões técnico-analíticas, recomendo Hornstein, Nunes e Grohmann (2005). Saliento, porém, que uma compreensão efetiva do PM só é possível com muito conhecimento das abordagens pré-TRL da GGT, sobretudo a fase de 1955 a 1965, na qual ainda não havia sido introduzido o conceito de EP, e na qual regras sintagmáticas e transformacionais intercalavam-se na derivação (tal como no PM). Para uma introdução a essa fase da teoria, recomendo Lasnik (2000) e Frank (2002: cap. 1).

BOECKX, C. *Linguistic minimalism*: origins, concepts, methods, and aims. Oxford: OUP, 2006.

_____. *Language in Cognition*: uncovering mental structures and the rules behind them. Oxford: Wiley-Blackwell, 2010.

BOECKX, C.; HORNSTEIN, N.; NUNES, J. *Control as movement*. Cambridge: CUP, 2010.

BRODY, M. *Lexico-logical form*: a radically minimalist theory. Cambridge: The MIT Press, 1995.

CHOMSKY, N. *Current issues in linguistic theory*. the hague: Mouton, 1964.

_____. *Knowledge of language*: its origin, nature and use. New York: Praeger, 1986a.

_____. *Barriers*. Cambridge: The MIT Press, 1986b.

_____. *The minimalist program*. Cambridge: The MIT Press, 1995.

_____. Derivation by phase. In: KENSTOWICZ, M. (ed.). *Ken Hale*: a life in language. Cambridge: The MIT Press, 2001.

_____. Three factors in language design. *Linguistic Inquiry*, v. 36, n. 1, 2005, pp. 1-22.

_____. Problems of projection. *Lingua*, v. 130, 2013, pp. 33-49.

CHOMSKY, N.; LASNIK, H. The theory of principles and Parameters. In: JACOBS, J. et alii. *Syntax*: an international handbook of contemporary research. Berlin: de Gruyter, 1993.

CRAIN, S.; PIETROSKI, P. Nature, nurture, and universal grammar. *Linguistics and Philosophy*, v. 24, 2001, pp. 139-86.

FRANK, R. *Phrase structure composition and syntactic dependencies*. Cambridge: The MIT Press, 2002.

FREIDIN, R.; VERGNAUD, J-R. Exquisite connections: some remarks on the evolution of linguistic theory. *Lingua*, v. 111, 2001, pp. 639-66.

FUKUI, N.; TAKANO, Y. Symmetry in Syntax: merge and demerge. *Journal of east asian linguistics*, v. 7, 1998, pp. 27-86.

GUIMARÃES, M. *Derivation and representation of syntactic amalgams*. Ph.D. dissertation. University of Maryland at College Park, 2004.

HAUSER, M. et al. The mystery of language evolution. *Frontiers in Psychology*, 2014. Disponível em: <http://journal.frontiersin.org/article/10.3389/fpsyg.2014.00401/full>. Acesso em: 27 mar. 2015.

HORNSTEIN, N. *A Theory of syntax*: minimal operations and universal grammar. Cambridge: CUP, 2009.

HORNSTEIN, N.; NUNES, J.; GROHMANN. K. *Understanding minimalism*. Cambridge: CUP, 2005.

KAYNE, R. *The Antisymmetry of syntax*. Cambridge: The MIT Press, 1994.

LASNIK, H. *Syntactic structures revisited*: Contemporary lectures on classic transformational theory. Cambridge: The MIT Press, 2000.

LEWIS, S.; PHILLIPS, C. Aligning grammatical theories and language processing models. *Journal of Psycholinguistic Research*, 2015. [no prelo]

NUNES, J. *Linearization of chains and sideward movement*. Cambridge: The MIT Press, 2004.

PHILLIPS, C. Linear order and constituency. *Linguistic Inquiry*, v. 34, n. 1, 2003, pp. 37-90.

POEPPEL, D. The maps problem and the mapping problem: two challenges for a cognitive neuroscience of speech and language. *Cognitive Neuropsychology*, v. 29, n. 1-2, 2012, pp. 34-55.

ROBERTS, I. *Comparative syntax*. London: Arnold, 1997.

URIAGEREKA, J. *Rhyme and reason*: an introduction to minimalist syntax. Cambridge: The MIT Press, 1998.

Sintaxe Experimental

Marcus Maia

O que é Sintaxe Experimental

Como em todas as línguas humanas encontram-se itens elementares, concatenados em unidades maiores, conforme proposto no princípio universal da composicionalidade, a Sintaxe pode ser avaliada como componente fundamental da linguagem. O presente livro oferece uma introdução a diferentes angulações possíveis nos estudos sintáticos e, neste capítulo, apresentaremos como se pode estudar esse processo central da linguagem humana, através do método experimental.

Observe que definimos Sintaxe como um processo. Ora, pode-se estudar frases analisando-se, por exemplo, um texto escrito ou a gravação de discurso oral, ou seja, a partir de um *corpus*. Nesse caso, estaríamos estudando o produto e não, diretamente, o processo cognitivo que o gerou. A Sintaxe Experimental, por outro lado, objetiva justamente investigar os processos sintáticos dinâmicos que têm lugar em nossa mente quando representamos, produzimos e compreendemos frases. As teorias sintáticas procuram caracterizar e oferecer generalizações descritivas e explicações sobre os processos sintáticos, tanto aqueles de caráter mais universal, comuns a todas as línguas, quanto os que ocorrem de modo mais específico em cada língua. Para poder estudar esses processos, a teoria da Gramática Gerativa,[1] de Noam Chomsky, propôs, pioneiramente, em meados da década de 1950 que, além de analisar-se exaustivamente um *corpus*, fossem obtidos julgamentos dos falantes sobre a boa formação das frases. Em busca da caracterização da capacidade gerativa da linguagem, Chomsky propõe que se possa testar a gramaticalidade das frases capturando-se algum tipo de reação bizarra, "*some sort of bizarreness reaction...*" (cf. Chomsky, 1956/1982: 95).

Esse levantamento de julgamentos introspectivos não deixa de constituir um experimento informal. Para entender melhor esse procedimento, podemos testar a boa formação de algumas construções interrogativas utilizando as chamadas palavras-qu (*o que, qual, quem, quando, porque* etc.).

Vamos experimentar? Podemos utilizar os seguintes símbolos para avaliar a nossa própria intuição sobre a gramaticalidade das frases a seguir:

(✓) frase bem formada
(?) dúvida sobre a boa formação
(*) frase agramatical

(1) Que livro o professor escreveu?   ( )
(2) O professor escreveu que livro?   ( )
(3) O aluno acreditou na acusação de que o escritor plagiou que livro?   ( )
(4) Que livro o aluno acreditou na acusação de que o escritor plagiou?   ( )
(5) Que livro o professor escreveu a tese?   ( )
(6) Que livro o professor escreveu a tese sem ler antes?   ( )

Será que todos concordamos sobre as nossas avaliações dessas frases? As frases (1) e (2) parecem bem formadas, mas há, sem dúvida, algum contraste entre elas. A frase (1) exemplifica a operação conhecida na literatura gerativa como "movimento de QU", em que se dá o deslocamento de um constituinte para a periferia esquerda da oração. A frase (2), por outro lado, mantém o constituinte-QU "que livro" em sua posição dita canônica, ou seja, na posição pós-verbal, ordem básica do objeto direto em português. Ambas parecem bem formadas em português, mas há, sim, algum contraste entre elas, decorrente, talvez, do fato de que a distribuição da frase (2) parece mais restrita do que a da frase (1), sendo utilizada como "pergunta eco", quando, por exemplo, não se ouviu bem alguma afirmação anterior e se pede a um interlocutor, através da pergunta com o constituinte *in situ*, sem deslocamento, para confirmar a informação. Por essa razão em testes de aceitabilidade, algumas pessoas, provavelmente, a marcariam com (?). Já a frase (1) não tem essas implicações de restrição de contexto de uso, parecendo mais frequente e menos restrita como pergunta informacional básica, merecendo, por isso, muito provavelmente, um (✓).

Comparando-se (3) e (4), no entanto, a intuição que se tem é exatamente inversa ao que se obtém para (1) e (2): agora, a construção em (3), com o constituinte-QU *in situ*, é que parece claramente melhor do que a construção em (4), em que o constituinte-QU foi movido para o início da oração, tornando a frase agramatical! Provavelmente, os sujeitos do nosso teste informal vão marcar a frase (4) com um asterisco (*), concordam? Segundo análise clássica na teoria sintática, um SN complexo como "a acusação de que o escritor plagiou que livro" funciona como uma "ilha"[2] para o movimento sintático, impedindo que se extraia o sintagma-QU "que livro" da posição de objeto. Por essa razão, provavelmente, avaliamos (3) como bem formada e (4) como agramatical. O exemplo (5) nos causa alguma surpresa, não é? Ao encontrarmos o constituinte-QU movido para o início da oração, posição dita não argumental, precisamos saber de onde ele se moveu, de modo a sermos capazes de interpretar a frase. A possibilidade seria a posição pós-verbal de objeto, mas esta se encontra preenchida. Uma oração assim, então, parece nitidamente malformada, merecendo um asterisco (*). A frase (6), em contraste, já ofereceria melhor possibilidade de interpretação: o constituinte-QU "que livro" parece ter saído da posição do segundo verbo do período, o verbo "ler". Havendo encontrado o lugar de extração do constituinte, a frase é bem interpretada e pode ser avaliada como (✓).

Esse método de julgamento introspectivo informal que exercitamos aqui constituiu a principal ferramenta de avaliação de dados da Linguística Gerativa desde a sua fundação na década de 1950. Embora o próprio Chomsky, posteriormente, avalie que a confiabilidade exclusiva da teoria nos julgamentos intuitivos deva ser substituída por critérios rigorosos, tão logo possível (cf. Chomsky, 1962), o fato é que os julgamentos intuitivos de aceitabilidade e gramaticalidade constituíram a principal ferramenta da gramática gerativa durante várias décadas. A sua proposição inicial como metodologia de pesquisa em Linguística foi verdadeiramente revolucionária, em um momento na história da ciência dominado pela corrente behaviorista, profundamente antimentalista. Observe-se que, procurando conhecer a intuição dos falantes, utilizando julgamentos de aceitabilidade ou de gramaticalidade de frases, a Linguística Gerativa pôde operar uma importante mudança no foco dos estudos linguísticos, que passaram da análise exaustiva dos *corpora*, realizada no âmbito das correntes estruturalistas, para a modelagem dos processos cognitivos subjacentes ao conhecimento da linguagem. Assim, analisando-se, além do que é dito, o que não pode ser gerado, aprendemos, por exemplo, conforme discutido anteriormente, que não se pode mover um constituinte sintático para fora de um sn complexo, como é o caso do exemplo (4). Um tal dado, que jamais seria encontrado naturalmente em nenhum *corpus*, nos permite conhecer condições e princípios importantes da faculdade humana da linguagem. Essa mudança de foco epistemológico do produto para o processo constituiu, portanto, procedimento fundamental da chamada Revolução Cognitivista da metade do século xx e possibilitou, reconhecidamente, um avanço significativo no nosso conhecimento da linguagem e das línguas humanas.

Figura 1: "Hey Sally" (Ilustração do autor)

O método de julgamento introspectivo informal, no entanto, tem sido objeto de questionamentos de diferentes tipos. Linguistas como William Labov, por exemplo, já haviam questionado a sua variabilidade entre os sujeitos consultados que, frequentemente, discordam entre si a respeito dos julgamentos, seja em função de diferenças dialetais, seja em função de alguns poderem ter consciência metalinguística das questões em análise, sendo influenciados pelas hipóteses teóricas. Outros linguistas têm apontado a existência de gradiência nos julgamentos, ou seja, eles não seriam do tipo "tudo ou nada", mas em muitos casos haveria uma gradação, que nem sempre é muito clara nos julgamentos informais, que podem apresentar nuances sutis de avaliação, difíceis de serem claramente estabelecidas sem controle rigoroso dos testes.

Embora a introspecção e a intuição sejam, necessariamente, o ponto de partida de uma reflexão sistemática sobre os fenômenos linguísticos, o que se tem questionado, na prática, é se devem ser também o ponto de chegada das análises. Nesse sentido, o método de julgamento intuitivo de aceitabilidade/gramaticalidade já foi chamado pejorativamente de método *"Hey Sally"*, evocando a imagem do linguista, geralmente um sintaticista, perguntando, nervoso, à sua secretária – *"Hey Sally, do you get this sentence??"* (Ei, Sally, você acha essa frase boa?). Que uma pergunta como essa, ilustrada na figura 1, possa ser feita em uma pesquisa não deveria causar estranheza, mas que teorias complexas sobre a linguagem possam ser plenamente desenvolvidas apenas na base de perguntas assim é que tem sido profundamente questionado.

Um questionamento importante refere-se à instabilidade dos julgamentos introspectivos informais, que podem oscilar para um mesmo sujeito em relação a uma mesma frase ou tipo de frase. É o que William Snyder, em um artigo muito citado, publicado na revista *Linguistic Inquiry* no ano 2000, chamou de efeito de saciação sintática ou "doença do linguista". Para experimentar de modo prático esse efeito de saciação, vamos voltar ao nosso exemplo (4), aquela frase que, em contraste com a frase (3), nos pareceu claramente agramatical, merecendo, portanto, um asterisco em nossa primeira avaliação. Repetimos a frase a seguir:

(4)   Que livro o aluno acreditou na acusação de que o escritor plagiou?

Examinando a frase com mais vagar, podemos passar a aceitá-la melhor do que na primeira apreciação. Afinal, já entendemos o seu significado, então nosso julgamento tende a ser menos estrito, transferindo-se a maior aceitabilidade, inclusive, para outras frases do mesmo tipo. Assim, uma frase com a mesma estrutura, mas com conteúdo lexical diferente da frase (4), poderia nos parecer mais aceitável, agora que já estamos habituados a ela. Por exemplo, a frase (7) já poderia não nos parecer tão malformada:

(7)   Que estudante o diretor aceitou a acusação de que o professor reprovou? (?)

De fato, muitos linguistas reportam que frases que são, inicialmente, julgadas como agramaticais tendem a se tornar cada vez mais aceitáveis, à medida que se continua a considerá-las, passando a ser citadas como agramaticais apenas por força do hábito ou – pior – porque sua agramaticalidade se tornou padrão na literatura teórica. Em seu experimento, Snyder apresentou a 22 alunos de graduação do Massachusetts Institute of Technology um questionário contendo frases com diferentes tipos de ilha sintática, para julgamento. Os sujeitos deviam marcar *Sim* ou *Não*, após verem 50 frases em contexto, distribuídas em blocos. Considerava-se a existência de saciação se o número de julgamentos positivos nos dois últimos blocos superasse significativamente o número de julgamentos positivos nos dois primeiros blocos. Como previsto, as conclusões do estudo indicaram a existência de efeitos de saciação significativos para vários tipos de ilha sintática!

Destaque-se, finalmente, que a coleta apenas dos índices de julgamento de gramaticalidade, em si, sem a captura dos tempos médios de julgamento, cronometrados em milésimos de segundos, levantou outro questionamento importante por parte dos psicolinguistas em relação ao método *"Hey Sally"*. Deixando de aferir os tempos médios de julgamento, os sintaticistas puramente teóricos perdem a possibilidade de ter uma medida ainda mais precisa para avaliar intuições de boa ou má-formação de sentenças. É possível, por exemplo, que um "sim" muito demorado, obtido para uma construção, seja igualado a um "sim" muito rápido, obtido para outra construção, perdendo-se a possibilidade de diferenciá-las, por não se cronometrarem os tempos médios de decisão.

Constatações como essas levaram a duas conclusões:

1. De um lado, parece claro que a metodologia experimental poderia fornecer instrumentos mais precisos e estáveis para desenvolver a base empírica das teorias e, consequentemente, contribuir significativamente para o seu estabelecimento.
2. De outro lado, a pesquisa anterior ao advento do uso de metodologia experimental poderia estar comprometida por efeitos não controlados, como o da saciedade, e, portanto, as teorias baseadas em metodologias informais podem não ser confiáveis.

Sprouse e Almeida (2010), no entanto, apresentam resultados experimentais que indicam que (2) não parece ser verdadeiro. Utilizando análises estatísticas sofisticadas, os autores demonstraram que os resultados de julgamentos de gramaticalidade de 469 tipos de frases em um livro de introdução à Sintaxe,[3] obtidos com metodologia criteriosa, junto a 440 participantes, indicaram um índice de réplica de 98% em relação ao que havia sido obtido através de métodos informais, no passado. Sprouse e Almeida concluem que tais resultados sugerem que a técnica de julgamento de gramaticalidade informal usada na Linguística Gerativa por décadas não poderia ter levado a teoria a erros em função de dados de má qualidade.

Por outro lado, no entanto, considerando que, em testes de Hipótese, em Estatística, há dois tipos de erro, o FALSO POSITIVO e o FALSO NEGATIVO, o uso de testes informais de julgamento pode não ter ocasionado o primeiro tipo, mas não garante que não se tenha cometido o segundo tipo.

> ERRO DO TIPO I – FALSO POSITIVO – Rejeitar uma hipótese nula verdadeira.
> ERRO DO TIPO 2 – FALSO NEGATIVO – Aceitar uma hipótese nula inválida.

O que queremos dizer é que, embora os métodos informais de julgamento, do tipo *"Hey Sally"*, utilizados amplamente durante décadas na Linguística Gerativa, possam não ter levado à postulação de teorias inválidas, não se pode garantir que diferentes fenômenos linguísticos – que poderiam ter sido observados com técnicas mais precisas e criteriosas – não tenham sido, de fato, estabelecidos nas teorias, em função da metodologia inadequada. *A ausência de evidência não é evidência da ausência.* Por essa razão, a nova especialidade linguística Sintaxe Experimental vem emergindo há alguns anos, adotando criteriosamente o método experimental, já usado em Psicolinguística há décadas, não só trazendo evidências mais precisas e seguras para a constituição da teoria linguística, como também permitindo refinar o diálogo entre o estudo da competência e o estudo do desempenho da linguagem.

O que a Sintaxe Experimental estuda?

O termo Sintaxe Experimental foi usado pela primeira vez no livro de Wayne Cowart, publicado em 1997, com o título *Experimental Syntax: applying objective methods to sentence judgments* ("Sintaxe Experimental: aplicando métodos objetivos no julgamento de frases"). Nesse trabalho seminal, Cowart discute a questão da instabilidade dos julgamentos de gramaticalidade introspectivos informais, demonstrando através de experimentos bem desenhados, em conformidade com os padrões da Psicolinguística Experimental, que é possível descobrir regularidades linguísticas interessantes, que não tinham sido possíveis de se observar através de abordagens intuitivas informais. Fundamentalmente, ele utiliza a técnica de julgamento de frases, mas de forma criteriosa, segundo a metodologia experimental, aplicando análises estatísticas, que também são ensinadas no livro. As questões teóricas que o autor analisa experimentalmente são os efeitos de ilhas sintáticas (subjacência), o chamado *that-trace effect*, além de princípios da Teoria da Vinculação. Cabe ressaltar, no entanto, que a Sintaxe Experimental pode ser praticada sobre qualquer questão de interesse de teorias linguísticas, utilizando não só a técnica de julgamento imediato de gramaticalidade, de modo controlado e cronometrado, mas qualquer uma das técnicas experimentais regularmente usadas em Psicolinguística.

Rigorosamente, desde pelo menos a década de 1960, a subárea da Psicolinguística conhecida como Processamento de Frases (*Sentence Processing*) já vem, de fato, praticando Sintaxe Experimental. O livro clássico de Fodor, Bever e Garrett, publicado em 1974, intitulado *The psychology of language: An introduction to psycholinguistics and generative grammar*, resenha dezenas de estudos experimentais, demonstrando a realidade psicológica de um sem-número de construções gramaticais. Foi um período realmente fundador que convém ser lembrado, agora, quando se volta a entreter, de maneira forte, a relação entre a Teoria Gramatical e a Psicolinguística. Nesse livro, são revisadas, por exemplo, a Hipótese da Codificação (*Coding Hypothesis*) e a Teoria da Complexidade Derivacional (*Derivational Theory of Complexity* – DTC). Segundo a primeira, o processamento sintático, ou *parsing* – parte integrante da compreensão de uma frase –, consiste em se desfazer sua estrutura transformacional, de modo a se recuperar sua estrutura profunda, codificando-a na memória.

A *DTC* propunha uma covariação direta entre a carga de processamento de uma frase e a sua história derivacional, de acordo com a teoria sintática em voga na época. Embora ambas as hipóteses tenham sido desconfirmadas em suas formulações mais estritas, com base em estudos experimentais, focalizando diferentes construções (voz passiva, movimento de partícula, negação etc.), a ideia motriz do empreendimento, proposta originalmente pelo psicólogo G. A. Miller (1963), de que o analisador sintático humano ou *parser* deve incorporar uma gramática no processamento das frases, não só sobreviveu, como é florescente nos dias atuais.

Como estudar alguns desses fenômenos usando a Sintaxe Experimental?

A pesquisa em Sintaxe Experimental precisa saber conjugar o modo de raciocínio praticado em Sintaxe, que já tem sido caracterizado como "pensar sintaticamente" com a metodologia experimental, o "pensar experimentalmente". Pensar experimentalmente uma questão sintática requer a familiaridade com um *modus operandi* muito específico, que procuraremos resumir brevemente nesta seção, fornecendo, no entanto, na seção seguinte, um exemplo de sua aplicação, além de sugestões de leituras mais extensas na última seção do capítulo.

O ponto de partida é, de fato, a introspecção sobre uma questão de interesse da teoria sintática. É preciso revisar a literatura sobre o tema, cuidadosamente, para poder formar uma ou mais *hipóteses* a serem testadas. É desejável que as hipóteses assumam uma direção, evitando-se as chamadas *hipóteses de duas caudas*, de natureza mais exploratória. A formulação correta da hipótese experimental e seu desenvolvimento constitui o que se costuma chamar de *design* experimental. Tem sido dito que, uma vez estabelecida a hipótese adequadamente, o experimento quase "se desenha a si próprio". Antes de mais nada, a hipótese deve ser efetivamente passível de ser testada experimentalmente. Para tal, é preciso tanto "pensar linguisticamente" quanto "experimentalmente", definindo-se, além da hipótese teórica, os *objetivos* do estudo e as suas *previsões experimentais* específicas. O *design experimental* fundamenta-se no estabelecimento das *variáveis independentes* ou fatores e seus subníveis que, cruzados, geram as chamadas *condições experimentais*. Deve definir-se também a *tarefa experimental*, ou seja, a atividade que será solicitada aos sujeitos participantes do experimento e que deverá ser mensurada, estabelecendo-se as *variáveis dependentes* ou medidas do experimento. Essas medidas podem ser *on-line*, quando capturam processos que estão ocorrendo durante o processamento dos estímulos experimentais, ou *off-line*, quando medem respostas posteriores à computação dos estímulos.

Entre as *técnicas experimentais* mais comumente usadas, encontram-se os paradigmas de *priming estrutural*, em que se medem efeitos de pré-ativação de uma construção gramatical sobre outra; de *priming com reconhecimento de sonda*, em que se aferem os índices e os tempos de decisão sobre a ocorrência ou não de uma palavra em uma frase; de *julgamento imediato de gramaticalidade,* em que se colhem julgamentos intuitivos de maneira criteriosa, controlada, obtendo-se, inclusive, além dos índices de julgamento, os tempos de decisão em milésimos de segundos. Tem-se utilizado também, muito produtivamente, a tarefa de *leitura automonitorada*, em que uma frase é dividida em segmentos relevantes, comparando-se os tempos médios de leitura dos segmentos entre as condições experimentais. Outra técnica é a *detecção imediata de incongruência* (*stop making sense*), em que se pede aos sujeitos que pressionem um botão logo que uma frase apresentada na tela ou ouvida deixe de fazer sentido. Técnicas mais diretas, que requerem o uso de equipamentos mais sofisticados, vêm também se tornando bastante comuns na investigação de questões sintáticas, tais como o *rastreamento ocular* e a *eletroencefalografia*.

O rastreamento ocular, ou *eye-tracking*, consiste em uma técnica em que se monitoram, através de um equipamento, as fixações oculares e os movimentos sacádicos progressivos e regressivos, na leitura de frases ou na visualização de imagens. A eletroencefalografia permite o monitoramento de ondas cerebrais evocadas por eventos linguísticos, tais como o N100, o N400, o P600 etc. Parte importante da metodologia experimental consiste em definir-se criteriosamente os *participantes* do experimento, os *procedimentos*, os *materiais* experimentais e seu modo de apresentação, que pode ser intersujeitos (cada sujeito vê uma e somente uma condição experimental) ou intrassujeitos (todos os sujeitos veem todas as condições). Neste último caso, é recomendável observar-se a distribuição dos materiais em *quadrado latino*, garantindo que os sujeitos sejam expostos a todas as condições experimentais, mas não aos itens com conteúdo lexical semelhante, evitando, assim, efeitos de habituação indesejáveis ou *artefatos* do experimento.

Para conseguirmos *rejeitar a hipótese nula*, garantindo que os fatores selecionados por nós serão, de fato, os responsáveis pelos resultados a serem obtidos, temos de controlar outras variáveis, para que elas não introduzam fatores estranhos, que podem trazer imprevistos que confundirão os resultados. Assim, temos de considerar também as *variáveis controladas* e as possíveis *variáveis estranhas*. Antes de passar à fase de montagem do experimento, precisamos, ainda, incluir *frases distrativas ou distratoras*, com estruturas diferentes das experimentais, geralmente na proporção de 1/3 de experimentais e 2/3 de distrativas, com o objetivo, justamente, de minimizar a possibilidade de que os sujeitos acabem por inferir quais construções estão sendo testadas e fiquem conscientes sobre as questões em investigação. Os programas usados para montar os experimentos, normalmente, permitem que se faça a *randomização* na apresentação das frases experimentais ou alvo e das frases distratoras (*fillers*). Pode-se também fazer uma *pseudorrandomização*, corrigindo a distribuição aleatória feita pelo programa para garantir que duas ou mais frases experimentais não sejam apresentadas em sequência.

Realizados todos esses procedimentos, nosso projeto está pronto para ser montado, rodado e, em seguida, analisado. A montagem do experimento requer o uso de *software adequado*, tal como os programas Psyscope, Presentation, E-Prime, DMDX, Psychopy, Paradigm, Linger, Experiment Builder, Tobii Studio etc. A aplicação do experimento também requer alguns cuidados, tais como instruções claras e uniformes, além de sessão preliminar de prática para garantir que os sujeitos entenderam, de fato, a tarefa. É importante, também, que o experimento seja realizado em ambiente tranquilo, sem estímulos excessivos, ficando o sujeito preferencialmente sozinho para poder dedicar sua atenção exclusivamente à tarefa, sem interferências.

Além de tudo isso, é necessário analisar estatisticamente os resultados obtidos, geralmente através de *testes de hipótese* e/ou de *análises probabilísticas*, garantindo que os resultados sejam significativos ou robustos, ou seja, que a probabilidade de que tenham sido aleatórios seja ínfima, geralmente menor do que 0.05, ou seja, inferior a 5%.

Finalmente, há um aspecto importante a ser destacado no empreendimento da Sintaxe Experimental que, como vimos, deve buscar integrar o pensar teórico ao pensar experimental. Pensar experimentalmente uma questão sintática, definindo explicitamente as hipóteses, as variáveis independentes e dependentes, procurando controlar as variáveis estranhas, estabelecendo com rigor os materiais, as tarefas experimentais e os grupos de sujeitos, adotando análises estatísticas apropriadas, acaba produzindo um efeito extremamente benéfico para o próprio pensar teórico, que ganha, assim, em critério e rigor científico.

Poderia me dar um exemplo?

Vamos apresentar um exemplo de estudo em Sintaxe Experimental com base em um experimento de rastreamento ocular efetivamente realizado no Lapex (Laboratório de Psicolinguística Experimental – UFRJ). Nossa hipótese de trabalho inicial foi a de que uma frase em português como (6), discutida anteriormente, repetida aqui como (8), contrastaria com uma frase como (9):

(8)   Que livro o professor escreveu a tese sem ler antes?
(9)   Que livro o professor escreveu sem ler a tese antes?

Como começamos a analisar na primeira seção deste capítulo, parece haver um efeito surpresa na leitura do SN "a tese", em (8), que não se instancia na leitura do mesmo SN "a tese", em (9). Por que ocorreria tal efeito surpresa e como identificá-lo empiricamente com precisão, para além de nosso julgamento intuitivo que, como já discutimos, pode ser variável, instável, gradiente? Além disso e mais importante: que questões da teoria sintática estão em jogo aqui?

Comecemos por esta última pergunta, cuja resposta embasará nossas hipóteses experimentais. Como vimos, essas estruturas exemplificam construções com o chamado movimento de QU (*wh-movement*), que vêm sendo estudadas na teoria sintática desde, pelo menos, o texto clássico de Chomsky, *On Wh-movement*, publicado em 1977. A análise padrão é a de que a posição em que os sintagmas QU "Que livro" se encontram, na periferia esquerda da oração matriz dos períodos exemplificados em (8) e (9), é uma posição sintática não argumental ou A-barra, em que requisitos gramaticais importantes como Caso ou papel temático não podem ser atribuídos. A análise sintática dessas construções propõe que esses requisitos sejam satisfeitos na posição de base em que esses sintagmas-QU foram gerados, na derivação das sentenças, ou seja, a posição de objeto do verbo *ler* na frase (8), e a posição de objeto do verbo *escrever* na frase (9). Segundo a teoria, nessa posição de objeto direto, os sintagmas-QU recebem (ou checam) Caso, tornando-se visíveis para a atribuição de papel temático, podendo, assim, ser interpretados. O verbo atribui tanto o Caso acusativo ao seu complemento quanto, também, o papel temático de tema. Uma vez satisfeitas essas condições gramaticais, os sintagmas-QU podem mover-se para a posição não argumental que ocupam na periferia esquerda das frases, nas línguas que permitem essa atração do constituinte. Ao mover-se, no entanto, a sua posição sintática original não é destruída, mas é ocupada por uma categoria vazia – uma posição sintática desprovida de conteúdo fonético. Nos presentes casos, a categoria vazia que resulta do movimento de QU é conhecida como *vestígio de QU* (*wh-trace*), ou como *cópia não pronunciada* do constituinte movido, formando uma cadeia que liga e transmite Caso e papel temático entre o vestígio, no pé da cadeia, e o sintagma-QU, na cabeça da cadeia.

Ao lermos ou ouvirmos frases como (8) e (9), precisamos fazer uma análise da estrutura sintática que nos permita chegar à interpretação da frase. Essa análise, ou *parsing* sintático, conforme a proposta original de G. A. Miller, mencionada antes, deveria implementar os princípios e condições gramaticais em tempo real. Assim, ao encontrarmos os sintagmas-QU deslocados, na leitura ou na compreensão oral das frases, disparamos, imediatamente, um processo de licenciamento gramatical na computação das estruturas em análise. Precisamos identificar rapidamente a posição sintática original em que o sintagma-QU "que livro" pode ser interpretado. Segundo proposta feita pelos psicolinguistas Charles Clifton e Lyn Frazier, em trabalho de 1989, essa busca ativa do antecedente-QU pela posição sintática de que foi movido e que permite sua interpretação é feita como primeiro recurso (*first resort*), ou seja, o *parser* procura encaixá-lo logo na primeira posição sintática em que o QU na posição não argumental poderia ser corretamente analisado, satisfazendo, assim, seus requisitos gramaticais. Observe-se, então, que essa posição argumental seria a posição de complemento do verbo da oração matriz. No caso da frase (9), a postulação se realiza sem problemas. No caso da frase (8), no entanto, o *parser* vai encontrar o constituinte "a tese" preenchendo a posição argumental de complemento do verbo "escrever". Acontece aí o chamado "efeito da lacuna preenchida" (*filled gap effect*), estudado inicialmente, em inglês, por Stowe (1986).

Se os leitores nos seguiram com atenção até aqui, estamos prontos para formular, agora, a versão final da nossa *hipótese*. As condições gramaticais são condutoras ativas da estruturação *on-line* das representações linguísticas, na compreensão. Assim, requerendo Caso e papel temático, o sintagma-QU movido buscará, como primeiro recurso, a posição sintática em que pode ser interpretado.

O experimento tem por objetivo, portanto, verificar se o *efeito da lacuna preenchida* (ELP) ocorre em PB, utilizando a *técnica de rastreamento ocular*. Estabeleceu-se uma única *variável independente*, o fator "preenchimento", dividido em dois níveis, a saber, lacuna sem preenchimento (*Gap*) e lacuna preenchida (*Filled*). As *condições* experimentais foram, portanto, apenas duas, como exemplificado a seguir.

Quadro 1: Exemplo das condições experimentais

[G] Que livro o professor escreveu sem ler *a tese* antes?
O que o professor escreveu?   A) o livro   B) a tese
[F] Que livro o professor escreveu *a tese* sem ler antes?
O que o professor escreveu?   A) o livro   B) a tese

Rastrearam-se as fixações oculares dos sujeitos, cuja tarefa consistia na leitura automonitorada de frases que apareciam completas em uma única linha na primeira tela, apresentando-se, na tela subsequente, uma questão interpretativa com duas opções de resposta, devendo-se responder fixando-se o olhar em uma delas. As variáveis dependentes foram estabelecidas como (i) os tempos totais de fixação nas regiões de interesse, a saber: nas frases com a lacuna preenchida (F), o SN ocupando a posição de objeto direto do primeiro verbo e, nas frases sem a lacuna preenchida (G), o SN ocupando a posição de objeto direto do segundo verbo (nos exemplos anteriores o SN "a tese"); (ii) o padrão de fixação ocular nessas mesmas regiões críticas, nas duas condições, e (iii) os tempos totais de fixação nas alternativas de resposta às questões interpretativas finais. Caso o ELP fosse operativo em PB, esperava-se que o tempo de fixação total na região do SN preenchedor da primeira posição possível de postulação da lacuna para o sintagma QU movido (condição F) fosse significativamente mais elevado do que o tempo de fixação total do mesmo conjunto de SNs em posição de não preenchimento da primeira lacuna disponível (Condição G) e que o mesmo sintagma crítico demandasse mais fixações na condição F do que na condição G. Além dessas duas medidas *on-line*, previa-se que, se o ELP persistisse ainda na fase interpretativa, na medida *off-line*, haveria mais erros na condição com a lacuna preenchida, indicado pelo padrão de duração de fixação total nos SNs de resposta da questão interpretativa. Como a questão incidia, sempre, sobre o SN crítico do sintagma QU, esperava-se que, na condição G, em que a lacuna era encontrada como primeiro recurso, houvesse mais acertos do que na condição F, em que a lacuna estava preenchida.

MÉTODO

Participantes

Participaram do estudo, como voluntários, 20 alunos do curso de Letras da UFRJ, sendo 14 do sexo feminino, com idade média de 21 anos e visão normal ou corrigida.

Material

Prepararam-se dez conjuntos de frases interrogativas QU, como o conjunto exemplificado no quadro 1, havendo-se distribuído sistematicamente as frases em duas versões, com distribuição intrassujeitos, em quadrado latino, de modo que cada participante fosse exposto a duas condições, mas não a duas frases do mesmo conjunto. Acrescentou-se a cada versão o mesmo conjunto de 20 frases distrativas, apresentadas em randomização distinta a cada vez que o experimento era aplicado. Todas as frases, tanto as experimentais quanto as distrativas, eram apresentadas na tela do monitor acoplado ao rastreador ocular, em fonte Monaco 21, aparecendo em uma única linha. Na tela das questões interpretativas, apresentavam-se a pergunta em uma linha e as duas opções de resposta algumas linhas a seguir, situando-se a opção A à esquerda da tela e a opção B à direita. O programa usado para apresentação, registro e análise dos estímulos foi o TOBII Studio 2.3.2.

Procedimento

O experimento foi aplicado usando-se equipamento TOBII TX300, binocular, integrado a monitor de 23", na sala do Lapex/UFRJ. Inicialmente, explicava-se a tarefa ao participante, solicitando-se que lesse cada frase rapidamente, automonitorando a sua passagem através da barra de espaço, no teclado do computador. Ao pressionar a barra de espaço, uma pergunta interpretativa, com duas opções de resposta, era chamada à tela, devendo o participante respondê-la, fixando o olhar por alguns segundos na opção que achasse correta. Como o sistema TOBII TX300 realiza correções de pequenos movimentos de cabeça, não se utilizou qualquer aparato de fixação da cabeça (*nasal clip* e/ou *chin rest*), o que permite maior naturalidade na leitura. Procedia-se, em seguida, à calibração de cada sujeito, que era sentado à distância de 60 a 65 cm da tela, devendo fixar o olhar e acompanhar o aparecimento e a movimentação de 12 pontos representados por círculos verdes, na tela. A calibração era repetida, caso não se obtivessem parâmetros aceitáveis, conforme indicado pelo programa. Em dois casos, substituíram-se sujeitos cuja calibração não obteve os níveis mínimos estabelecidos pelo programa. Após a fase da calibração, o sujeito era exposto a três frases de prática, sendo observado pelo experimentador, que podia indicar-lhe ajustes em relação à tarefa. Em seguida, o experimentador retirava-se da sala, deixando cada sujeito completar o experimento, que tinha duração média de 15 minutos.

Resultados

Registraram-se os tempos totais de fixação nas duas regiões de interesse, constituídas pelo mesmo conjunto de palavras das frases F e G, apresentadas em duas versões, em quadrado latino, obtendo-se os tempos médios de

F = 926ms e de G = 337ms. Uma ilustração de cada condição é apresentada no mapa de calor apresentado na figura 2.

Figura 2: Mapa de calor da leitura da mesma frase nas duas condições por dez sujeitos
(Ilustração e foto do autor)

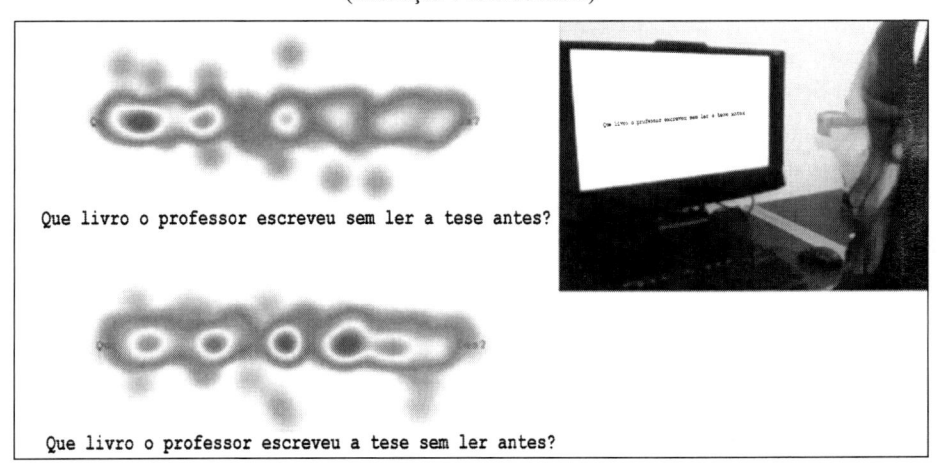

Uma análise estatística da variança (ANOVA) por sujeitos indicou efeito principal altamente significativo do fator preenchimento. Isso quer dizer que esse fator por si só é capaz de explicar a distribuição dos dados. Observe-se que a estatística indica probabilidade (p-valor) ínfima de que as diferenças entre os tempos de fixação no sintagma "a tese" nos dois tipos de frase tenham ocorrido por acaso (p < 0.0001). Outra medida *on-line* obtida nesse experimento foi o número de fixações nos segmentos críticos. Na condição F, obtiveram-se, em média, 3 fixações no item preenchedor da lacuna, sendo, tipicamente, 1 progressiva, 1 regressiva e 1 no segundo passe da leitura da frase. Na condição G, obteve-se uma fixação no segmento crítico, na leitura da frase, sempre no primeiro passe, não se observando, em nenhum caso, fixações regressivas. O teste estatístico Chi-quadrado indica significância nessa diferença entre as duas condições experimentais (p < 0.0001). Novamente, como se observa pelo p-valor, a possibilidade de acaso é ínfima. O padrão de fixação obtido é, portanto, coerente com a medida do tempo total de fixação, identificando-se maior dificuldade de processamento, tanto pelo maior índice de fixações progressivas quanto regressivas, no caso da lacuna preenchida. Os *links* a seguir permitem visualizar animações de leitura real de frase de cada condição, identificando o padrão de fixação típico obtido no experimento.

Figura 3: Exemplos de leitura típica de frases com e sem a lacuna preenchida

> **Que livro o professor escreveu sem ler a tese antes?**
> https://drive.google.com/file/d/0Bx9dc1_fdJ1GSndTVUg0ZnFPUTA/edit?usp=sharing
>
> **Que livro o professor escreveu a tese sem ler antes?**
> https://docs.google.com/file/d/0Bx9dc1_fdJ1GcHdfeC0zLVYtUmM/edit

Na medida *off-line*, constituída pelos tempos totais de fixação nas áreas das respostas às questões interpretativas, obtiveram-se os seguintes resultados, expressos no gráfico 1 e na tabela 2 a seguir.

Gráfico 1: Tempos Totais de Fixação nas respostas à questão interpretativa final

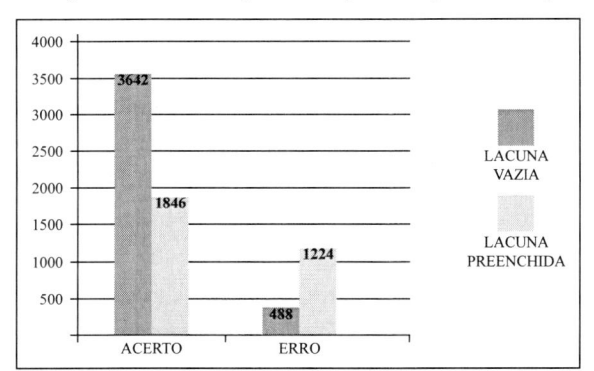

Tabela 2: Tempos totais de fixação nas respostas à questão interpretativa final

	ACERTO	ERRO
LACUNA VAZIA (G)	3642	488
LACUNA PREENCHIDA (F)	1846	1224

Uma ANOVA bivariada por sujeito indicou efeito principal significativo do fator ACERTO e efeito principal do fator PREENCHIMENTO, além de interação entre os dois fatores. Testes-t pareados indicam diferenças significativas entre as condições nas direções previstas pelas hipóteses, ou seja, o tempo total de fixação na resposta certa foi significativamente maior na condição G, com lacuna disponível (3642ms) do que na condição F, com lacuna preenchida (1846ms) (p < 0.0001). O tempo total de fixação na resposta incorreta foi significativamente maior na condição F, com lacuna preenchida (1224ms) do que na condição G com lacuna disponível (488ms), evidenciando que a lacuna preenchida provocou maior dificuldade de interpretação do que a lacuna disponível. Na condição com lacuna disponível, o tempo total de fixação na resposta correta (3642ms) foi significativamente maior do que o tempo total de fixação na resposta incorreta (488ms) (p < 0.0001). Embora, na condição com lacuna preenchida, o tempo total de fixação na resposta correta (1846ms) também tenha sido significativamente maior do que na resposta incorreta (1224ms), observe-se que a diferença entre os tempos de fixação corretos e incorretos no caso da lacuna disponível é de 3154ms, ao passo que, no caso da lacuna preenchida, a diferença cai para 622ms, diferença igualmente significativa, confirmando maior facilidade na interpretação correta da condição com a lacuna disponível (p = 0,0001).

Discussão

Os resultados obtidos no estudo de rastreamento ocular permitem estabelecer a ocorrência do efeito da lacuna preenchida em português brasileiro. Postulando a lacuna como primeiro recurso, o leitor, consequentemente, encontra maior dificuldade, conforme se infere tanto pela comparação dos tempos médios de fixação quanto pelo padrão de fixação ocular nos segmentos críticos, para processar a primeira posição pós-verbal quando ela está preenchida do que quando se encontra disponível. Os resultados da medida *off-line* indicam a persistência do ELP, mesmo na fase interpretativa.

Em suma, o efeito da lacuna preenchida, claramente caracterizado nesse estudo experimental, oferece um diagnóstico claro em favor da proposta de que as condições gramaticais são ativas, guiando os procedimentos de *parsing*, na compreensão de frases em tempo real. No caso em discussão, a necessidade de adquirir Caso e papel temático levaria o sintagma-QU deslocado a procurar a posição em que essas condições possam ser satisfeitas como primeiro recurso, provocando o ELP, conforme demonstrado.

Quais são as grandes linhas de investigação?

Uma vez compreendida a natureza desta fascinante disciplina, que procura investigar o componente central da linguagem humana através do método experimental, é fácil concluir que se pode pensar experimentalmente qualquer questão sintática. Como já mencionamos anteriormente, alguns temas têm sido explorados com maior sistematicidade e frequência, tais como construções envolvendo movimento de constituintes, ilhas sintáticas, categorias vazias de diferentes tipos, lacunas preenchidas e parasíticas. Orações relativas de encaixe central e à direita, interrogativas, negativas e comparativas têm sido, igualmente, tema de muitos trabalhos experimentais. Construções envolvendo correferência anafórica intrassentencial também têm sido objeto de pesquisa intensa, testando os princípios A, B e C da Teoria da Ligação. Outros estudos têm focalizado temas centrais em Sintaxe como estrutura argumental de verbos, voz média e voz passiva, concordância de número, gênero e pessoa. Em alguma dessas estruturas, como avaliado em Phillips, Wagers e Lau (2011), tem-se demonstrado com muito sucesso a sua implementação *on-line*, em testes de compreensão, utilizando diferentes técnicas, em diferentes línguas. Em outras, registra-se maior falibilidade, motivando que se estudem comparativamente esses casos para se entender como o processador "codifica e navega" estruturas gramaticais complexas (cf. Phillips, Wagers e Lau, 2011).

Além dessas construções e operações sintáticas mencionadas, uma questão importante vem se tornando cada vez mais presente na literatura, tanto na subárea de Sintaxe Experimental quanto na subárea de Processamento de Frases. Estamos falando justamente da questão fundadora da Sintaxe Experimental – a relação entre a Linguística Teórica e a Psicolinguística Experimental. Como procuramos demonstrar aqui nesta introdução à Sintaxe Experimental, trata-se, sem dúvida, de duas disciplinas que podem interagir muito produtivamente. Entretanto, será que cada uma delas trata de um sistema cognitivo distinto ou a diferença entre elas se dá pelo grau de abstração com que tratam um mesmo e único sistema cognitivo? Embora haja linguistas teóricos que veem os estudos de processamento como secundários à gramática, procurando reduzir aqueles a esta, e, por outro lado, haja também psicolinguistas que reduzem a gramática ao processamento ou mesmo até que neguem a própria existência do saber gramatical, essa importante questão tem resistido como esfinge a essas visões reducionistas ou eliminacionistas. Aqui podemos apenas esboçar muito rapidamente algumas das perguntas instigantes abertas à investigação introspectiva e empírica: qual a arquitetura cognitiva da linguagem? São a gramática e o processador dois sistemas separados? São um único sistema com dois subcomponentes? Pode-se unificar o saber da competência gramatical e o fazer do processamento? Se unificados, a competência gramatical guia o processamento? Há mais no processamento do que apenas a gramática? Se constituem um mesmo sistema cognitivo, com aferições em diferentes graus de abstração, como são essas diferentes aferições relacionadas?

Notas

[1] Ver o capítulo "Sintaxe Gerativa", no presente volume.

[2] Desde o trabalho clássico de Ross (1967), o termo "ilha" serve de metáfora para um contexto sintático do qual um constituinte-QU não pode ser extraído, tal como o SN complexo, exemplificado em (4). Outros casos de ilhas sintáticas são as orações relativas, os sujeitos sentenciais, as orações factivas, as estruturas coordenadas etc. Posteriormente, Chomsky (1973) propõe a Condição de Subjacência que visa capturar os diferentes contextos de ilha em um único princípio formal que, baseado na noção de nó de barreira – *bounding node* –, estabelece que o movimento A-barra não pode cruzar sobre dois ou mais desses nós. Assim, como se observa na estrutura da frase (4), $[_{CP}$ Que livro$_i$ $[_{IP}$ o aluno acreditou em $[_{NP}$ a acusação de $[_{CP}$ que $[_{IP}$ o escritor plagiou v$_i$?]]]]], a extração do constituinte "Que livro" seria bloqueada porque cruza o nó NP, além de nós IP/CP.

[3] ADGER, David. *Core Syntax: A Minimalist Approach*. Oxford: University Press, 2003.

O que eu poderia ler para saber mais?

Sem dúvida, o texto seminal da área é o livro de Cowart (1997), já discutido anteriormente. Maia (2012) já faz indicações de textos importantes na área, tais como Snyder (2000), que identifica criteriosamente o "efeito de saciação" nos julgamentos informais de gramaticalidade, e Featherston (2007), que analisa prós e contras do uso do método experimental em Sintaxe. Outro texto importante é a tese de doutorado de Jon Sprouse, defendida na University of Maryland, sob a orientação de Howard Lasnik em 2007. Tomando como base empírica construções com movimento de QU e com ilhas sintáticas, Sprouse demonstra que a metodologia experimental é crucial para se investigar não só os conteúdos do conhecimento gramatical, mas, principalmente, a sua natureza, concluindo que as relações entre o conhecimento gramatical e sua aceitabilidade estão longe de ser triviais. Essas ideias seminais são desenvolvidas mais plenamente no livro de Sprouse e Hornstein (2014), que também reúne uma coleção importante de estudos sobre construções QU e ilhas sintáticas. Lembre-se, ainda, de Phillips (2009), que advoga em favor da metodologia experimental, mas aponta que a razão dos problemas da linguística formal não é o uso dos julgamentos informais de gramaticalidade, em si. A esse respeito, como já mencionamos também em Maia (2012), vale seguir o debate entre Phillips (2009) e Phillips (2011), de um lado e Gibson e Fedorenko (2010) e (2013).

CHOMSKY, N. *The Logical Structure of Linguistic Theory*. New York: Plenum, 1956/1982.

_____. Second Discussion Session. In: HILL, Archibald (ed.). *Third Texas conference on problems of linguistic analysis in English*. Austin: Univ. of Texas, 1962.

_____. Conditions on Transformations. In: ANDERSON, S. & KIPARSKY, P. (eds.). *A Festschrift for Morris Halle*. New York: Holt, Reinhart & Winston, 1973.

CLIFTON, C.; FRAZIER, L. Comprehending sentences with long-distance dependencies. In: TANENHAUS, M. K.; CARLSON, G. (eds.). *Linguistic structure in language Processing*. Dordrecht: Kluwer Academic Press, 1989.

COWART, Wayne. *Experimental syntax*: Applying objective methods to sentence judgments. Thousand Oaks, CA: Sage Publications, 1997.

FEATHERSTON S. DATA IN GENERATIVE GRAMMAR; the carrot and the stick. *Theoretical Linguistics*, v. 33, n. 3, 2007.

FODOR, Jerry A.; BEVER, THOMAS G.; GARRETT, Merrill F. *The psychology of language*: an introduction to psycholinguistics and generative grammar. New York: McGraw-Hill, 1974.

GIBSON, E.; FEDORENKO, E. Weak quantitative standards in linguistics research. *Trends in Cognitive Sciences*, v. 14, n. 6, 2010.

_____. The need for quantitative methods in syntax and semantics research. *Language and Cognitive Processes*, v. 28, n. 1-2, 2013.

MAIA, M. Sintaxe Experimental uma entrevista com Marcus Maia. *ReVEL*, v. 10, n. 18, 2012.

MILLER, G. A. *Language and communication*. New York: McGraw-Hill, 1963.

PHILLIPS, C. Should we impeach armchair linguists? In: IWASAKI, S.; HOJI, H.; CLANCY, P.; SOHN, S.-O. (eds.). *Japanese/Korean Linguistics 17*. Stanford, CA: Csli Publications, 2009.

_____. Some arguments and non-arguments for reductionist accounts of syntactic phenomena. *Language and Cognitive Processes*, v. 26, n. 8, 2011.

PHILLIPS, C.; WAGERS, M. W.; LAU, E. F. Grammatical illusions and selective fallibility in real-time language comprehension. In: RUNNER, J. (ed.). *Experiments at the Interfaces, Syntax & Semantics*. Bingley, UK: Emerald Publications, 2011.

ROSS, J. R. *Constraints on variables in syntax*. Doctoral dissertation, Massachusetts Institute of Technology, Cambridge, MA, 1967.

SNYDER, W. An experimental investigation of syntactic satiation effects. *Linguistic Inquiry*, v. 31, 2000.

SPROUSE, J.; ALMEIDA, D. A quantitative defense of linguistic methodology. *LingBuzz*/001075, 2010.

SPROUSE, J.; HORNSTEIN, N. *Experimental Syntax and Island Effects*. Cambridge University Press, 2014.

STOWE, L. Parsing wh–constructions: evidence for on-line gap location. *Language and Cognitive Processes*, n. 1, 1986.

Sintaxe em Teoria da Otimidade

Gabriel de Ávila Othero

O que é Sintaxe em Teoria da Otimidade?

Apesar de a Teoria da Otimidade (TO) ter tido, historicamente, mais influências em trabalhos em Fonologia, há também muitos trabalhos em Sintaxe em Teoria da Otimidade. A Teoria da Otimidade é uma teoria de base gerativa que difere substancialmente da tradição gerativa derivacional por enfatizar o caráter representacional das restrições gramaticais (cf. Prince e Smolensky, 1993; McCarthy e Prince, 1993). Uma das inovações da TO com relação a outras teorias linguísticas é que ela é essencialmente uma formalização da ideia de gramática como instrumento de resolução de *conflitos* entre diferentes princípios ou "regras" gramaticais. Uma consequência natural da teoria é que não é necessário conceber a relação entre os diferentes componentes da gramática – Léxico, Morfologia, Fonologia, Sintaxe, Semântica – como sendo linear ou sequencial; essa relação pode ser simplesmente paralela. Em outras palavras, condições de diferentes componentes da gramática da língua podem atuar simultaneamente e entrar em conflito entre si.

Em termos de arquitetura teórica, podemos representar a arquitetura básica da TO da seguinte maneira:[1]

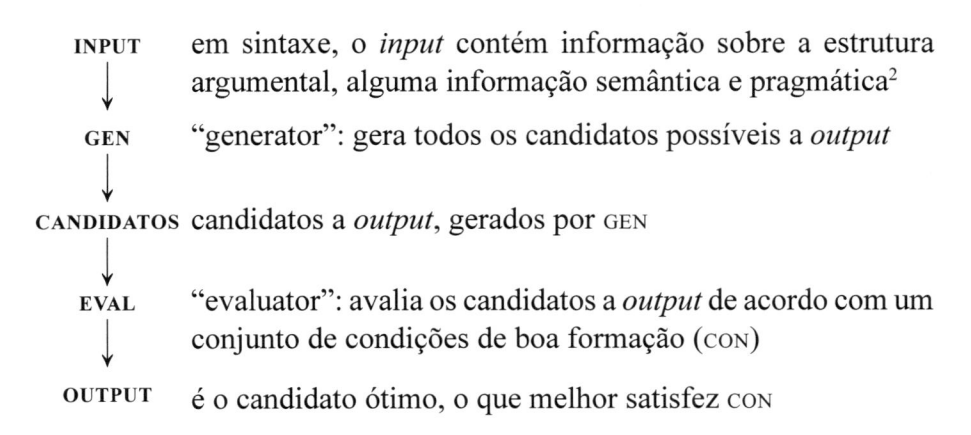

INPUT   em sintaxe, o *input* contém informação sobre a estrutura argumental, alguma informação semântica e pragmática[2]

GEN   "generator": gera todos os candidatos possíveis a *output*

CANDIDATOS   candidatos a *output*, gerados por GEN

EVAL   "evaluator": avalia os candidatos a *output* de acordo com um conjunto de condições de boa formação (CON)

OUTPUT   é o candidato ótimo, o que melhor satisfez CON

Com base em um *input*, o GEN gera um conjunto de candidatos possíveis a *output*. Esses candidatos são avaliados por EVAL de acordo com as restrições em CON. As restrições são condições universais que regem diferentes aspectos da boa formação das expressões. Cada língua tem uma maneira de "ranquear" essas condições, o que explica, pelo menos parcialmente, as diferenças entre as línguas particulares. As restrições atuam de forma paralela e podem ser de componentes gramaticais distintos; por isso, podem entrar em conflito. Uma condição sempre pode ser violada, desde que essa violação seja necessária para que outra condição conflitante mais alta na hierarquia da língua seja satisfeita, como veremos em seguida.

Suponhamos, por exemplo, que a gramática da língua L apresente um conjunto de princípios universais tais como C_1, C_2 e C_3 que atua sobre determinado fenômeno. A gramática dessa língua organiza essas condições de acordo com a seguinte hierarquia, ou *ranking*: $C_1 >> C_2 >> C_3$.

Suponhamos agora que tenhamos três candidatos a *output*: A, B e C. Podemos avaliá-los utilizando o seguinte esquema, conhecido, em TO, por *tableau*. Esse *tableau* deve ser lido da seguinte maneira: as restrições C_1, C_2 e C_3 estão apresentadas de maneira hierárquica, obedecendo ao *ranking* da língua L ($C_1 >> C_2 >> C_3$). O sinal ☞ aponta o candidato ótimo, aquele que melhor satisfez CON e que será gerado como *output*. O asterisco significa uma violação a uma condição; o ponto de exclamação marca uma violação fatal.

Tableau 1

Candidatos	C_1	C_2	C_3
A	*!		
B		*!	*
☞ C			*

Para a língua L em questão, na análise anterior, o candidato ótimo será C, pois ele viola apenas a restrição gramatical mais baixa na hierarquia da língua. Ainda que ele tenha violado uma das condições (C_3), ele satisfez duas outras restrições mais importantes na hierarquia (C_1 e C_2). Os demais candidatos violaram condições mais altas na hierarquia e, por isso, foram descartados: o candidato A violou apenas uma restrição, mas foi a restrição mais alta na hierarquia (C_1); o candidato B violou duas restrições (C_2 e C_3).

As duas ideias centrais da TO são, portanto, (i) as condições gramaticais são *violáveis* e *ranqueáveis*; e (ii) os candidatos ótimos não precisam necessariamente satisfazer *todas* as restrições gramaticais.

Grande parte do trabalho em TO tem sido desenvolvida na área de Fonologia – e também Morfologia. Nessas duas áreas, já encontramos, inclusive, muitos trabalhos que se debruçam sobre dados do português brasileiro (cf. Bisol e Magalhães, 2005; Bonilha, 2007; Abaurre e Sandalo, 2007; Lee, 2007, entre outros). Estudos em Sintaxe em Teoria da Otimidade, por outro lado, demoraram a se difundir, mas, em meados da década de 1990, já haviam se tornado uma alternativa reconhecida às abordagens derivacionais (ver, por exemplo, Barbosa et al., 1998, e Legendre, Grimshaw e Vikner, 2001). Os primeiros trabalhos em TO sobre a sintaxe do português foram provavelmente Costa (1998) e Menuzzi (1999).

O que a Sintaxe em Teoria da Otimidade estuda?

O estudo em Sintaxe em Teoria da Otimidade é bastante interessante por permitir ao pesquisador perceber que restrições de diferentes módulos da gramática muitas vezes atuam de maneira simultânea sobre um mesmo fenômeno. É possível estudar qualquer fenômeno sintático usando o modelo da TO. Vejamos um exemplo: o ordenamento dos constituintes na frase. Um estudo em Sintaxe em Teoria da Otimidade lida naturalmente com o fato de que outros componentes da gramática talvez estejam influenciando o ordenamento dos constituintes na frase – um fenômeno, em princípio, de natureza sintática.

Vejamos, resumidamente, como funciona a ordem de palavras dentro do sintagma verbal (sv) em português. Sabemos que a ordem canônica em português é Sujeito-Verbo-Objeto. Se algum adjunto adverbial estiver dentro do sv, ele tem a tendência de aparecer *depois* do objeto (e não entre verbo e objeto, por exemplo):

(1)   O João $[_{SV}[_v$acariciou$]$ $[_{objeto}$seu gato$]$ $[_{adjunto}$afetuosamente$]]$.
(2)   Eu $[_{SV}[_v$comi$]$ $[_{objeto}$aquele chocolate$]$ $[_{adjunto}$muito depressa$]]$.

Entretanto, essa ordem é bastante flexível em português brasileiro (PB). Afinal, sabemos que tanto a frase (3) – com a estrutura Verbo-Objeto-Adjunto – como a frase (4) – que apresenta a estrutura Verbo-Adjunto-Objeto – são bem formadas na língua:

(3)   O João [$_{SV}$[$_v$fala] [$_{objeto}$inglês] [$_{adjunto}$bem]].
(4)   O João [$_{SV}$[$_v$fala] [$_{adjunto}$bem] [$_{objeto}$inglês]].

No entanto, há contextos em que (3) parece ser mais aceitável do que (4) e vice-versa, como podemos atestar a partir de nosso julgamento de aceitabilidade nos diálogos a seguir:[3]

(5)   A: Como é que o João fala inglês?
      B': Ele fala inglês bem.
      B'': ??Ele fala bem inglês.
(6)   A: Que língua o João fala bem?
      B': ??Ele fala inglês bem.
      B'': Ele fala bem inglês.

Repare que as frases (3) e (4) – na verdade, versões dessas duas frases com a substituição pronominal – não parecem ser intercambiáveis nesses contextos: a frase (3) soa estranha como resposta à pergunta em (6), e a frase (4) soa estranha como resposta à pergunta em (5). Isso nos leva a pensar que há outros fatores em jogo, além da boa formação sintática das frases em questão. O que as respostas anteriores mais aceitáveis têm em comum (*i.e.*, 5B' e 6B'') é que elas apresentam, basicamente, a mesma organização de sua *estrutura informacional*. Ou seja, elas organizaram sua estrutura sintática de modo que o elemento que traz a informação nova (o elemento que é o *foco informacional*) ocupe a *última posição* linear na frase. Em termos de estrutura informacional da frase, as respostas que aparecem no pequeno diálogo de (5) e de (6) estão organizadas da seguinte maneira:

(5)   A: Como é que o João fala inglês?
      B': [$_{informação velha}$Ele fala inglês] [$_{foco informacional}$bem].
      B'': ?? [$_{informação velha}$Ele fala] [$_{foco informacional}$bem] [$_{informação velha}$inglês].
(6)   A: Que língua o João fala bem?
      B': ?? [$_{informação velha}$Ele fala] [$_{foco informacional}$inglês] [$_{informação velha}$bem].
      B'': [$_{informação velha}$Ele fala bem] [$_{foco informacional}$inglês].

Temos aí, então, um aparente conflito entre dois princípios de diferentes módulos da gramática: por um lado, há um princípio de *organização sintática*; por outro, um princípio de organização da *estrutura informacional* da frase. Poderíamos formular esses princípios da seguinte maneira:

ORGANIZAÇÃO SINTÁTICA: penalize construções que desrespeitem a estrutura Verbo-Objeto-Adjuntos dentro do sintagma verbal.

ORGANIZAÇÃO INFORMACIONAL: penalize construções em que um constituinte que é foco informacional não ocupe a posição final da frase.

Na próxima seção, mostraremos como analisar as frases dos diálogos (5) e (6) usando a Teoria da Otimidade.

Como estudar algum desses fenômenos usando a Sintaxe em Teoria da Otimidade?

Em Sintaxe em TO, podemos formalizar conflitos como o que vimos na seção anterior em *tableaux* de análise, como mencionamos anteriormente. Antes, porém, vejamos mais de perto (5) e (6), tendo por base as duas restrições esboçadas anteriormente, ORGANIZAÇÃO SINTÁTICA e ORGANIZAÇÃO INFORMACIONAL:[4]

(5)   A: Como é que o João fala inglês?
       B': Ele fala inglês bem.
Ele $[_{SV}[_{V}$fala$]$ $[_{objeto}$inglês$]$ $[_{adjunto}$bem$]]$ $[_{informação velha}$Ele fala inglês$]$ $[_{foco informacional}$bem$]$

ORGANIZAÇÃO SINTÁTICA ☜   ORGANIZAÇÃO INFORMACIONAL ☜

       B'': ??Ele fala bem inglês.
Ele $[_{SV}[_{V}$fala$]$ $[_{adjunto}$bem$]$ $[_{objeto}$inglês$]]$ $[_{info velha}$Ele fala$]$ $[_{foco rmacional}$inglês$]$ $[_{info velha}$bem$]$

ORGANIZAÇÃO SINTÁTICA ☞   ORGANIZAÇÃO INFORMACIONAL ☞

A resposta B'' parece estranha no contexto (5), porque viola dois princípios (ou duas restrições, em termos da TO) do PB, como vimos: a restrição sobre a organização sintática dos constituintes da frase e a restrição sobre a organização da estrutura informacional. Afinal, em B'', tanto a ordem Verbo-Objeto foi "quebrada" pelo adjunto adverbial, como também o constituinte que é o foco informacional da frase ([bem]) não aparece na posição mais à direita da frase, como prediz a restrição sobre a organização informacional. Repare que aqui, portanto, não há nenhum conflito entre as duas restrições nos dois candidatos a *output* que apresentamos (B' e B''): B' respeita os dois princípios, ao passo que B'' viola os dois; B' é o candidato ótimo, portanto.

Entretanto, vejamos o caso de (6):

(6)   A: Que língua o João fala bem?
        B': ??Ele fala inglês bem.

Ele $[_{SV}[_{V}$fala$]$ $[_{objeto}$inglês$]$ $[_{adjunto}$bem$]]$ $[_{info\ velha}$Ele fala$]$ $[_{foco\ informacional}$inglês$]$ $[_{info\ velha}$bem$]$

ORGANIZAÇÃO SINTÁTICA ☜   **ORGANIZAÇÃO INFORMACIONAL** ☞

        B'': Ele fala bem inglês.

Ele $[_{SV}[_{V}$fala$]$ $[_{adjunto}$bem$]$ $[_{objeto}$inglês$]]$ $[_{informação\ velha}$Ele fala bem$]$ $[_{foco\ informacional}$inglês$]$

ORGANIZAÇÃO SINTÁTICA ☞   **ORGANIZAÇÃO INFORMACIONAL** ☜

Em (6), podemos ver que há um conflito entre as duas restrições: em B', a restrição sobre organização sintática é respeitada, mas com o custo de violar a restrição sobre organização informacional. Afinal, o foco informacional é o complemento [inglês], e, por a frase respeitar a organização sintática Verbo-Complemento-Adjunto, o complemento (que é foco) não é o elemento mais à direita da frase. Por outro lado, em B'', a restrição sobre organização sintática da frase é violada para que a organização informacional possa ser respeitada. É um caso de conflito entre duas restrições de diferentes módulos da gramática. Se nossa intuição estiver correta, preservar a organização da estrutura informacional da frase parece ser mais importante do que manter a estrutura Verbo-Objeto-Adjunto dentro do SV em PB.

Essa análise pode ser formalizada nos seguintes *tableaux*:

Tableau **2:** Como é que o João fala inglês? – Foco no adjunto ([bem])

	ORGANIZAÇÃO INFORMACIONAL	ORGANIZAÇÃO SINTÁTICA
Ele fala bem inglês	*!	*
☞Ele fala inglês bem		

Tableau **3:** Que língua o João fala bem? – Foco no complemento ([inglês])

	ORGANIZAÇÃO INFORMACIONAL	ORGANIZAÇÃO SINTÁTICA
☞Ele fala bem inglês		*
Ele fala inglês bem	*!	

O *tableau* 2 não nos permite verificar o ranqueamento dessas duas restrições no sistema gramatical do PB, uma vez que o candidato ótimo não viola nenhuma das duas restrições que estamos estudando. O *tableau* 3, por outro lado, apresenta um conflito entre as duas restrições e nos permite chegar à conclusão de que o ranqueamento do PB, no que toca a essas duas restrições, deve ser o seguinte:

ORGANIZAÇÃO INFORMACIONAL >> ORGANIZAÇÃO SINTÁTICA

Ou seja, ORGANIZAÇÃO INFORMACIONAL é mais importante e, por isso, está mais alta no ranqueamento do que ORGANIZAÇÃO SINTÁTICA em PB. Evidentemente, essa análise é apenas um exemplo ilustrativo, dado o caráter didático do capítulo. Remetemos o leitor às referências presentes no final deste capítulo para mais detalhes sobre uma análise em TO acerca da ordem de palavras não só em PB, como também em outras línguas.

Poderia me dar um exemplo?

Além do exemplo que vimos na seção anterior, podemos pensar uma análise que envolva dados de diferentes línguas, para verificarmos como a mudança de ranqueamento entre restrições universais dá origem à gramática das línguas específicas. Vejamos, por exemplo, a formação das interrogativas-QU em algumas línguas. As interrogativas-QU são aquelas sentenças interrogativas que começam por palavras interrogativas como *que*, *quem*, *qual*, *quando* etc. Em português, o deslocamento do elemento interrogativo para frente da frase é permitido (tal como também acontece em inglês, alemão, espanhol etc.).[5] Veja os exemplos a seguir:

(7)   O que João comprou __ para Maria?
(8)   What has John bought __ TO Mary?

Outras línguas, contudo, não permitem que esse deslocamento aconteça, como é o caso do chinês e do japonês, em que o elemento-QU deve, obrigatoriamente, permanecer *in situ*. Nessas línguas, frases com estruturas equivalentes a (7) e (8) são agramaticais, como se vê ilustrado em (9) e (10), exemplos do japonês.

(9)   João wa   Maria ni   nani wo   kaimashitaka?
      João   Maria para o quê   comprou
      'João comprou o quê para a Maria?'

(10) *Nani wo   João wa   Maria ni __ kaimashitaka?
      O que   João   Maria para comprou
      'O que João comprou para a Maria?'

Apesar de superficialmente diferentes, as mesmas restrições de formação de interrogativa estão presentes nas gramáticas dessas línguas. O que faz cada língua ter regras de formação de interrogativas distintas é o ranqueamento entre essas mesmas restrições. As restrições que podemos utilizar para analisar esses dados aparentemente tão díspares são as seguintes:[6]

MARCAÇÃO DE FOCO: uma sentença interrogativa com foco informacional deve ser iniciada por um elemento sinalizador específico (por exemplo, um pronome interrogativo).

ECONOMIA: mantenha a ordem sintática básica das sentenças da língua.

Vejamos a análise desses tipos diferentes de estratégias para a formação de interrogativas-QU nessas línguas.

A) Línguas que mantêm o elemento-QU *in situ* (japonês, chinês...)

Tableau 4: ECONOMIA >> MARCAÇÃO DE FOCO

	ECONOMIA	MARCAÇÃO DE FOCO
a. ☞ João wa Maria ni nani wo kaimashitaka?		*
b. Nani wo João wa Maria ni __ kaimashitaka?	*!	

Uma língua como o japonês privilegia interrogativas que não alteram a organização superficial da sentença, tal como o candidato (a) no *tableau* 4. Nesse sentido, dizemos que o elemento-QU permanece *in situ*, ou seja, no seu lugar de origem, sem que ocorra um deslocamento para a frente da frase.

B) Línguas que permitem o movimento do elemento-QU (português, inglês...)

Tableau 5: MARCAÇÃO DE FOCO >> ECONOMIA

	MARCAÇÃO DE FOCO	ECONOMIA
a. O João comprou o que para a Maria?	*!	
b. ☞ O que o João comprou __ para a Maria?		*

Em línguas em que há movimento do elemento-QU na formação das interrogativas, percebemos que a restrição de MARCAÇÃO DE FOCO está mais alta no ranqueamento do que a restrição de ECONOMIA. Por isso, o candidato (b) é o candidato ótimo. Na verdade, ambos os candidatos são aceitos em PB, mas a formação interrogativa menos marcada na língua é aquela em que efetuamos o movimento do elemento-QU para a frente da frase.

Quais são as grandes linhas de investigação?

A agenda de pesquisa da Sintaxe em Teoria da Otimidade está inserida, de maneira geral, na agenda de pesquisa da Sintaxe Gerativa. O trabalho em Sintaxe em TO envolve também estudos de variação e tipologia linguística. Na próxima seção, selecionamos algumas leituras que são representativas na área de Sintaxe em TO.

Notas

[1] Adaptado de McCarhty (2002: 10).

[2] Cf. Bresnan (1996), Grimshaw (1997) e Kuhn (2003), por exemplo.

[3] Para os fins desta apresentação, gostaríamos que o leitor tentasse manter a mesma entoação que fez durante a leitura das frases (3) e (4) também na leitura dos exemplos (5) e (6). Ou seja, uma entoação em que a proeminência prosódica recaia naturalmente no final da frase. Isso porque se o leitor atribuir um acento diferenciado a [bem] em (5B") ou a [inglês] em (6B'), a aceitabilidade dessas frases nesses contextos será maior. Fazemos isso como simplificação, para manter a apresentação deste capítulo sem entrar em méritos que fugiriam ao escopo desta introdução à Sintaxe em Teoria da Otimidade. Entretanto, esta seção se baseia nas análises que desenvolvemos em Othero e Menuzzi (2009), Othero (2010) e Othero e Figueiredo Silva (2012). Remetemos o leitor a esses textos para uma análise mais aprofundada do que abordamos aqui.

[4] Para os fins desta breve introdução, não nos aprofundaremos nessas restrições. O princípio de "organização sintática", como chamamos aqui, é baseado em princípios que penalizam movimentos, tal como STAY ou ECONOMIA (cf. Grimshaw, 1997; Costa, 2001b, entre outros); o princípio de "organização informacional" diz respeito à posição que um constituinte focalizado ocupa na frase e é baseado no princípio de organização sintática da frase em sua relação com a organização de sua estrutura informacional (cf. Grimshaw e Samek-Lodovici, 1998; Costa, 2001b, entre outros).

[5] Dizemos que o elemento-QU foi movido para a frente da frase, porque ele aparece em uma posição diferente daquela onde ele foi "gerado" ou interpretado. Deixamos uma lacuna para marcar o "local de origem" do elemento-QU deslocado.

[6] Apresentamos aqui uma adaptação resumida de uma análise que desenvolvemos originalmente em Menuzzi e Othero (2009). Remetemos o leitor a esse texto para verificar a motivação das restrições que apresentamos e uma análise mais aprofundada dos dados.

O que eu poderia ler para saber mais?

Em português, o leitor poderia começar com o livro de Costa (2001a), que traz uma introdução à Teoria da Otimidade, escrita por um sintaticista de formação. Ainda em português, há uma entrevista bastante elucidativa sobre Sintaxe em TO com Jane Grimshaw (2008). Além desses textos de caráter introdutório, há trabalhos que se debruçam sobre aspectos sintáticos do português e apresentam análises em TO, tais como Costa (1998), Menuzzi (1999), Sell (2008), Othero (2010), Menuzzi e Othero (2009), Othero e Menuzzi (2009), Othero e Figueiredo Silva (2012), entre outros.

Em inglês, podemos sugerir os livros de Bresnan (1996), Barbosa et al. (1998), McCarthy (2002) e Kuhn (2003). Além disso, há uma edição temática sobre Sintaxe em TO da *Revista Virtual de Estudos da Linguagem – ReVEL*, disponibilizada no site da ReVEL, www.revel.inf.br. E o leitor deve também visitar o acervo *on-line* ROA – Rutgers Optimality Archive, em http://roa.rutgers.edu/, onde irá encontrar diversos trabalhos em TO, disponibilizados gratuitamente para consulta.

ABAURRE, M. B.; SANDALO, F. Acento secundário em duas variedades de português: uma análise baseada na OT. In: ARAUJO, G. A. (org.). *O acento em português*. São Paulo: Parábola, 2007.

BARBOSA, P. et al. (eds.). *Is the best good enough? Optimality and competition in syntax*. Cambridge: MIT Press, 1998.

BISOL, L.; MAGALHÃES, J. S. A redução vocálica no português brasileiro: avaliação via restrições. *Revista da Abralin*, v. 3, 2005.

BONILHA, G. Aquisição dos ditongos orais decrescentes: contribuições da Teoria da Otimidade. *Letras de Hoje*, v. 42, 2007.

BRESNAN, J. *Optimal syntax*: notes on projection, heads, and optimality. Stanford: Stanford University, 1996.

COSTA, J. *Word order variation* – a constraint-based approach. The Hague: Holland Academic Graphics, 1998.

_____. *Gramática, conflitos e violações*: introdução à Teoria da Optimidade. Lisboa: Caminho, 2001a.

_____. The emergence of unmarked word order. In: LEGENDRE, G.; GRIMSHAW, J.; VIKNER, S. (eds.). *Optimality-theoretic syntax*. Cambridge: MIT Press, 2001b.

GRIMSHAW, J. Projections, heads, and optimality. *Linguistics Inquiry*, v. 28, n. 3, 1997.

_____. OT Syntax: an interview with Jane Grimshaw. *ReVEL*, v. 6, n. 10, 2008.

GRIMSHAW, G.; SAMEK-LODOVICI, V. Optimal subjects and subject universals. In: BARBOSA, P. et al. (eds.). *Is the best good enough? Optimality and competition in syntax*. Cambridge: MIT Press, 1998.

KUHN, J. *Optimality-theoretic syntax* – a declarative approach. Stanford: CSLI Publications, 2003.

LEE, S. H. O acento primário no português: uma análise unificada na teoria da otimalidade. In: ARAUJO, G. A. (org.). *O acento em português*. São Paulo: Parábola, 2007.

LEGENDRE, G.; GRIMSHAW, J.; VIKNER, S. (eds.). *Optimality-theoretic syntax*. Cambridge: MIT Press, 2001.

MCCARTHY, J. *A thematic guide to Optimality Theory*. Cambridge: Cambridge University Press, 2002.

MCCARTHY, J.; PRINCE, A. *Prosodic morphology I*: constraint interaction and satisfaction. Manuscrito, University of Massachusetts, Amherst, and Rutgers University, New Brunswick, N. J., 1993.

MENUZZI, S. *Binding Theory and pronominal anaphora in Brazilian Portuguese*. The Hague: Holland Academic Graphics, 1999.

MENUZZI, S. M.; OTHERO, G. A. Componentes universais da interrogação: uma introdução funcional à Teoria da Otimidade. *Revista Matraga*, v. 6, n. 24, 2009.

OTHERO, G. A. Sintaxe e prosódia na organização da estrutura frasal do português: um estudo da distribuição sintática entre advérbios e complementos. *Diacrítica*, v. 24, 2010.

OTHERO, G. A.; FIGUEIREDO SILVA, M. C. Focalização em português: interface entre condições sintáticas, prosódicas e de estrutura informacional. In: CRUZ, R. T. (org.). *As interfaces da gramática*. Curitiba: CRV, 2012.

OTHERO, G. A.; MENUZZI, S. M. Distribuição de elementos leves dentro do VP em português: interação entre Sintaxe, Prosódia e Estrutura Informacional em Teoria da Otimidade. *Fórum Linguístico*, UFSC, 2009.

PRINCE, A.; SMOLENSKY, P. *Optimality Theory: constraint interaction in Generative Grammar*. RuCCs Technical Report 2, Rutgers University Center for Cognitive Science, Piscataway, N. J., 1993.

SELL, F. S. F. Interrogativas WH do português brasileiro: um estudo a partir da teoria da otimidade. *ReVEL*, v. 6, n. 10, 2008.

Sintaxe Tipológica

Rosana Costa de Oliveira

O que é Sintaxe Tipológica?

A Tipologia Linguística é uma abordagem teórica que permite classificar as línguas de acordo com suas características estruturais. Nessa perspectiva, a Tipologia Linguística procura estudar os "padrões", "tipos" ou "regras gerais" existentes nas línguas com o objetivo de propor generalizações.

O estabelecimento de padrões ou tipos não é característica única da linguística, pois a necessidade de agrupar coisas a partir de traços em comum é bastante antiga. Há registros de ocorrência do uso do termo *tipologia* na área de arqueologia em meados do século XVIII. No campo da Biologia, por exemplo, existe há muito a necessidade da divisão por classes na área de taxonomia. Lehmann (1978), no entanto, afirma que cabe diferenciar a tipologia da taxonomia, uma vez que a análise taxonômica se baseia apenas nas características externas dos fatos, enquanto a análise tipológica permite identificar princípios e padrões mais centrais.

Embora os primeiros registros do termo *tipologia* em Linguística datem do início do século XX, pelos linguistas da Escola Linguística de Praga, não podemos desconsiderar as classificações morfológicas do século XIX. A Tipologia Morfológica, como era então chamada, foi bastante influenciada pelas teorias evolucionistas. Originada na Alemanha, formulada inicialmente por August von Schegel, em 1818, e reorganizada por August Schleicher, em 1868, a tipologia morfológica era baseada na comparação estrutural entre as línguas, classificando-as como isolantes, aglutinantes e flexionais. Seguindo esses estudos, no ano de 1836, Humboldt identificou um quarto tipo de classificação tipológica, o das línguas polissintéticas.

Alguns exemplos dessa classificação podem ser visualizados na tabela a seguir.

Tabela 1: Classificação morfológica

TIPOLOGIA	LÍNGUAS
Isolante São línguas em que os morfemas são expressos por palavras.	**Chinês** *wŏ mǎiv júzi chĩ* eu comprar laranjas comer "Eu comprei laranjas para comer"
Aglutinante São línguas que acrescentam à raiz afixos separados por categorias gramaticais.	**Turco** *adam – in* *adam – lar – in* homem – gen. homem – plural – gen. "do homem" "dos homens"
Flexional São línguas em que um único afixo pode expressar várias categorias lexicais.	**Português** cant – o raiz – 1ª pessoa singular / tempo presente
Polissintética São línguas que incorporam morfemas lexicais.	**Tupinambá** *ai – akang – ok* *mboîa* 1ª sg – cabeça – corto cobra "Eu corto a cabeça da cobra"

A natureza das classificações morfológicas era basicamente classificacional, predominando nos estudos tipológicos até a chegada dos estudos dos universais linguísticos. Por ser muito ampla, praticamente não se faz mais esse tipo de classificação.

Com a introdução do conceito de *tipo linguístico*, a partir dos trabalhos da Escola Linguística de Praga, Greenberg (1973) previu um distanciamento dos trabalhos feitos com base na classificação tipológica do século XIX. As formas linguísticas (estrutura) e suas funções ganham corpo em uma nova tipologia, uma relação entre forma e função. Assim, os estudos na área de Tipologia Linguística se aproximam da abordagem funcionalista.

Além do enfoque *classificatório*, em voga nos estudos de tipologia morfológica, a investigação tipológica, em seu sentido mais amplo, apresenta mais dois enfoques, o *generalizante* e o *caracterológico*. De acordo com Greenberg (1973), essa tríplice formulação (enfoques classificatório, generalizante e caracterológico) é motivada pela própria realidade humana que apresenta aspectos universais, grupais e individuais (Maia, 2006). O enfoque caracterológico, que ganhou impulso a partir do Estruturalismo, define características específicas de uma língua. Já o enfoque generalizante procura estabelecer os princípios universais regulares em vigor nas línguas.

Os estudos tipológicos têm contribuído direta ou indiretamente em várias áreas da Linguística. Um exemplo da contribuição efetiva desses estudos se dá na pesquisa dos universais linguísticos, embora não haja uma identidade completa entre esses dois campos. Segundo Comrie (1981), o estudo dos universais linguísticos enfatiza as similaridades entre as línguas, ao passo que a tipologia está centrada nas diferenças entre elas. Outra característica dos universais linguísticos é explicar a capacidade que todos os homens têm de dominar uma língua, mostrando a percepção de que todas as línguas partilham padrões internos comuns.

Os tipologistas adotam uma abordagem predominantemente indutiva nos estudos dos universais linguísticos, que é denominada Gramática Tipológica Universal. Dentro dessa abordagem, o estabelecimento dos universais, que se dá através do estudo de diversas línguas, é explicado por fatores psicolinguísticos, cognitivos, semânticos e pragmáticos.

Em meados do século xx, houve uma divisão nos estudos dos universais linguísticos, surgindo assim uma nova abordagem metodológica. Desse desmembramento, surge a Gramática Gerativa Transformacional, de Noam Chomsky. O método predominante que se alinha aos trabalhos da Gramática Gerativa é o método hipotético-dedutivo. Segundo essa visão, a explicação dos universais é dada pela investigação das estruturas abstratas de uma única língua (teoria do inatismo).

Comrie (1981) afirma que há uma interação entre a tipologia linguística e os universais. Nas próximas seções, veremos um pouco dessa complementaridade entre essas duas linhas de pesquisa. Como a Sintaxe Tipológica é o foco deste trabalho, a partir de agora centrarei os estudos a partir desse nível da linguagem.

O que a Sintaxe Tipológica estuda?

A Tipologia Linguística é uma ótima ferramenta para a descrição das línguas, principalmente aquelas que não possuem nenhum tipo de documentação, tais como muitas línguas ágrafas indígenas, aborígenes e africanas. O pesquisador que está iniciando sua pesquisa com uma língua pouco documentada encontrará na abordagem tipológica um instrumento que permite prever as estruturas da língua em questão.

A abordagem tipológica, que era predominantemente morfológica em seu início, com a chegada do Estruturalismo ampliou seu campo de investigação para outros três níveis de organização dos sistemas linguísticos, a saber, o fonológico, o sintático e o semântico. A partir da metade do século xx, os estudos tipológicos têm-se centrado no nível sintático. Segundo Lehmann (1978), a Tipologia enfatiza a Sintaxe por considerá-la o componente linguístico que mais se aproxima do comportamento característico da linguagem humana.

Um dos parâmetros de ordem vocabular que mais se destacam dentro da literatura tipológica é a ordem dos constituintes principais da oração – sujeito, verbo e objeto – e a ordem dos constituintes dos sintagmas nominais.

O principal objetivo dos estudos de Sintaxe Tipológica é o de estabelecer qual é a ordem básica dos constituintes da oração em uma determinada língua, sendo comum que as línguas apresentem ordens diferentes para suas diversas construções.

A ordem dos constituintes principais da oração, a saber, sujeito (S), verbo (V) e objeto (O), para ser considerada básica, deve atender a alguns critérios, tais como: a maior frequência de ocorrência, a menor marcação pragmática e morfológica, a maior produtividade gramatical, o maior grau de harmonia intercategorial.

Em português, por exemplo, podemos verificar que a ordem de maior ocorrência em uma sentença declarativa é svo. No entanto, as sentenças (2) e (3) expostas no quadro a seguir apresentam os mesmos constituintes organizados de forma diferente.

(1)	A cozinheira fez o bolo. **S – V - O**
(2)	O bolo a cozinheira fez. **O – S - V**
(3)	O bolo a cozinheira fez ele. **O – S – V – PRO**

Segundo os estudos de Sintaxe Tipológica, a sentença (1), com a ordem svo, é aquela que possui maior número de ocorrência e também a ordem menos marcada, sendo, portanto, considerada a ordem básica. Os exemplos (2) e (3) possuem o objeto no início da oração, marcado enfaticamente. Além da marcação enfática, o exemplo (3) apresenta uma marcação morfológica, a presença do pronome 'ele'. Nesse caso, (2) e (3) não podem ser considerados a ordem básica em português, pois não atendem aos critérios postulados pela Sintaxe Tipológica.

Além da ordem básica de uma oração, vários outros processos e padrões de ordem vocabular têm sido investigados através dos estudos tipológicos, tais como a ordem de adjetivo e nome, genitivo e nome, adposição e nome, verbo auxiliar e verbo principal, expressão relativa e nome, expressões interrogativas, expressões negativas etc.

Como estudar algum desses fenômenos usando a Sintaxe Tipológica?

A Sintaxe Tipológica foi desenvolvida por Joseph H. Greenberg. A partir de um *corpus* constituído por 30 línguas,[1] que procurou levar em conta critérios genéticos e geográficos, Greenberg apontou características sintáticas e morfológicas dessas línguas a fim de obter generalizações que envolviam universais absolutos e, dentre outros, universais implicacionais. Após a inauguração nos estudos de Sintaxe Tipológica feita por Greenberg, outros pesquisadores contribuíram para descrever os trabalhos nessa área. É o caso de Lehmann, que, ao contrário de Greenberg, afirma que somente a relação entre verbo e objeto é relevante para a classificação das línguas.

Segundo Greenberg (1966), há três critérios utilizados para estabelecer a tipologia de ordem básica. O primeiro critério é a existência na língua de preposições (Pr) ou posposições (Po). O segundo critério empregado para estabelecer a tipologia é a ordem relativa de sujeito (S), verbo (V) e objeto (O) em sentenças declarativas. Há seis possíveis ordens que podem ocorrer nas línguas: svo, sov, vso, vos, osv e ovs. Dessas seis ordens, somente três normalmente ocorrem como ordens dominantes: sov, svo, vso. As três ordens que não podem ser dominantes são vos, osv e ovs, porque o objeto aparece antecedendo o sujeito. As ordens dominantes podem ser observadas nos exemplos do japonês [sov], do inglês [svo] e do tembé[2] [vso], a seguir.

(4) Japonês: S   O   V
       Ida *okashi* *kau*
       Ida comprou doce
(5) Inglês: S   V   O
       John *ate*   *cake*
       João comeu bolo.
(6) Tembé: V   S   O
       u?u *teko* *upaw* *pira*
       'A gente comeu todo o peixe'

Em relação às ordens que podem ser dominantes, Greenberg apresenta o seu primeiro universal, afirmando que em orações declarativas a ordem dominante é quase sempre uma em que o sujeito antecede o objeto. Considerando a posição do verbo como principal, há três tipos básicos de língua: vso (verbo inicial), svo (verbo medial) e sov (verbo final).

Universal 1. Em orações declarativas com sujeito e objeto nominais, a ordem dominante é quase sempre uma na qual o sujeito antecede o objeto.

Dentre as ordens estabelecidas por Greenberg como dominantes, as mais comuns são svo e sov. Dryer[3] (1992) fez um levantamento estatístico da distribuição das ordens de S, V e O nas línguas do mundo, constatando que a ordem de maior ocorrência é a sov, seguida pela ordem svo.

O terceiro critério utilizado por Greenberg é a posição dos adjetivos que designam qualidade em relação ao nome. Em línguas de núcleo inicial, o adjetivo deve se encontrar após o nome; em línguas de núcleo final, o adjetivo deverá ocorrer antecedendo ao nome.

Os parâmetros postulados por Greenberg, como a ordem relativa entre Genitivo e Nome (GN/NG), Demonstrativo e Nome (Dem.N/NDem.), numeral e nome (Num.N/NNum.), devem estar em harmonia entre si. Por exemplo, uma língua do tipo sov estará em harmonia se tiver posposições, se possuir o adjetivo antes do nome, se o genitivo preceder o nome etc. (ov, Po, AN, GN). Em línguas do tipo svo haverá harmonia entre os padrões se essa ordem apresentar preposições, se o adjetivo ocorrer após o nome, se o nome anteceder o genitivo etc. (vo, Pr, na, ng). Vejamos essas propriedades na tabela 2 a seguir.

Tabela 2: Padrões estruturais relativos ao Parâmetro do Núcleo

	Padrão	
Construções	**OV**	**VO**
Adposições	posposição	preposição
Adjetivos descritivos	adjetivo → nome	nome → adjetivo
Construções genitivas	genitivo → nome	nome → genitivo
Numerais	numeral → nome	nome → numeral
Demonstrativos	demonstrativo → nome	nome → demonstrativo

No entanto, nem sempre essa harmonia se mantém, pois os padrões podem variar em uma mesma língua. Algumas línguas podem fugir a alguns padrões esperados para o tipo de língua, como é o caso do inglês, que possui a ordem svo e preposições, mas em relação ao parâmetro do adjetivo possui a ordem an, em desarmonia com o padrão vo.

A partir desses critérios estabelecidos para definir a tipologia de ordem básica de uma língua, pode-se atestar que as línguas têm diferentes tipos de ordenamento dos constituintes. Por exemplo, em português a ordem básica de uma oração é svo, enquanto que na língua indígena xavante é sov, como se vê nos exemplos a seguir:

(7)   O homem comeu peixe.
(8)   *aibö   tebe   ma⁴   ti'rẽ*
      homem   peixe   3ª/pass.   comer
      "O homem comeu peixe"

Tanto em xavante como em português, as ordens apresentadas anteriormente são caracterizadas como ordens básicas, pois ocorrem com maior frequência nas orações declarativas simples e menos marcadas morfológica e pragmaticamente.

Uma língua pode apresentar várias ordens, como mostra a ocorrência da ordem sov em português no exemplo (9) a seguir. Essa ordem não pode ser considerada básica, pois é mais marcada que a ordem svo. Nesse exemplo, há uma marcação através de uma pausa (entonação, indicada na escrita pela vírgula).

(9)   O peixe, o homem comeu.

Como se pode observar, o português é uma língua do tipo svo, portanto de núcleo inicial. Nesse caso, é de se esperar que a língua portuguesa tenha preposições. Já o xavante possui a ordem sov, uma língua de núcleo final, tendo como parâmetro uma posposição.

(10)   Ela está lavando sem sabão
(11)   *tsabo   ãna   te⁵   uptsõ*
         sabão   sem   3ª/pres.   lavar
         "Ela está lavando sem sabão"

As línguas podem apresentar certas inconsistências em relação aos parâmetros de ordem vocabular, conforme se vê em (12). O xavante (sov) possui a ordem na, indicando uma ordem svo:

          N   A
(12)   *tsupara   a*
         areia   branca
         "Areia branca"

Greenberg também faz algumas generalizações a respeito das construções interrogativas. Segundo seus universais, partículas interrogativas especificadas em relação à frase, quando estão em posição inicial, apresentam preposições; quando estão em posição final, apresentam posposições. Além disso, há uma correlação entre construções interrogativas do tipo qu (aquelas que se iniciam por *que, quem, quando, qual* etc.) e a ordem dos constituintes da oração. Assim, em línguas de núcleo inicial, tipo svo, são caracterizadas por apresentarem movimento dos sintagmas interrogativos para o início da oração. Esse fato pode ser observado em português. As palavras interrogativas nessa língua se encontram no início da oração via movimento sintático. O exemplo em (13) apresenta essa ocorrência.

(13)   S   V   O
         O homem   comeu   o que
         Int.: O que o homem comeu?

Em línguas de núcleo final, de ordem sov, por exemplo, as palavras ou sintagmas interrogativos podem aparecer no início ou não da oração. Em xavante, essas palavras ocorrem no início da oração.

(14) 'e[6] momo te   dza ai – mo
     Int.   onde 2ª   fut. 2ª – ir
     'Onde você vai?'

Lehmann (1978) afirma que a ordem do sujeito não é relevante para a classificação das línguas, e sim a relação entre verbo e objeto, tomando as ordens vo e ov como o padrão mais importante na caracterização dos demais parâmetros. Seguindo essa classificação, há somente dois tipos de língua: línguas do tipo vo e línguas do tipo ov.

Segundo Lehmann, o verbo é o constituinte mais básico da sentença, estando, em segundo lugar, o objeto. Assim, o verbo e o objeto são os elementos centrais das frases.

Lehmann faz essa afirmação porque, segundo ele, a posição central do verbo pode ser demonstrada em muitas línguas, isto é, uma sentença pode ser expressa somente por uma forma verbal simples. Por exemplo, verbos que expressam fenômenos da natureza, em muitas línguas, não precisam de nenhum complemento, como em português, os verbos *chover*, *trovejar* etc.

Dessa forma, partindo da contribuição de Greenberg e Lehmann, pode-se fazer uma descrição bem detalhada dos parâmetros de ordem vocabular de qualquer língua.

Poderia me dar um exemplo?

Nesta seção, vou apresentar um trabalho que fiz para descrever alguns aspectos morfológicos e sintáticos da língua indígena xavante (tronco macro-jê), dentro da abordagem da Sintaxe Tipológica, tratando de questões relacionadas à ordem de palavras e seus demais parâmetros. Aqui, algumas das principais características tipológicas da língua são apresentadas. Segundo a Sintaxe Tipológica, o xavante é uma língua de núcleo final, pois apresenta a ordem ov dominante, além de posposições, genitivos e possessivos antepostos ao nome, embora a ordem do adjetivo ocorra após o N.

A língua xavante possui três combinações posicionais de S (sujeito), V (verbo), O (objeto): as ordens, sov, svo e osv.[7]

As ordens sov e svo, segundo os universais de Greenberg, poderiam constituir a ordem básica da língua xavante por ter o sujeito preposto ao objeto. No entanto, essa língua apresenta como ordem básica a ordem sov, estando em harmonia com os demais padrões de ordem vocabular da língua, sendo eles, como veremos, de núcleo final. A ordem svo, portanto, fugiria à harmonia com o parâmetro de núcleo final. A ordem osv, segundo esses mesmos universais, não poderia constituir a ordem básica da língua por ter o sujeito posposto ao objeto.

Na língua xavante, a ordem sov aparece com bastante frequência em uma oração declarativa simples. Como podemos observar, no exemplo (15), o sintagma nominal de sujeito *aibö* ocorre em primeira posição, sendo logo seguido pelo objeto *tebe*. Seguindo o objeto da oração, temos a presença da partícula *ma*,[8] partícula que marca o sujeito e o tempo da oração, e, finalmente, o verbo:

```
       S      O              V
(15)  Aibö   tebe   ma      ti'rẽ[9]
      homem  peixe  3ª/pass. comer
      "O homem comeu o peixe"
```

A ordem sov também apresenta harmonia com os demais padrões de ordem vocabular da língua, sendo eles de núcleo final.

Em relação à posição relativa de sujeito e verbo, a ordem sv é a única ordem existente na língua, estando de fato em harmonia com os outros padrões de ordem vocabular da língua xavante, pois, em frases transitivas, o verbo sempre aparece após o sujeito.

```
       S          V
(16)  O[10] hã te  dza     atsõ
      3ª enf[11].3ª fut[12]  dormir
      "Ele ir dormir"
```

De acordo com o esperado para as línguas de padrão ov na tipologia de ordem vocabular, o xavante apresenta posposições. Essas posposições seguem os substantivos a que se relacionam.

Observe a partícula *'u* no exemplo (17), posicionada à direita do nome:

(17)　*buru 'u　te　　mo*
　　　roça　à　3ª/pres.　ir
　　　"Ele vai à roça"

Portanto, em relação à adposição, a língua xavante apresenta harmonia com o padrão ov.

Em relações parte/todo ou de posse, os genitivos em xavante são antepostos ao nome, também em harmonia com o padrão ov. Como podemos observar no exemplo (18), o possuidor *'ro'ore* aparece à esquerda do termo possuído *pa*:

　　　G　　　N
(18)　*'ro'oré - pa*
　　　macaco-fígado
　　　"O fígado do macaco"

O adjetivo, em xavante, é posposto ao nome, divergindo do padrão ov:

　　　N　　　A
(19)　*tsupara　a*
　　　areia　　branca
　　　"Areia branca"

O numeral é posposto ao nome, fugindo da expectativa do padrão ov. Como podemos ver no exemplo a seguir, o numeral *tsi'ubdatõ* ocorre após o nome:

　　　N　　　NUM
(20)　*wedepa　tsi'ubdatõ*
　　　raiz　　　três
　　　"Três raízes"

Os possessivos, em xavante, vêm antepostos ao nome, em harmonia com o padrão ov. O exemplo (21) apresenta o possessivo *'i* (1ª pessoa) anteposto ao nome:

Poss.   N
(21)   *'i - tsitsi're*
       meu - nariz
       "Meu nariz"

A Sintaxe Tipológica também contribuiu para a descrição das construções interrogativas da língua xavante. Uma das características das interrogativas do tipo sim/não é a presença da partícula *'e* no início da oração. Essa partícula é especificada em relação à frase como um todo, mas contradiz o universal número 9 de Greenberg, que propõe que partículas interrogativas no início da oração apresentem preposições, enquanto que, em xavante, se registra a ocorrência de posposições.

> **Universal 9**. Com bem mais do que frequência casual, quando partículas ou afixos interrogativos são especificados em posição por referência à sentença como um todo, se inicial, tais elementos são encontrados em línguas preposicionais, e, se final, em posposicionais.

Vejamos alguns exemplos:

(22)   *'e*   *ohã*   *te*   *ti-nhore*
       Int   3ª   3ª/pres. 3ª - cantar
       "Ele está cantando?"

(23)   *'e*   *aibö*   *ma*   *pe'a* *dzô* *mo*
       int.   homem 3ª/pass. peixe para ir
       "O homem foi pescar?"

Em xavante, as palavras interrogativas ocorrem no início da oração, logo após a partícula interrogativa *'e*.

(24)   *'e*   *mari* *ma*   *aibö*   *ti-'re*
       Int   o que 3ª/pass. homem comer
       "O que o homem comeu?"

Então, podemos dizer que a língua xavante confirma o universal número 12 de Greenberg, no qual há a afirmação de que em línguas com ordem dominante SOV em sentenças declarativas, apresentam-se palavras ou sintagmas interrogativos iniciais ou não.

> **Universal 12.** Se uma língua tem ordem dominante vso em sentenças declarativas, sempre terá palavras ou sintagmas interrogativos iniciais em interrogativas com palavras interrogativas; se tem ordem dominante sov em sentenças declarativas, os sintagmas ou palavras interrogativas poderão ou não ser iniciais.

Nos dados apresentados, pode-se notar que a língua xavante possui os padrões do tipo sov/sv/Po/GN//NA/NNum/PossN. A partir desses critérios, podemos afirmar que a língua xavante é uma língua de núcleo final.

Segundo os critérios utilizados por Greenberg para estabelecer a ordem básica de uma língua, que são a existência de preposições ou posposições, a ordem relativa de S, V e O em sentenças declarativas e a posição dos adjetivos, a língua xavante segue somente dois desses critérios, pois apresenta posposições e sua ordem básica é sov, mas possui parâmetro NA, divergindo dos padrões de uma língua ov.

Sendo assim, o modelo de Greenberg permite que se classifique o xavante entre as línguas que apresentam os padrões sov/Po/GN/NA (cf. Greenberg, 1966: 109), muito embora não sejam formuladas explicações para a posição desviante do adjetivo.

Araújo, Maia e Pereira (1984) afirmam que há vantagens em se trabalhar com várias línguas a fim de compará-las, pois fatos que aparentemente são inconsistentes em um modelo de Sintaxe Tipológica podem revelar certas regularidades, permitindo questionar o modelo que o classificou como desviantes.

Segundo Araújo Maia e Pereira (1984), as línguas apinajé, gavião e karajá apresentam a ordem básica sov. Assim como o xavante, que também é uma língua de núcleo final, essas línguas apresentam o adjetivo posposto ao nome (NA). Seguindo a previsão proposta por Lehmann de que as línguas do tipo ov teriam a ordem Adjetivo Nome (AN), o comportamento do adjetivo em relação ao nome nessas quatro línguas seria inconsistente. No entanto, como se pode observar, as línguas apinajé, gavião, karajá e xavante são do tipo ov e todas possuem a ordem AN, em discordância com o esperado para línguas de núcleo final. Esse fato pode vir a mostrar que dentro das supostas irregularidades possa haver certa harmonia. De acordo com Araújo, Maia e Pereira (1984), a abordagem das inconsistências gramaticais deve ser revista, pois as línguas podem indicar alguma mudança.

Quais são as grandes linhas de investigação?

A área de atuação da Sintaxe Tipológica está fundamentada na análise da estrutura da oração e de seus constituintes. Então, a principal linha de investigação dessa área é definir qual a ordem vocabular básica das línguas, além dos parâmetros de ordem vocabular.

Nos estudos de Sintaxe Tipológica, um tema de pesquisa que também é abordado é a tipologia de marcação de casos. Nessa abordagem, as possibilidades de organização dos constituintes básicos da oração são analisadas, já que as línguas podem empregar diferentes mecanismos para expressar a diferença de S (sujeito intransitivo), A (sujeito transitivo) e O (objeto) no sistema de marcação de caso. Há diversas possibilidades para a atribuição de casos sobre S, A e O. Resumidamente, há o sistema *nominativo-acusativo*, o sistema *ergativo-absolutivo* e ainda o chamado *Split de S* ou *sistema ativo/estativo*.

No sistema *nominativo-acusativo*, o sujeito de uma oração transitiva possui marcações idênticas do sujeito de uma oração intransitiva, ambos se opondo ao objeto. Já no sistema *ergativo-absolutivo*, o sujeito de uma oração intransitiva recebe a mesma marca que o objeto, estes se opondo ao sujeito de uma oração transitiva. O sistema *ativo/estativo* ou *Split de S* é caracterizado pela cisão do sujeito de uma oração intransitiva. Nesse caso, o sujeito, em determinadas construções comporta-se de forma idêntica ao sujeito da transitiva, e em outras, de forma idêntica ao objeto. Vejamos esses sistemas no esquema a seguir.

Sistema **nominativo-acusativo** (A S) O

Sistema **ergativo-absolutivo** A (S O)

Sistema **ativo-estativo** (A (S O)

As línguas que exibem características tanto do sistema acusativo quanto do sistema ergativo são chamadas línguas com sistemas cindidos, e essa cisão pode se manifestar através de diversos mecanismos.

Outra linha de investigação, que segue um princípio da Gramática Universal (Chomsky, 1989), é a tipologia das perguntas QU, a chamada Hipótese da Tipificação da Oração (Cheng, 1993), que propõe que qualquer sentença deve ter seu tipo ou força ilocucionária identificada.

Segundo Cheng, o movimento sintático QU serve para formar uma sentença interrogativa, tipificando uma sentença como uma pergunta QU. Línguas que não possuem movimento sintático QU têm outro meio para formar uma oração interrogativa que é o uso de partículas interrogativas. Essas partículas são "partículas tipificadoras"' que servem para indicar o tipo de oração na sentença. Assim, no caso de sentenças interrogativas, tais partículas tipificam-nas como interrogativas. Na tabela a seguir, há uma lista de partículas que aparecem em perguntas do tipo sim/não e em perguntas do tipo QU em algumas línguas *in situ*. (cf. Cheng, 1993: 15).

Tabela 3: Partículas tipificadoras em línguas com palavras QU *in situ* (sem movimento sintático)

Línguas com palavras QU *in situ*		
Língua	**Pergunta sim/não**	**Pergunta 'QU'**
Hindi	*kyaa*	*ø*
Mandarim	*ma*	*ne / ø*
Papago	*n-*	*ø*
Hopi	*ya*	*ya*

De acordo com o "Princípio de Economia de Derivação" (Chomsky, 1989), especificado por Cheng em sua Hipótese da Tipificação da Oração, uma língua não deveria usar ambos os meios para formar uma pergunta QU. A tipificação se dá ou pelo movimento sintático ou pela presença da partícula interrogativa. Segundo essa hipótese, uma língua com uma partícula interrogativa é uma língua sem movimento sintático QU. A presença de uma partícula interrogativa serviria o mesmo propósito de tipificação que o movimento sintático QU.

A língua xavante possui movimento sintático QU, isto é, os sintagmas QU movem-se de sua posição básica para uma posição na periferia esquerda da oração, deixando um vestígio no seu lugar de origem. Há também uma partícula interrogativa em perguntas do tipo sim/não e em perguntas do tipo

QU, constituindo, portanto, um contraexemplo à Hipótese da Tipificação da Oração, que, como vimos, propõe que uma língua que possui uma partícula interrogativa não necessita ter movimento sintático para formar uma oração interrogativa. Seguem dois exemplos:

	S	O		V
(25)	*Aibö*	*tebe*	*ma*	*ti'rẽ*
	homem	peixe	3ª/pass.	comer

"O homem comeu o peixe"

(26)	*'e*	*mari*	*ma*	*aibö*	*ti-'re*
	Int	o que	3ª/pass.	homem	comer

"O que o homem comeu?"

Embora Newmeyer (1998) argumente que uma análise formal da língua seja um pré-requisito lógico para a caracterização tipológica de uma língua, de fato, as generalizações implicacionais da tipologia podem servir de referencial para uma primeira análise distribucional dos dados de qualquer língua. E essa língua é refinada ou mesmo questionada, posteriormente, em uma metodologia que, partindo dos dados, procura encontrar a teoria para retornar aos dados, reanalisando-os à luz dessas questões teóricas.

Segundo Maia (2006), os estudos tipológicos têm beneficiado diversas teorias linguísticas. Acredito que os trabalhos feitos através da contribuição da Sintaxe Tipológica possam ser um bom começo para o pesquisador que pretende descrever uma língua pouco documentada.

Notas

[1]   Greenberg passou a ser criticado pela amostra pequena do *corpus* e também pela pouca variação das línguas naturais que estudou, considerando-se que existiam, à época, mais de seis mil línguas documentadas.

[2]   A língua indígena brasileira tembé pertence à família linguística tupi-guarani.

[3]   Dryer ampliou a amostra das línguas naturais feita por Greenberg. Das 30 línguas estudadas anteriormente, passou para uma amostra de 625 línguas distribuídas em seis áreas geográficas (África, Eurásia, Sudeste da Ásia, Austrália/Nova Guiné, América do Norte e América do Sul).

[4]   Morfema que indica pessoa (2ª e 3ª) e tempo (passado).

[5]   Morfema que indica pessoa (2ª e 3ª) e tempo (presente).

[6]   Partícula interrogativa.

[7]   Como a intenção deste capítulo não é apresentar uma descrição e análise exaustiva da língua xavante, apresentarei somente dados com a ordem básica SOV.

[8] A partícula que marca o tempo em xavante é um morfema dependente que pode ocorrer antes do verbo e, em alguns casos, antes do objeto.

[9] O apóstrofo é a representação ortográfica da oclusiva glotal.

[10] Pronome de 3ª pessoa.

[11] Morfema enfático: ocorre com os pronomes livres e também podem aparecer com sintagmas nominais, enfatizando-os.

[12] Tempo futuro.

O que eu poderia ler para saber mais?

A área de Sintaxe Tipológica é pouco explorada pelos linguistas brasileiros. A maioria dos estudos em português se encontra nos trabalhos com as línguas indígenas brasileiras, já que essa área contribui diretamente para a descrição das estruturas dessas línguas pouco conhecidas.

Para os iniciantes que querem se familiarizar com essa abordagem linguística, sugiro que leiam o capítulo "A Tipologia Linguística" do livro *Manual de linguística: subsídios para a formação de professores indígenas na área da linguagem*, de autoria do professor Dr. Marcus Maia. Além desse capítulo, o estudante encontrará nesse livro conceitos fundamentais sobre a estrutura da linguagem. Sugiro também a dissertação de mestrado desse mesmo autor, *Aspectos tipológicos da língua javaé*, publicada em 1998 pela Lincom Studies in Native American Linguistics. Lá o estudante encontrará as principais definições dos estudos tipológicos, inclusive uma análise da tipologia de marcação de casos, além da descrição da língua javaé.

Seguindo o mesmo caminho, há também a minha dissertação de mestrado, intitulada *Periferia esquerda na língua xavante*. Nessa dissertação, além da descrição dos padrões de ordem vocabular a partir dos estudos tipológicos da língua xavante, analiso as construções interrogativas dessa língua no âmbito da Teoria de Princípios e Parâmetros, tomando por base a proposta feita por Lisa Cheng, a chamada *Clausal Typing Hypothesis* ou "Hipótese da Tipificação da Oração" (Cheng, 1993).

Há outros trabalhos na linha de Tipologia Sintática que focalizam uma língua indígena. Algumas dessas referências se encontram na bibliografia a seguir. Para quem quiser estudar mais a fundo sobre os aspectos tipológicos, sugiro a leitura da obra de Greenberg e Lehmann, cujas referências também se encontram a seguir.

ARAÚJO, Leopoldina M. S.; MAIA, MARCUS A. R.; PEREIRA, Maria das Graças D. *Apinajé, Gavião, Karajá*: um esboço tipológico. Anais do VIII Encontro Nacional de Linguística, pp. 57-67. Rio de Janeiro: PUC/RJ, 1984.

CHENG, Lisa. *On the typology of wh-questions*. New York & London: Garland Publishing, 1993.

CHOMSKY, N. Some notes on economy of derivation and representation. MIT *Working Paper in Linguistics*, v. 10, p. 47-75, 1989.

COMRIE, Bernard. *Language universals and linguistic typology*. Chicago: University of Chicago Press, 1981.

DRYER, M. S. The greenbergian word order correlations. *Language*, v. 68, n. 1, 1992.

GREENBERG, J. H. Some universals of grammar with particular reference to the order of meaningful elements. In: GREENBERG, J. H. (ed.). *Universals of language*. Cambridge: The MIT Press, 1966, pp. 58-90.

_____. The Typological method. In: SEBEOK, T. A. (ed.). *Diachronic, areal, and typological linguistics*. The Hague, Paris. Mouton, v. 11, 1973, pp. 149-193.

LEHMANN, *Syntactic typology*. Austin: University of Texas Press, 1978.

MAIA, Marcus. *Manual de linguística*: subsídios para a formação de professores indígenas na área de linguagem. Brasília: Ministério da Educação, Secretaria de Educação Continuada, Alfabetização e Diversidade; LACED/ Museu Nacional. (Coleção Educação para Todos; 15), 2006.

NEWMEYER, Frederick J. *Language form and language function*. Cambridge, Mass. MIT Press, 1998, pp. 297-366.

OLIVEIRA, R. C. *Tipologia de ordem vocabular na língua indígena xavante*. Rio de Janeiro: MN/UFRJ. Monografia. (Especialização em Línguas Indígenas), 1998.

_____. *Construções interrogativas em xavante*. In: SANTOS, Ludoviko dos; PONTES, Ismael (orgs.). Línguas Jê estudos vários. Londrina: Ed. UEL, 2002, pp. 185-94.

_____. *Periferia esquerda na língua xavante*. Rio de Janeiro, 2002. Dissertação. (Mestrado em Linguística) – UFRJ.

Sintaxe Lexical

O que é Sintaxe Lexical?

A Sintaxe Lexical parte da ideia de que, se queremos entender como as orações são formadas, temos que olhar para os elementos que as constituem: os itens lexicais. Essa ideia não é nova, apesar de alguns modelos lexicalistas ainda serem pouco conhecidos no Brasil. Entretanto, depois que o modelo gerativo-transformacional deu uma guinada lexicalista com o Programa Minimalista (veja o capítulo "Sintaxe Minimalista", neste volume), as teorias lexicalistas começaram a despertar maior interesse dos linguistas brasileiros. As principais teorias lexicalistas são gerativistas, ou seja, apresentam um sistema formal capaz de gerar construções gramaticais em uma determinada língua a partir da combinação de seus itens lexicais,[1] embora elas não utilizem as noções de transformação ou derivação usadas nos modelos gerativo-transformacionais propostos por Chomsky.

Alguns modelos de base lexical mais conhecidos são a Gramática Léxico-Funcional (LFG, do inglês *Lexical Functional Grammar*), a Gramática Categorial (CG, do inglês *Categorial Grammar*), a *Generalized Phrase-Structure Grammar* (GPSG) e a *Head-Driven Phrase Structure Grammar* (HPSG). Historicamente, esses modelos foram motivados por dois trabalhos que surgiram nos anos 1970. O primeiro deles foi a proposta de uma ex-aluna de Chomsky chamada Joan Bresnan, cuja publicação de 1978 defendia uma *"realistic transformational grammar"* (gramática transformacional realista). Bresnan apresenta um tratamento lexical (não transformacional) para vários fenômenos linguísticos, incluindo a voz passiva. Com esse trabalho, Bresnan influenciou vários linguistas, incluindo

Gazdar et al. (1985), a propor modelos que fossem mais orientados às estruturas linguísticas visíveis e que abolissem a ideia de derivações sobre estruturas não observáveis.

O segundo trabalho a influenciar modelos lexicalistas foi a Gramática de Richard Montague (Montague, 1974), que apresentou mecanismos de descrição do significado gerado de sua estrutura observável, o que eliminaria a motivação semântica para as derivações transformacionais sintáticas. Alguns desses modelos surgiram a partir de trabalhos com linguagens artificiais e lógica, como a Gramática Categorial, que apareceu nos anos 1930, mas que só se popularizou nos meios linguísticos depois que Montague a adotou como o formalismo sintático para descrever suas ideias a respeito da semântica das línguas naturais. Outros modelos, como a GPSG, surgiram do movimento lexicalista dos anos 1970 e 1980, motivados por formalismos que restringissem o poder gerativo de gramáticas livres de contexto e ao mesmo tempo descrevessem mais detalhadamente as línguas naturais.[2]

As teorias que aqui chamamos de lexicalistas são na verdade mais conhecidas como teorias lexicalistas baseadas em restrições (*constraint-based lexicalist theories*). Elas são conhecidas assim por duas de suas ideias centrais. A primeira é a de uma *arquitetura com base em restrições* (*constraint-based architecture*). Ou seja, para que uma construção (oração, sintagma etc.) seja considerada gramatical, ela tem que obedecer a uma série de *restrições* impostas a todas as *construções linguísticas bem formadas*. Ao invés de usar derivações transformacionais como mecanismo de licenciamento de construções gramaticais, as teorias lexicalistas usam a noção de restrições impostas sobre os signos linguísticos. Cada teoria vai descrever e impor restrições sobre as *construções linguísticas bem formadas* de diferentes maneiras. A segunda ideia é a de que a *Sintaxe Lexical* usa primordialmente a informação que vem do léxico para licenciar as construções sintáticas. As teorias lexicalistas vão colocar maior ênfase em uma formalização detalhada das descrições lexicais para descrever mecanismos que expliquem como os itens lexicais podem se combinar para formar estruturas sintáticas.

Vamos ilustrar o uso de abordagens lexicalistas usando uma teoria originalmente proposta por Carl Pollard e Ivan Sag nos anos 1980 e 1990, que vem ganhando um número expressivo de adeptos em todo o mundo:

a HPSG. Nosso objetivo não é o de apresentar a teoria na sua totalidade, mas de dar ao leitor uma ideia de como uma abordagem lexicalista trata as descrições sintáticas.[3]

O que a Sintaxe Lexical estuda?

Imagine que você quer descrever um tipo de objeto, digamos "automóveis". O primeiro passo é decidir que traços são relevantes para descrever os automóveis. Você pode decidir que *número de portas, ano de fabricação, nome do proprietário* e *potência do motor* são traços relevantes, mas que *tamanho das asas, número de pernas* ou *quantidade de filhos* são traços que não pertencem ao mundo dos "automóveis" e que, por isso, não faz o menor sentido incluí-los na sua ontologia de propriedades necessárias para descrevê-los. Depois de escolher os traços relevantes e os possíveis valores para esses traços, você precisa de um mecanismo para formalizar a sua descrição. A HPSG usa as Matrizes de Atributo-Valor (MAVs) para descrever os objetos que existem em uma ontologia. Vamos usar uma MAV para descrever o meu automóvel. As MAVs têm uma base matemática complexa, mas uma implementação descritiva muito simples. Elas são formadas por pares *traço-valor* (também chamados de *atributo-valor*). Por convenção, todos os traços aparecem com letras maiúsculas e os valores, com letras minúsculas. Assim, eu posso descrever o meu automóvel da seguinte forma:

Figura 1: Descrição do meu automóvel

$$\begin{bmatrix} \textit{Meu automóvel} \\ \text{NÚM. DE PORTAS} & \textit{quatro} \\ \text{ANO} & \textit{2011} \\ \text{PROPRIETÁRIO} & \textit{Prof. de HPSG} \\ \text{POTÊNCIA DO MOTOR} & \textit{90 hp} \end{bmatrix}$$

A Sintaxe Lexical estuda a natureza das estruturas linguísticas e descreve os signos linguísticos existentes em uma dada língua. A HPSG, em particular, usa mavs como seu mecanismo formal para descrever desde entradas lexicais até orações, restrições linguísticas e regras morfológicas. Por exemplo, suponhamos que eu queira descrever a palavra *"lê"* que aparece na oração "*a menina lê os livros*". "Lê" é um verbo transitivo direto que pede um sujeito (no caso, "a menina") e um complemento ("os livros"). Podemos descrever a parte sintática da palavra "lê" da seguinte forma:

Figura 2: Entrada parcial da palavra "lê"

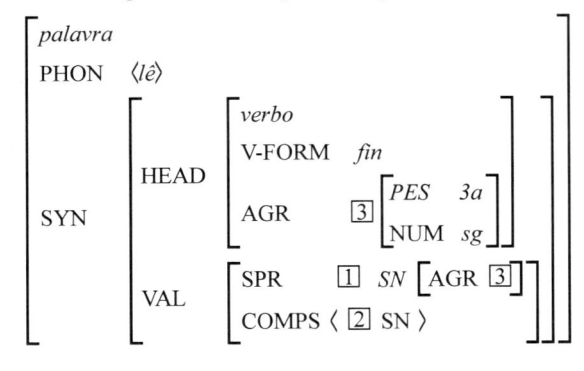

A matriz na figura 2 descreve um signo linguístico do tipo "*palavra*". O traço PHON apresenta o som (ou imagem sonora) do elemento descrito.[4] O traço SYN (sintaxe) tem como valor uma MAV complexa com a descrição sintática do signo linguístico. O traço HEAD descreve os valores centrais (nucleares) que definem as propriedades sintáticas básicas do signo. Nesse caso, o seu valor é uma MAV de tipo "*verbo*", cuja forma verbal é flexionada (*fin*) e a concordância (AGR) tem como valores de pessoa (PES) 3ª e de número (NUM) singular. O traço VAL descreve a valência do elemento linguístico. Como "lê" é um verbo transitivo, ele pede um especificador descrito como o valor do traço SPR e um complemento único descrito na lista que serve de valor para o traço COMPS.

Repare nos quadrados numerados que existem na matriz. Eles têm uma função muito importante nas descrições em HPSG: representam o *comparti-lhamento estrutural* (*structure sharing*)[5] de valores para diferentes traços. Ou seja, quando dois traços têm exatamente o mesmo valor, eles o compartilham usando essas etiquetas numeradas (*tags*). O valor de AGR (concordância) do verbo "lê" descrito anteriormente é o mesmo elemento linguístico do valor de AGR do sintagma nominal (SN) descrito como o especificador (SPR) do verbo. Usando MAVs para descrever todos os *objetos linguísticos* (signos) existentes no universo que queremos modelar, a HPSG vai descrever os fenômenos que envolvem as mais diferentes áreas da Linguística, desde a Fonologia até a Pragmática, passando pela Morfologia, Sintaxe e Semântica.

Como estudar alguns desses fenômenos usando a Sintaxe Lexical?

Para estudarmos os fenômenos linguísticos, é importante entendermos como sintagmas e orações são formados (ou licenciados) a partir de seus núcleos lexicais e como impomos as restrições mencionadas anteriormente sobre as *construções linguísticas bem formadas*. Vamos usar o exemplo da oração anterior: "a menina lê os livros". Já vimos a entrada lexical para o núcleo dessa construção ("lê") na figura 2, agora vejamos como formar os sintagmas nominais. Começamos pela entrada lexical de "menina":

Figura 3: *Menina*

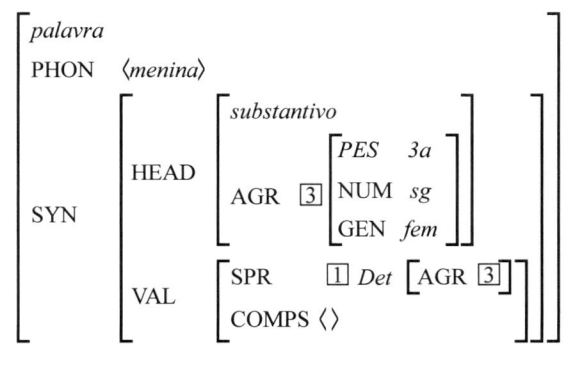

A figura 3 descreve a palavra "menina" como um substantivo feminino singular, que pede um especificador do tipo *determinante* (*Det*) que tenha os mesmos valores de concordância (3ª pessoa, feminino, singular). A entrada lexical do determinante "a", na figura 4, a seguir, mostra seus traços de concordância e valência. É possível observar que em nossa descrição atual o substantivo "menina" vai selecionar o determinante "a" para formar o sintagma nominal, já que a valência do substantivo indica a necessidade de um especificador e a valência do determinante não pede nenhum complemento. Usaremos o termo "frase" como tradução do termo em inglês *"phrase"*, que significa em HPSG qualquer constituinte sintagmático. Mais adiante veremos os critérios para diferenciar sintagmas verbais de orações.

Figura 4: *Determinante "a"*

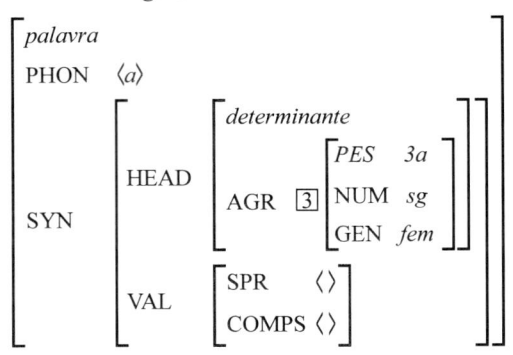

Dois princípios universais sobre a formação de constituintes vão garantir que, quando as palavras se unam para formar o SN "a menina", esse sintagma seja uma *construção linguística bem formada*. O *Princípio de Projeção do Núcleo*[6] é uma restrição imposta a todos os tipos de construção nuclear, ou seja, todas as construções que tenham um núcleo que selecione outros elementos em sua valência.

Figura 5: Princípio de Projeção do Núcleo

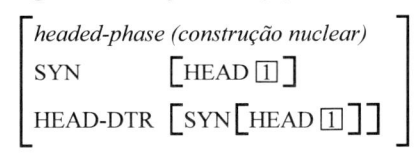

Esse princípio garante que o valor de HEAD da frase (*i.e.*, os valores que definem a natureza do elemento linguístico descrito) seja igual ao valor de HEAD do seu núcleo (HEAD-DTR do inglês *"head-daughter"*, filha-núcleo). Assim, uma construção que tenha como núcleo um substantivo vai ser um sintagma nominal, e uma construção que tenha como núcleo um verbo vai ser um sintagma verbal ou uma oração (como veremos mais adiante). Além disso, existem dois princípios básicos que descrevem as restrições sobre os critérios de valência dos elementos linguísticos. O primeiro é o Princípio de Subcategorização sobre frases do tipo *núcleo-especificador*, como apresentado na figura 6.

Figura 6: Princípio de Subcategorização (núcleo-especificador)

$$\begin{bmatrix} \textit{hd-spr-phrase (frase-núcleo-especificador)} \\ \text{SYN} \qquad \begin{bmatrix} \text{VAL} \begin{bmatrix} \text{SPR} \ \langle \rangle \end{bmatrix} \end{bmatrix} \\ \text{HEAD-DTR} \qquad \begin{bmatrix} \text{SYN} \begin{bmatrix} \text{VAL} \begin{bmatrix} \text{SPR} \ \boxed{1} \end{bmatrix} \end{bmatrix} \end{bmatrix} \\ \text{NON-HEAD-DTR} \begin{bmatrix} \text{SYN} \begin{bmatrix} \text{HEAD} \ \boxed{1} \end{bmatrix} \end{bmatrix} \end{bmatrix}$$

Ele garante que o valor do especificador descrito na valência (VAL) da frase seja uma lista vazia (< >) todas as vezes em que a frase formada for o resultado da combinação de seu núcleo com um especificador. Se aplicarmos esses dois princípios e juntarmos as palavras "menina" e "a" para formar o sintagma "a menina", teremos o constituinte apresentado na figura 7.

Figura 7: SN "*a menina*"

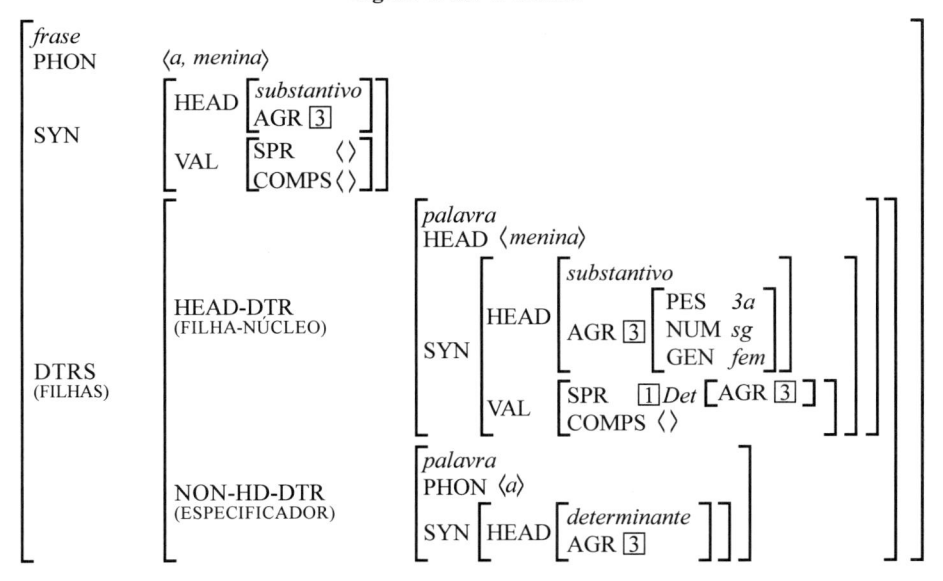

Repare que o traço DTRS (FILHAS) é uma outra maneira de descrever a estrutura interna do constituinte, normalmente representada através de árvores (diagramas arbóreos) em outras teorias sintáticas. A grande diferença é que ao descrevermos as "FILHAS" do SN (*a menina*) usando MAVs não fazemos nenhuma referência sobre a ordem de palavras dentro do constituinte. Isso mesmo, não existe nesse momento em nossa descrição nada que impeça que o constituinte seja "menina a".[7] Temos obviamente que impor essa restrição sobre a ordem dos elementos (Det N) na formação do sn em português, uma vez que nossa língua não aceita a ordem "substantivo determinante".

Uma das maneiras de impor essas restrições é usando as *Restrições sobre a Precedência Linear*. Essas restrições podem ser entendidas como declarações do tipo X > Y, onde X necessariamente precede Y, e são expressas usando mavs (como todos os demais elementos linguísticos em HPSG).

À primeira vista, pode parecer contraintuitivo que uma teoria sintática queira separar as restrições sobre a estrutura linear de outros elementos da gramática, como a atribuição de caso, concordância ou papel temático, por exemplo. Por outro lado, ao separarmos as descrições desses fenômenos ganhamos mais liberdade para entender de forma mais abrangente a natureza de cada uma das restrições impostas às construções. Por exemplo, se for o caso de que em uma determinada língua o caso nominativo só possa ser atribuído a elementos que apareçam à esquerda do verbo, podemos impor essa restrição sem problemas. Já para línguas em que a posição do elemento não diga absolutamente nada sobre seu caso ou padrão de concordância, não precisamos nos preocupar com essa correlação (posição = caso/concordância). Podemos assim investigar de forma mais livre os traços que são responsáveis pela marcação de caso e/ou concordância.

Uma das principais características que a maioria das teorias lexicalistas têm em comum é o fato de que as construções são licenciadas pela combinação dos itens lexicais, como no exemplo "a menina". Em HPSG, esse mecanismo exige a *unificação* de matrizes para formar novas matrizes com as informações relevantes. Ou seja, ao combinarmos itens lexicais para formar construções mais complexas, temos que verificar se esses itens são compatíveis e se a construção que queremos criar pode ser gerada a partir de tal combinação (ou unificação) de tais itens. Por exemplo, quando o valor de concordância (AGR) de um verbo tem que ser unificado com o valor de concordância de seu sujeito, a informação de gênero (GEN) não aparece como valor de AGR do verbo (com exceção dos verbos de ligação, dos quais não trataremos aqui), apesar de normalmente estar descrita no sn sujeito.[8] Como unificar dois valores aparentemente diferentes de concordância (AGR), como na figura 8 a seguir? O processo de unificação é muito usado em Ciência da Computação para resolver equações entre expressões simbólicas. Está além do escopo deste capítulo a explicação do algoritmo normalmente usado para calcular a unificação sintática. Para nossos fins, usaremos uma explicação simplificada de como o algoritmo funcionaria no exemplo da figura 8.

Figura 8: Unificação de AGR

$$
\left[\text{AGR} \begin{bmatrix} \textit{agr-verbo} \\ \text{PES} \quad \textit{3} \\ \text{NUM} \ \textit{sg} \end{bmatrix} \right] \oplus \left[\text{AGR} \begin{bmatrix} \textit{agr-substantivo} \\ \text{PES} \quad \textit{3} \\ \text{NUM} \ \textit{sg} \\ \text{GEN} \ \textit{fem} \end{bmatrix} \right]
$$

Para unificar duas MAVs, temos que verificar se os traços e seus valores são compatíveis e criar o "unificador mais genérico". Vemos que a MAV *agr-verbo* tem dois traços PES e NUM com os respectivos valores *3* e *singular*. A MAV *agr-substantivo* também tem esses dois traços com os mesmos valores, o que permite a unificação dos valores PES e NUM do verbo com seu sujeito. O algoritmo vai descartar o traço que não existe em uma das MAVs (GEN) e encontrar o "unificador mais genérico" entre as duas MAVs com os traços existentes em ambas. Ou seja, como os valores para os traços existentes são compatíveis, a unificação pode ser realizada com sucesso. Na prática isso significa que, apesar de o verbo "lê" não ter nenhuma marca de gênero, ele pode concordar com SNs que tenham qualquer (ou nenhum) valor para o traço GEN (gênero).

Poderia me dar um exemplo?

Agora que já vimos como as descrições de palavras e frases são formadas em HPSG e como as MAVs são unificadas para formar descrições mais complexas, podemos estudar o exemplo de uma oração completa. Voltemos à nossa oração inicial "a menina lê os livros". A combinação de itens na HPSG é comandada pelo núcleo da construção, que nesse caso é uma oração com um verbo como núcleo. Como vimos na figura 2, a descrição da palavra "lê" nos diz que ela é um verbo flexionado, transitivo, cuja valência pede um especificador com forma de SN e um complemento também SN.

Enquanto a construção tiver elementos descritos como valores do traço VAL (valência), ela não estará completa, já que o elemento ainda precisará de algum argumento. O primeiro passo é resolver a parte da valência que diz respeito aos valores de COMPS (complementos). Para isso precisaremos de uma restrição sobre construções do tipo núcleo-complemento. Essa restrição será parecida com a que vimos na figura 6, que licencia as construções de tipo núcleo-especificador.[9]

A figura 9 descreve uma restrição sobre todas as construções de tipo núcleo-complemento, seja qual for o núcleo (verbo, substantivo, preposição etc.). O primeiro traço nos diz que esse tipo de construção tem uma lista vazia como valor da valência de seus complementos (COMPS), ou seja, qualquer elemento do tipo *frase-núcleo-complemento* tem que ter todos os complementos exigidos pelo núcleo da construção já licenciados (encontrados). Em seguida vemos a descrição de seus elementos internos: o núcleo (HEAD-DTR) e os demais elementos (NON-HEAD-DTR).

Figura 9: Princípio de Subcategorização (núcleo-complemento)

$$
\begin{bmatrix}
hd\text{-}comp\text{-}phase\ (frase\text{-}n\acute{u}cleo\text{-}complemento) \\
\text{SYN} \quad \begin{bmatrix} \text{VAL} \begin{bmatrix} \text{COMPS}\langle\rangle \end{bmatrix} \end{bmatrix} \\
\text{HEAD-DTR} \quad \begin{bmatrix} \text{SYN} \begin{bmatrix} palavra \\ \text{VAL} \begin{bmatrix} \text{COMPS}\langle \boxed{1} \rangle \oplus ... \oplus \langle \boxed{n} \rangle \end{bmatrix} \end{bmatrix} \end{bmatrix} \\
\text{NON-HEAD-DTR} \ \langle \begin{bmatrix} \text{SYN}\boxed{1} \end{bmatrix}, ..., \begin{bmatrix} \text{SYN}\boxed{n} \end{bmatrix} \rangle
\end{bmatrix}
$$

Repare também que o núcleo da construção (HEAD-DTR) tem que ser do tipo "palavra". Tal restrição vai garantir que a parte da valência que descreve os *complementos* do núcleo seja resolvida (licenciada) antes da parte da valência que pede o *especificador* (SPR). Isso porque as construções de tipo núcleo-especificador não exigem que seu núcleo seja uma palavra, como vimos na figura 6. Assim, as construções com especificadores podem ter frases (sintagmas) como núcleo, por exemplo um SV (sintagma verbal) em vez de V (verbo). Já as construções núcleo-complemento não poderão ter frases como núcleo, o que vai fazer com que a unificação dos núcleos do tipo "palavra" ocorra primeiro. Outro ponto importante da subcategorização de núcleo-complementos é o valor listado como complemento do núcleo (HEAD-DTR | SYN | VAL | COMPS) ser igual às descrições sintáticas dos demais elementos da construção (as FILHAS não núcleo – non-HEAD-DTR). Repare que esses valores aparecem como uma lista entre os símbolos < >.

Agora que vimos o mecanismo que licencia frases do tipo *núcleo-complemento*, podemos entender como o verbo "lê" vai se combinar com seu complemento "os livros" para formar o sintagma "lê os livros". A figura 10 nos mostra o sintagma verbal formado por uma lista de três palavras <lê, os, livros> (valor de PHON). O elemento descrito na figura é do tipo "frase", cujo núcleo é um verbo (veja a MAV que representa o valor do traço HEAD em SYN).

Figura 10: SV "lê, os, livros"

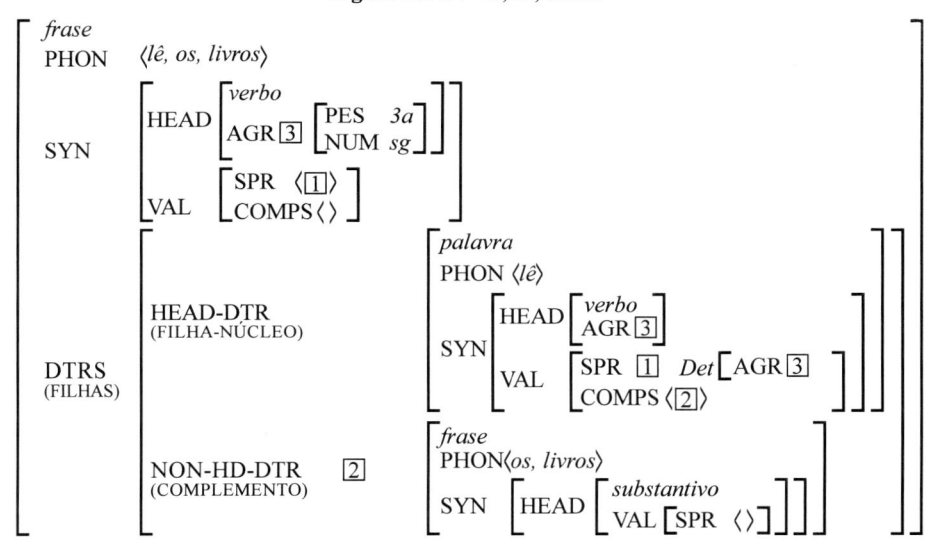

Assim como na figura 7, o valor do traço DTRS (FILHAS) mostra a estrutura sintática da construção, com o verbo "lê" como filha-núcleo da construção e o sintagma nominal "os livros" como seu complemento (filha não núcleo). Repare que na descrição sintática (SYN) do sintagma verbal ainda existe um elemento com o valor de VAL (valência) que corresponde ao especificador da construção. Ou seja, essa construção ainda precisa de um especificador para estar completa. Na figura 11, vemos a oração completa com o sintagma verbal descrito na figura 10 com filha-núcleo (HEAD-DTR) e seu especificador ("a menina") como filha não núcleo (non-hd-DTR). Como nas demais descrições, o valor de PHON vai nos dar a lista de palavras que compõem a construção e o valor de SYN vai descrever as propriedades sintáticas do elemento.

É importante ressaltar algumas opções teóricas por trás desse tipo de descrição. A primeira delas é a de que os itens lexicais que fazem parte da descrição sintática são todos do tipo "palavra". Ou seja, não existem categorias funcionais que operam nas derivações sintáticas. Não discutimos a estrutura do léxico até aqui, porém com o que vimos já é possível notar que os morfemas flexionais são tratados no léxico que precede o licenciamento das estruturas sintáticas. Dessa forma, as palavras, como verbos ou substantivos flexionados, já vêm prontas para a Sintaxe com todas as informações relevantes. A HPSG adota, assim, uma posição às vezes chamada de "lexicalismo forte", em que tanto as palavras derivadas quanto as flexionadas são formadas no léxico a partir de regras (derivacionais e flexionais) que operam sobre lexemas.

Figura 11: Oração: *"A menina lê os livros"*

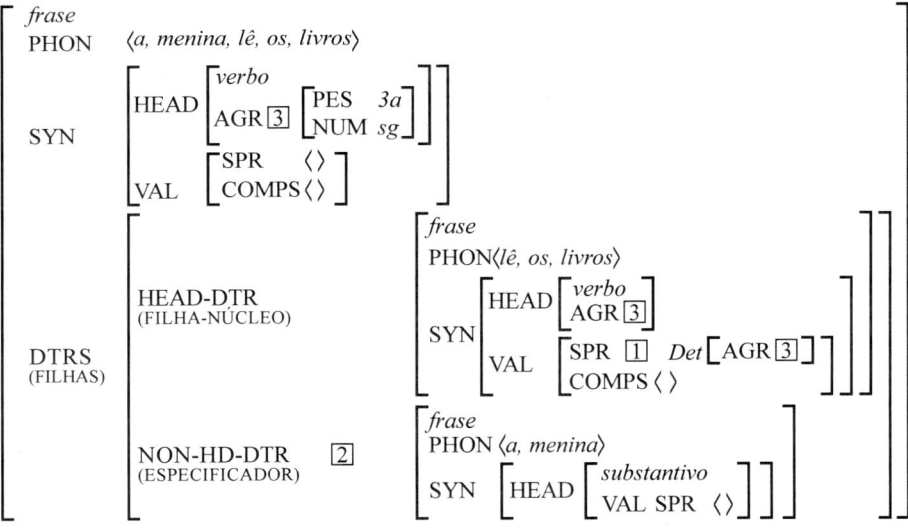

As propriedades sintáticas das construções com núcleos apresentam outro ponto interessante. As figuras 2, 10 e 11 nos mostram que a diferença entre as descrições das propriedades sintáticas do verbo "lê", do SV "lê os livros" e da oração "A menina lê os livros" não está no valor do traço HEAD (núcleo), já que os três elementos têm os mesmos valores básicos para descrever seu núcleo verbal. A diferença está nos valores de VAL (valência), onde o verbo pede um especificador e uma lista de complementos; um SV é uma construção cujo núcleo é um verbo que não precisa mais de complementos (mas que ainda precisa de um especificador), e uma oração é uma construção com um núcleo verbal que não precisa nem de complementos nem de especificador.

Como vimos anteriormente, a concordância entre núcleo e especificador está garantida na descrição dos valores de AGR do verbo usando a mesma etiqueta [3] que o valor de AGR do seu especificador [3]. Como esses dois valores são compartilhados estruturalmente na entrada lexical do verbo, a unificação dos valores de AGR na Sintaxe só poderá ocorrer se respeitar as restrições impostas à entrada lexical do núcleo da construção (nesse caso, o verbo).

Quais são as grandes linhas de investigação?

Um dos pontos de partida para pesquisas com modelos lexicalistas é a natureza da estrutura do léxico. Toda gramática em HPSG tem que ter uma ontologia de tipos que é descrita como uma estrutura hierárquica, onde um subtipo herda todos os traços de seus supertipos. Para entender a estrutura e o papel dessa ontologia, podemos compará-la com outros modelos de tipificação hierárquica que usamos para classificar objetos, como, por exemplo, a taxonomia do reino animal. Vejamos um exemplo (bastante) simplificado da classe dos mamíferos.

Figura 12: Taxonomia (simplificada) dos mamíferos

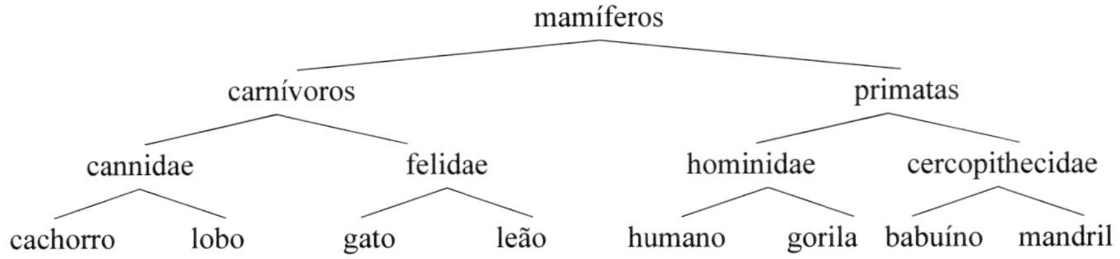

Em nosso exemplo, o supertipo *mamífero* tem dois subtipos (*carnívoros* e *primatas*), que, por sua vez, têm outros subtipos, até chegar ao menor subtipo de nossa classificação que descreve as espécies. Em uma hierarquia de tipos como essa, qualquer atributo (traço) de um supertipo será herdado por seus subtipos. Por exemplo, se dissermos que todos os mamíferos geram filhotes dentro do útero materno, logo todos os humanos, gorilas, gatos, lobos (etc.) também vão gerar filhotes dessa mesma forma. Se estabelecermos que os primatas têm polegares opostos aos demais dedos da mão, tanto gorilas como babuínos e humanos vão ter essa característica. A vantagem de uma tipologia hierarquizada é que não é necessário repetir todos os traços de cada subtipo se conhecemos seus supertipos.

Podemos usar o mesmo mecanismo para apresentar os tipos de objeto linguístico que queremos descrever. Em HPSG, essa ontologia é muito importante, pois ela modela tudo o que existe no mundo (linguístico) que está sendo descrito. Podemos entendê-la como uma declaração explícita de todo o conhecimento linguístico que um falante tem de sua língua. Se um traço ou um valor não aparece na ontologia, ele não poderá ser usado nas descrições dos objetos (signos) linguísticos existentes na língua.

Figura 13: Exemplo de hierarquia de tipos

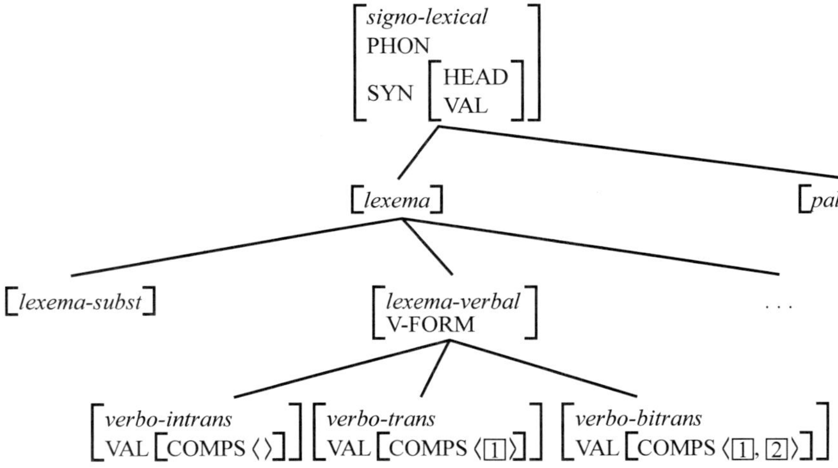

$$
\begin{bmatrix}
\textit{signo-lexical} \\
\text{PHON} \\
\text{SYN} \begin{bmatrix} \text{HEAD} \\ \text{VAL} \end{bmatrix}
\end{bmatrix}
$$

$$\begin{bmatrix}\textit{lexema}\end{bmatrix} \qquad \begin{bmatrix}\textit{palavra}\end{bmatrix}$$

$$\begin{bmatrix}\textit{lexema-subst}\end{bmatrix} \qquad \begin{bmatrix}\textit{lexema-verbal} \\ \text{V-FORM}\end{bmatrix} \qquad \dots$$

$$
\begin{bmatrix}\textit{verbo-intrans} \\ \text{VAL} \begin{bmatrix}\text{COMPS}\ \langle\ \rangle\end{bmatrix}\end{bmatrix}
\begin{bmatrix}\textit{verbo-trans} \\ \text{VAL} \begin{bmatrix}\text{COMPS}\ \langle\boxed{1}\rangle\end{bmatrix}\end{bmatrix}
\begin{bmatrix}\textit{verbo-bitrans} \\ \text{VAL} \begin{bmatrix}\text{COMPS}\ \langle\boxed{1},\boxed{2}\rangle\end{bmatrix}\end{bmatrix}
$$

Vejamos um exemplo (também bastante simplificado) de uma hierarquia de tipos na figura 13. Nesse exemplo, nosso supertipo é um elemento chamado *signo-lexical*. Esse elemento tem dois traços básicos: PHON (que descreve a sequência de sons do signo) e SYN (que descreve a estrutura sintática) com os traços HEAD e VAL. Isso significa que todos os seus subtipos (*lexemas* e *palavras*) também vão ter os mesmos traços. Repare que o tipo *lexema-verbal* tem o traço V-FORM que descreve a forma verbal (infinitivo, particípio, gerúndio, flexionado etc.) e seus subtipos trazem especificações relativas à valência de seus complementos. O tipo *verbo-intransitivo* não pede nenhum complemento; já o *verbo-transitivo* pede um complemento, enquanto o *verbo-bitransitivo* pede dois complementos. Essa hierarquia é muito útil para organizar a informação lexical. Digamos que queremos descrever o lexema de um verbo transitivo como "ver". Por ser um subtipo de *verbo-transitivo*, esse lexema não precisa ser armazenado no léxico com nenhuma das informações existentes nos seus supertipos, como sua valência, por exemplo, já que ele herdará todos os traços de seus supertipos.

A hierarquia de tipos é apenas um dos elementos que reduzem consideravelmente a redundância de informações no nível lexical. As regras de derivação e flexão são outro elemento importante para diminuir a quantidade de informação armazenada nas entradas lexicais. Infelizmente não temos espaço nesta breve introdução para estudar todos os mecanismos descritivos que fazem parte das operações morfológicas a nível lexical. É importante lembrar que, dentro de um modelo lexicalista, quando uma palavra vai para a sintaxe, todos os processos morfológicos já foram computados e as informações lexicais estão completas para licenciar as construções.

Além de pesquisas sobre a natureza lexical, todos os principais fenômenos sintáticos são tratados em HPSG, incluindo dependência de longa distância (chamado de "movimento" em teorias transformacionais), ligamento, alçamento, concordância, padrões de subcategorização etc. No entanto, alguns dos temas mais interessantes a ser estudados são os tratamentos de propriedades linguísticas que envolvem áreas de interface, como a estrutura da informação ou estruturas interrogativas. Em HPSG, as descrições lexicais vão além das suas propriedades sintático-morfológicas, e é bastante comum encontrar descrições que incluam a estrutura semântica, contextual e/ou fonológica dos elementos apresentados. Dessa forma, as descrições com MAVs trazem a interface para dentro do sistema e não existe primazia de nenhum tipo de informação. Por exemplo, a figura 14 apresenta uma adaptação da entrada lexical do pronome "ela" (*she*) apresentado por Pollard e Sag (1994: 20). Nela podemos ver que uma entrada lexical pode ter uma quantidade muito grande de informações sintáticas, semânticas e até contextuais (pragmáticas). Por exemplo, o valor do traço CONTEXT nos diz que o pronome tem que estabelecer uma relação contextual com seu referente que deverá ser instanciado com traços de concordância semelhantes aos do seu índice semântico. Além disso, podemos ver que a concordância poderá ser estabelecida tanto sintática (SYN) quanto semanticamente (sem). Kathol (1999) apresenta vários argumentos a favor de um tratamento sintático-semântico para concordância a fim de resolver casos como o da oração "sua$_{(fem)}$ majestade$_{(fem)}$ suprema$_{(fem)}$ está cansado$_{(masc)}$[10]".

Figura 14: "ela"

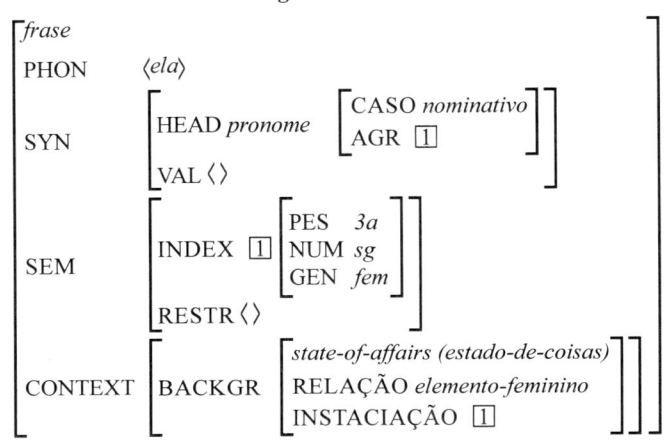

Ao trazer a interface para a descrição dos signos, a HPSG permite que as propriedades semânticas sejam diretamente incorporadas às estruturas descritas. Ou seja, não existe uma forma sintática para mediar a relação entre som e significado. Todas as dimensões do signo estão presentes durante todo o processo de licenciamento das estruturas. Por isso, teorias lexicalistas como a HPSG são bastante atraentes para formalizações semânticas. Além da *Minimum Recursion Semantics,* que é a teoria semântica mais utilizada em HPSG, outras formalizações já foram propostas usando teorias como *Situation Semantics, Glue Semantics* etc.

Outro ponto de reflexão que influenciou diferentes linhas de investigação em teorias lexicalistas é a importância (ou não) da ordem de palavras em uma dada língua para a configuração dos mecanismos descritivos da Sintaxe. Muitas das diferentes versões da Sintaxe Transformacional têm como um de seus principais elementos descritivos as posições sintáticas em diagramas arbóreos. Essas configurações são baseadas em intuições sobre a relevância da ordem de palavras para o licenciamento das estruturas linguísticas. Isso faz muito sentido em línguas como o inglês, que tem uma ordem bastante rígida e na qual, por exemplo, a posição à esquerda do verbo ou substantivo é sempre a do seu especificador. As correlações entre critérios de linearidade de constituintes e outras áreas da gramática levaram a propostas teóricas que justificam, por exemplo, a atribuição de caso e papéis temáticos a "lugares" específicos dentro da estrutura sintática representada por árvores.

Dada a tamanha influência da posição dos constituintes em diferentes versões das teorias transformacionais, poderíamos nos perguntar o que teria acontecido a essas teorias se seus proponentes falassem latim em vez de inglês. Já com as línguas neolatinas é necessário às vezes fazer algumas ginásticas de movimento e criar múltiplos locais de "pouso" com novas projeções funcionais para justificar as diferentes ordens de constituintes. Se estudamos uma língua em que a ordem dos constituintes é bastante (ou totalmente?) livre, como o latim, uma teoria lexicalista que impõe restrições sobre caso, papel temático, foco, tópico (entre outros) a traços que não estão ligados a posições estruturais/arbóreas específicas pode apresentar um ponto de vista diferenciado sobre esses fenômenos. Até que ponto as intuições sobre os diferentes componentes da gramática baseadas em critérios de linearidade e ordem de palavras contribuem e/ou obscurecem o nosso entendimento sobre os fenômenos linguísticos? O conhecimento de teorias sintáticas que põem menos ênfase à estrutura linear e a derivações com movimento pode ajudar o pesquisador a refletir sobre esses temas.

Notas

[1] Para que um modelo seja formalmente gerativo, ele não tem que ser necessariamente transformacional. Gramáticas de estrutura de frase, ou gramáticas livres de contexto, também são modelos gerativos, já que são capazes de gerar sequências gramaticais usando regras de reescrita que operam sobre um determinado léxico.

[2] Ver, a esse respeito, o capítulo "Sintaxe Computacional", neste volume.

[3] Várias das descrições neste texto foram adaptadas e simplificadas para facilitar sua apresentação. Os traços aqui usados foram adaptados (e, em alguns casos, traduzidos) de Sag, Wasow e Bender (2003) e podem ser diferentes dos usados em publicações acadêmicas em HPSG.

[4] Podemos usar transcrições fonéticas como o valor de PHON para sermos mais precisos.

[5] O que Branco e Costa (2012a) chamam de "partilha de estrutura".

[6] Também conhecido como Princípio do Traço do Núcleo, do inglês *Head-Feature Principle* (Branco e Costa, 2012a).

[7] O único lugar na descrição que apresenta a ordem inequívoca do sintagma é a lista que serve de valor para o traço PHON. Por isso, muitos tratamentos formais da linearidade de constituintes em HPSG fazem referência aos valores de PHON.

[8] Existem exceções também para SNS que não têm valores para o traço de gênero, como alguns pronomes e substantivos sem determinantes: *"estudantes* querem a redução no preço das passagens".

[9] Repare que essas restrições estabelecem as relações de dominância dentro dos constituintes.

[10] Para exemplos do uso do mecanismo de concordância sintático-semântica em HPSG para o português brasileiro veja Lawall, Maia e Amaral (2012).

O que eu poderia ler para saber mais?

Branco e Costa (2012a, 2012b e 2012c) fazem uma apresentação de diferentes aspectos da HPSG em português com um enfoque computacional. No texto de Branco e Costa, o leitor pode encontrar uma apresentação mais detalhada e mais fiel no que diz respeito aos traços tradicionalmente usados em HPSG do que os traços traduzidos e adaptados que aparecem neste capítulo. Eles também mostram com maior profundidade a interação entre descrições sintáticas e semânticas, apresentando de forma mais explícita a interface dentro das descrições linguísticas. Existem também alguns trabalhos em português que usam a HPSG como formalismo descritivo, como, por exemplo, Amaral (2001, 2003 e 2005), Pria (2008), Soares e Ribeiro (2011) e Lawall (2014). Para uma introdução ao formalismo em inglês, o leitor pode consultar Sag, Wasow e Bender (2003). Uma rápida introdução seguida de diferentes artigos usando HPSG pode ser encontrada em Levine e Green (1999). Balari e Dini (1998) trazem uma compilação de artigos sobre diferentes aspectos de línguas neolatinas usando HPSG. Kathol (1999) discute a questão de ordem de palavras e constituintes descontínuos, enquanto Levine e Hukari (2006) apresentam um tratamento bastante completo para construções com dependência a distância. Finalmente, uma leitura obrigatória do ponto de vista teórico e histórico é Pollard e Sag (1994). Além disso, os trabalhos apresentados na conferência anual da HPSG podem ser encontrados no *site*: http://web.stanford.edu/group/cslipublications/ cslipublications/HPSG/.

AMARAL, L. *Seleção semântica de complementos verbais em HPSG*: um uso computacional dos verbetes do dicionário gramatical de verbos do português contemporâneo do Brasil. Rio de Janeiro, 2001. Dissertação (Mestrado em Letras) – Departamento de Letras, PUC-Rio.

_____. Um modelo de restrições semântico-selecionais para sistemas de processamento de linguagem natural. *Veredas*, Juiz de Fora, v. 9, pp. 31-45, 2003.

_____. Desafiando a localidade. *Palavra*, Rio de Janeiro, n. 12, pp. 119-32, 2005.

BALARI, S.; DINI, L. *Romance in HPSG*. Stanford: CSLI, 1998.

BRANCO, A.; COSTA, F. HPSG: Arquitectura. In: ALENCAR, L.; OTHERO, G. A. (orgs.). *Abordagens computacionais da teoria da gramática*. Campinas: Mercado de Letras, 2012a, cap. 6.

_____. Representação Sintáctica em HPSG. In: ALENCAR, L.; OTHERO, G. A. (orgs.). *Abordagens Computacionais da teoria da gramática*. Campinas: Mercado de Letras, 2012b, cap. 7.

_____. Representação do significado em HPSG. In: ALENCAR, L.; OTHERO, G. A. (orgs.). *Abordagens Computacionais da teoria da gramática*. Campinas: Mercado de Letras, 2012c, cap. 8.

GAZDAR, G. et al. *Generalized Phrase Structure Grammar*. Oxford: Blackwell/Cambridge-MA: Harvard University Press, 1985.

KATHOL, A. Agreement and the syntax–morphology interface in HPSG. In: LEVINE, R.; GREEN, G. (orgs.). *Readings in Modern Phrase Structure Grammar*. Cambridge: Cambridge University Press, 1999.

LAWALL, R. F. *O Processamento do clítico se incoativo e télico em espanhol como L1 e como L2*. Rio de Janeiro, 2014. Tese (Doutorado) – UFRJ.

LAWALL, R. F.; MAIA, M.; AMARAL, L. Resolução pronominal com antecedentes sobrecomuns e comuns de dois gêneros em português brasileiro como língua materna, língua de herança e como segunda língua. *Revista Linguística*, Rio de Janeiro, 2012.

LEVINE, R.; GREEN, G. *Studies in Contemporary Phrase Structure Grammar*. Cambridge: Cambridge University Press, 1999.

LEVINE, R.; HUKARI, T. *The Unity of Unbounded Dependency Constructions*. Stanford: CSLI, 2006. (CSLI Lecture Notes, 166)

MONTAGUE, R. *Formal Philosophy*. New Haven: Yale University Press, 1974.

PRIA, A. D. A relação entre o desenvolvimento de formalismos gramaticais de base lexicalista e as exigências do pln. *DELTA [on-line]*. v. 24, n. 2, pp. 199-230, 2008. Disponível em: <www.scielo.br/scielo.php?pid=S0102-44502008000200003&script=sci_arttext>. Acesso em: 10 fev. 2015.

POLLARD, C.; SAG, I. *Head-Driven Phrase Structure Grammar*. Stanford: CSLI, 1994.

SAG, I.; WASOW, T.; BENDER, E. *Syntactic Theory*: a Formal Introduction. Stanford: CSLI, 2003.

SOARES, E. C.; RIBEIRO, P. N. O status dos clíticos no português brasileiro: análise de algumas de suas propriedades em HPSG. *ReVEL*, edição especial n. 5, 2011. Disponível em: <http://www.revel.inf.br/files/artigos/revel_esp_5_o_status_dos_cliticos_no_portugues.pdf>. Acesso em: 18 maio 2015.

Sintaxe Computacional

Ronaldo Martins

O que é Sintaxe Computacional?

A Linguística Computacional é um campo de investigação que se constitui em torno de um objetivo geral bastante claro: o de dotar as máquinas de uma inteligência linguística equivalente à dos humanos. Trata-se, em linhas gerais, de construir métodos e dados que permitam à máquina operar atividades linguísticas tais como as de ler textos em voz alta, transcrevê-los, corrigi-los, indexá-los, resumi-los, traduzi-los e simplificá-los, para citar apenas algumas das tarefas para as quais já existem aplicações computacionais disponíveis no mercado.

Como tem por objeto um dispositivo mecânico e não um sujeito falante, a Linguística Computacional é normalmente considerada mais afeita às Ciências da Computação do que à Linguística, da qual vem progressivamente se afastando, e com a qual tem tido recentemente pouco contato. De fato, embora se aproprie de categorias e modelos que se tornaram clássicos na Linguística, a Linguística Computacional tem agenda e compromissos próprios, e compreende hoje um largo espectro de aplicações, que vai do processamento fonético (sistemas de reconhecimento de fala e síntese de voz, por exemplo) ao processamento discursivo (sumarização automática e mineração de opiniões, entre outros).

A Sintaxe Computacional é a parte da Linguística Computacional que se ocupa do processamento sintático das línguas humanas, ou seja, da elaboração, implementação e avaliação de modelos computacionais que permitam à máquina operar com fenômenos como as relações de distribuição (ordem e posição, por exemplo) e de dependência (concordância e regência, entre outros) entre as palavras de uma sentença. Seu principal objetivo é a construção de sistemas de análise sintática automática – também chamada "*parsing*" – e de geração automática de sentenças das línguas humanas.

Neste capítulo, nosso objetivo será, sobretudo, tentar entender o papel das teorias linguísticas no percurso histórico pelo qual os pesquisadores vêm procurando dotar a máquina de uma competência sintática, e que implicações podem ser retiradas, para as ciências da linguagem, dos resultados que vêm sendo obtidos. Começamos, na próxima seção, por delimitar um pouco mais nosso problema de investigação. E partimos, em seguida, para a consideração das respostas que a ele vêm sendo propostas ao longo da história do processamento automático das línguas humanas. Dadas as limitações de espaço, não poderemos apresentar aqui, e mesmo assim de forma talvez excessivamente superficial, senão alguns dos pontos-chave que compõem o acidentado e sinuoso percurso que, um dia talvez, nos leve às máquinas falantes.

O que a Sintaxe Computacional estuda?

A necessidade de um nível sintático de descrição das línguas humanas se revela evidente se consideramos que há pelo menos quatro tipos de relação pertinente para a análise de enunciados como "Incolores ideias verdes dormem furiosamente":[1]

a. Distribuição ou ordem das palavras, ou seja, o fato de que "incolores ideias verdes dormem furiosamente" se diferencia, por exemplo, de "verdes furiosamente dormem incolores ideias", ou "incolores verdes dormem furiosamente ideias";

b. Dependência, ou seja, o fato de que, no enunciado em questão, "incolores" e "verdes" vinculam-se a "ideias" e não a "dormem" ou "furiosamente";

c. Concordância, ou seja, o fato de que o vínculo entre "incolores", "ideias" e "verdes" implica o compartilhamento dos mesmos valores para os mesmos atributos gramaticais (gênero e número); e

d. Regência, ou seja, o fato de que o vínculo entre "dormem" e "furiosamente" não pode ser mediado, por exemplo, por nenhuma preposição.

A tarefa da Sintaxe tem sido exatamente a de descrever esse conhecimento linguístico, seja pela análise de evidência positiva, ou seja, do que o falante diz, seja pela análise de evidência negativa, isto é, do que o falante nunca diz. A Sintaxe Computacional procura fazer o mesmo, mas da perspectiva da máquina; em outras palavras, tendo em vista que essas relações devem ser descritas de forma que possam ser processadas por um dispositivo mecânico. Trata-se, em síntese, de responder a duas perguntas:

a. Que informação sintática é efetivamente necessária para que uma máquina possa processar uma sentença (para que possa corrigi-la, por exemplo, ou para que possa propor uma tradução em outra língua)?

b. Como essa informação sintática deve ser fornecida para que a máquina possa executar a tarefa em tempo razoável e com resultados equivalentes aos produzidos por um humano?

Como se verá a seguir, essas duas perguntas orientam todo o programa de investigação da Sintaxe Computacional, cujas linhas se distinguem exatamente pelas diferentes respostas que oferecem a elas.

Como estudar algum desses fenômenos usando a Sintaxe Computacional?

O principal objetivo da Sintaxe Computacional é construir sistemas capazes de processar automaticamente sentenças das línguas humanas. Existem hoje dois caminhos para isso: o percurso metalinguístico e o percurso epilinguístico. A dicotomia ilustra a intensa disputa que marca a comunidade de pesquisadores em Linguística Computacional entre abordagens simbólicas, baseadas em regras, e abordagens subsimbólicas, baseadas em dados estatísticos. Trata-se, em inúmeros sentidos, da reedição do debate clássico entre cognitivistas e behavioristas sobre o processo de aquisição (agora pela máquina) da linguagem.

O itinerário metalinguístico consiste em dotar a máquina de uma "mente" humanoide, ou seja, busca fazer que a máquina se comporte como um humano, e que faça a análise sintática da mesma forma que nós o fazemos, observando as mesmas estratégias e os mesmos passos. Parte-se aqui do pressuposto de que a metalinguagem técnica é condição necessária e suficiente para o conhecimento linguístico. E investe-se, então, na explicitação e na formalização do comportamento linguístico humano, ou seja, na formulação de uma "gramática".

Do postulado da gramática derivam pelo menos dois axiomas bastante difundidos na teoria linguístico-computacional: o primeiro afirma que é possível formular um conjunto fechado, definitivo, finito de regras gramaticais a um só tempo suficientes e necessárias para a geração de todas e apenas as sentenças de uma determinada língua. Em outras palavras: a sintaxe poderia ser completamente formalizada, e todos os fenômenos sintáticos poderiam ser descritos por referência à gramática. Não haveria, nesse caso, fenômenos sintáticos "irregulares": a irregularidade seria ou resultado da interveniência de outros níveis de análise linguística, ou, quando estritamente sintática, estado (provisório) daquilo para o que não se encontrou ainda uma regra. O segundo axioma prevê que os fenômenos sintáticos podem ser descritos sem referência aos estados anteriores da língua. Ou que o estudo da sintaxe pode ser feito, sem prejuízo de seu poder descritivo, apenas da perspectiva da sincronia. Reconhece-se que a variedade linguística em uso é depositária de uma série de alterações (inclusive sintáticas) da língua ao longo do tempo, mas que o conjunto de regras é, em qualquer momento de sua história, autoconsistente.

Esses axiomas têm presidido as tentativas de construção de gramáticas formais para as línguas humanas. O primeiro, normalmente associado ao poder descritivo do modelo sintático, tem sido utilizado como critério de validação ou de escolha entre gramáticas concorrentes; o segundo tem inspirado a busca por princípios universais, de validade atemporal e interlinguística. No entanto, o consenso em torno da hipótese gramatical raramente extravasa para a especificação da gramática ótima, aquela cujos resultados coincidiriam, ponto por ponto, com as ocorrências sintáticas efetivamente verificáveis para uma dada língua. Multiplicam-se, pois, os formalismos gramaticais, cada um dos quais comprometido com uma determinada agenda teórica e uma classe específica de fenômenos sintáticos que se propõe a descrever. Essa diversidade é particularmente nítida na Linguística Computacional, que se tem caracterizado por uma proliferação de modelos teóricos (DCG, LFG, GPSG, HPSG, TAG, XTAG, FUG, CUG, entre outros[2]) aconselhados, em maior ou menor grau, para esta ou aquela aplicação.

Neste ponto cumpre assinalar que há um dissenso original entre os compromissos da teoria linguística e da teoria linguístico-computacional que não se poderá aqui perder de vista. Para a Linguística Computacional, a gramática deve ser necessariamente definida como um conjunto de regras (ou de instruções) de natureza matemática ou, mais especificamente, algébrica. A Linguística Teórica não tem essa obrigação, e frequentemente afirmará que a gramática das línguas humanas não é redutível à álgebra. A favor desta última hipótese pode ser citada a indeterminação que não raro marca a ocorrência dos fenômenos linguísticos: as expressões linguísticas reais, efetivamente praticadas pela comunidade de falantes, principalmente no registro da fala, são marcadas por hesitações, falsos começos, lapsos de língua, atos falhos, interrupções, sobreposições, ritmo desordenado, silêncios e outros fenômenos marcados quase sempre por alguma imponderabilidade. Mesmo quando higienizadas pelo linguista, através da postulação de um falante-ouvinte ideal, o uso conotativo das expressões linguísticas autorizará extensões de difícil matematização. Principalmente porque a língua não é lógica. Na língua, nem toda tautologia é redundante (*Quero morrer uma morte pacífica*), nem toda contradição é contraditória *(Maria foi e não foi)*, nem toda negação é negação (*Eu não sei nada*), nem sempre mais de um significa plural (*O pessoal foi ao cinema*). A falta de correspondência exata entre a linguagem e o pensamento lógico tem inviabilizado, em inúmeros pontos, o programa da semântica formal, e pode bem ser que a gramática padeça do mesmo mal. Poderia até haver um conjunto de princípios que governaria a produção dos enunciados linguísticos, mas dificilmente a Sintaxe poderia ser circunscrita a um conjunto de regras que partilhariam a natureza determinística das construções algébricas.

No entanto, qualquer abordagem não formal é absolutamente inútil para a máquina, que nada pode fazer a não ser manipular formas. A matematização da linguagem, embora muito possivelmente simplificadora, não se revela produto de uma opção, mas, antes, de uma falta de opção. Se se poderá enquadrar a linguagem a partir dessa perspectiva, ou se teremos antes que aguardar a reformulação da própria máquina, apenas a práxis linguístico-computacional poderá dizer.

Há, porém, outro itinerário que evita, em larga medida, os dilemas envolvidos na elaboração de gramáticas formais para as línguas humanas. Trata-se do percurso epilinguístico, que vem ocupando cada vez mais espaço na Linguística Computacional. Não se busca, então, construir uma gramática, mas dotar a máquina de um algoritmo de aprendizagem que possa operar generalizações a partir de estímulos linguísticos. Esse percurso aposta na emergência do conhecimento linguístico a partir do uso da linguagem. Investe-se na elaboração de algoritmos genéticos e na anotação de material linguístico, ou seja, na indução, pela máquina, do comportamento do anotador humano. No entanto, este é o epílogo de uma história que começa muito antes, e que será importante aqui retomar.

Poderia me dar um exemplo?

Ao longo da ainda curta história do processamento automático das línguas humanas, foram muitas as tentativas de formulação de modelos sintáticos computacionais. Nesta seção, recuperamos, a título de ilustração, o modelo dos sistemas de tradução automática dos anos 1960, que foram profundamente influenciados pelo desenvolvimento da Linguística Gerativa e da gramática transformacional. Nesse período, a tradução era realizada em duas etapas: a análise sintática automática da sentença da língua de partida, a partir de uma gramática monolíngue; e a transferência da estrutura sintática da língua de partida para a língua de chegada, por meio de uma gramática de transferência.

A gramática monolíngue correspondia principalmente ao componente de base da teoria gerativa tal como formulada por Chomsky (1957). Trata-se da gramática de constituintes imediatos, formalmente definida pela quádrupla <T,N,P,S>, em que T representa o vocabulário terminal (as palavras da língua); N, o vocabulário não terminal (as categorias funcionais e as categorias lexicais da língua); P, o conjunto de regras de produção (ou regras de reescrita categorial); e S, o símbolo inicial, membro de N. Do ponto de vista prático, o formalismo conduz à representação de sentenças como estruturas arbóreas invertidas, que têm o símbolo inicial como raiz, as categorias lexicais e funcionais como ramos, e o vocabulário da língua como folhas, cuja distribuição superficial seria resultado de transformações que se aplicariam sobre a estrutura profunda.

A configuração das regras de produção das gramáticas de constituintes governaria, segundo Chomsky (1959), seu poder descritivo. O autor estabelece uma hierarquia de gramáticas a partir do número e da natureza de símbolos que ocupam as posições das regras de produção. Seriam quatro as variações possíveis das gramáticas de constituintes:

- Gramáticas do tipo 3, ou gramáticas regulares, também chamadas gramáticas de estados finitos, cujas regras são do tipo: <A> :: = <B>t | t<B> | t, em que <A> e <B> são símbolos não terminais, e t é um símbolo terminal;
- Gramáticas do tipo 2, ou gramáticas livres de contexto, cujas regras obedecem à sintaxe <A> :: = x, em que x pode ou não ser um símbolo terminal;
- Gramáticas do tipo 1, ou gramáticas sensíveis ao contexto, cujas regras são da forma x ::= y, em que o comprimento de y é maior ou igual ao comprimento de x;
- Gramáticas do tipo 0, ou gramáticas irrestritas, cujas regras não seguem qualquer padrão.

Segundo Chomsky, as gramáticas de tipo 0 serviriam à descrição de qualquer (tipo de) língua, mas seu excessivo poder gerativo seria de pouca utilidade na compreensão dos fenômenos linguísticos, porque estariam contempladas, na gramática, mesmo sentenças que não pertencem à língua que se pretende descrever. Para evitar a sobregeração, a maior parte dos sistemas utilizava gramáticas livres de contexto, como na figura 1 a seguir:

Figura 1: Representação esquemática, em BNF, de gramática livre de contexto
capaz de gerar apenas as sentenças: "Incolores ideias verdes dormem furiosamente"
e "Verdes ideias incolores dormem furiosamente"

Regras de reescrita categorial
    <S> ::= <NP,3PP> <VP,3PP>
    <VP,3PP> ::= <V,3PP> <AdvP>
    <NP,3PP> ::= <AdjP,FEM,PLR><N,FEM,PLR><AdjP,FEM,PLR>
    <AdjP,FEM,PLR> ::= <Adj,FEM,PLR>
    <AdvP> ::= <Adv>

Regras de inserção lexical
    <V,3PP> ::= dormem
    <N,FEM,PLR> ::= ideias
    <Adj,FEM,PLR> ::= incolores | verdes
    <Adv> ::= furiosamente

Gramáticas como a ilustrada anteriormente ofereciam um poderoso instrumento de representação dos fatos sintáticos – como a distribuição, a dependência, a concordância e a regência – que se julgava essencial para o processamento automático das línguas humanas. E serviram de base para a construção do módulo sintático dos tradutores automáticos, que operavam em movimento descendente recursivo – do símbolo inicial até os símbolos terminais – e de forma determinística, ou seja, provendo uma única árvore sintática para cada sentença de entrada.

A estrutura resultante da análise sintática era então transferida para a língua de chegada por meio da gramática de transferência, que acompanhava em linhas gerais o formato do componente transformacional, tal como proposto por Chomsky (1957, 1965).

Figura 2: Representação de gramática de transferência necessária para transformar "Incolores ideias verdes dormem furiosamente" em *"Colorless green ideas sleep furiously"*

Regras de transformação
    <AdjP,1><N><AdjP,2> → <AdjP,1><AdjP,2><N>
    dormem → sleep
    ideias → idea
    incolores → colorless
    verde → green
    dormem → sleep
    furiosamente → furiously

Embora fornecesse o formalismo necessário para a análise sintática e para a conversão entre estruturas sintáticas diferentes na língua de partida e na língua de chegada, a gramática transformacional, tal como formulada nos anos 1960, terminaria por se revelar insuficiente para lidar com fenômenos associados ao nível lexical. Considerem-se, como exemplo, os casos de ambiguidade semântica, de divergência categorial e de divergência configuracional entre o português e o inglês reportados a seguir:

a. "esperar" → "to hope" | "to wait" | "to expect" (ambiguidade semântica)
b. "com fome" → "hungry" (divergência categorial: a mesma informação é representada por diferentes categorias gramaticais)
c. "dar facadas" → "to stab" (divergência configuracional: a mesma informação é representada por meio de diferentes configurações sintáticas)

As chamadas divergências de tradução – de natureza idiossincrática, mas extremamente frequentes e estratégicas para o desenvolvimento de sistemas de tradução automática – escapam ao alcance da hipótese transformacional, na medida em que não podem ser convenientemente previstas por nenhum dos subcomponentes do modelo, cujo léxico constituía então apenas uma lista isolada de palavras, sem estrutura interna ou quadro de subcategorização.

É importante salientar que a própria teoria da gramática de Chomsky viria a encampar, pouco mais tarde, um componente lexical mais bem desenvolvido, mas ao custo do "realismo computacional" do modelo de 1965. Por esse motivo, as inovações empreendidas ao longo dos anos 1970, como a teoria temática, a teoria do caso, a teoria da regência, a teoria da ligação e a teoria X-barra, tiveram pouca repercussão sobre os sistemas de processamento automático das línguas humanas.

Observa-se, então, um progressivo descolamento entre as duas comunidades de investigação – da Linguística Teórica e da Linguística Computacional – derivado principalmente dos diferentes compromissos epistêmicos verificados em cada lado. O distanciamento torna-se ainda maior com a crise por que passa o domínio da Linguística Computacional nos anos 1970, prejudicado pela expressiva redução de investimentos e do número de pesquisadores, como consequência da frustração generalizada com os resultados dos sistemas de tradução automática então disponíveis.

Quais são as grandes linhas de investigação?

Os anos 1980 se caracterizaram por uma revisão radical dos objetivos, dos métodos e do campo de investigação da Linguística Computacional. Com a popularização dos computadores pessoais, a tradução deixou de ser a principal aplicação explorada e passou a competir com outros sistemas, como os de reconhecimento de voz, de síntese de fala, de recuperação de informações, de correção ortográfica e de revisão gramatical, entre outros. O paradigma substitutivo também cedeu lugar ao acelerativo: em lugar de substituir o falante, os sistemas procuravam auxiliar e melhorar o desempenho do usuário humano, mecanizando tarefas linguísticas consideradas mais simples e repetitivas. Por fim, além de dicionários e gramáticas, os sistemas passaram a contar também com repositórios adicionais, como ontologias, bases de conhecimento e memórias de tradução, numa indicação clara de que o processamento linguístico envolve bem mais do que linguagem.

Do ponto de vista dos formalismos sintáticos, a principal inovação foi o surgimento das gramáticas de unificação, de forte orientação lexicalista, que fragilizaram a hegemonia da teoria gerativo-transformacional. Da gramática transformacional, mantinham o componente gerativo, ou seja, a análise em constituintes, mas recusavam o componente transformacional, em que as estruturas gramaticais eram descritas em termos de operações de deslocamento de estruturas subjacentes. Eram, pois, abordagens não derivacionais que rejeitavam a oposição entre estrutura profunda e estrutura superficial:[3] havia apenas uma estrutura gerada pela "unificação" das restrições e valências inscritas nos próprios itens lexicais.

O léxico torna-se, assim, componente essencial da gramática. As entradas lexicais passam a ser descritas como estruturas complexas de traços, que compreendem não apenas informação categorial, mas também o quadro de subcategorização e de seleção dos itens lexicais. Os traços categoriais referem-se a propriedades intrínsecas dos itens lexicais, ou seja, aquelas não relacionadas ao contexto de ocorrência. Representam categorias fonéticas (a própria realização sonora do item lexical), morfológicas (gênero, número etc.), sintáticas (classe gramatical) e semânticas (grau de abstração, cardinalidade etc.), normalmente informadas como pares de atributo-valor ([+animado] ou [-animado], [+contável] ou [-contável]). Os traços de subcategorização e de seleção referem-se a propriedades extrínsecas, relacionadas à distribuição dos itens lexicais no sintagma. Especificam, respectivamente, os contextos categoriais em que o item lexical pode ocorrer, e os traços categoriais que os ocupantes desses contextos devem ter.

O verbo "dormem", por exemplo, pode ser expresso por meio da seguinte matriz de atributo-valor em HPSG:

Figura 3: Representação do verbo "dormem" em HPSG

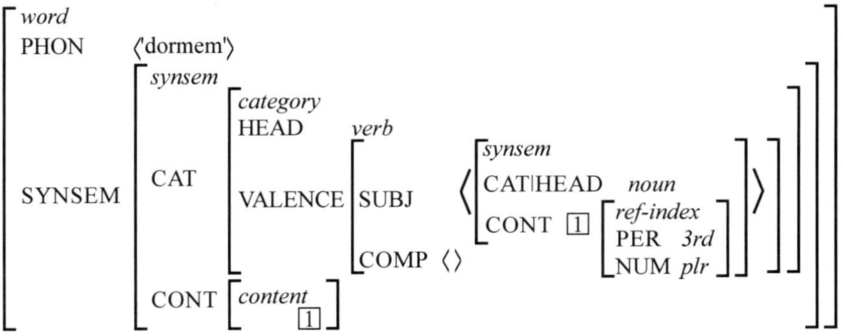

Observa-se, no exemplo, que as possibilidades de realização sintática do verbo estão previstas na própria entrada de dicionário. O mesmo ocorre com todos os demais itens lexicais. O léxico não é, pois, gerado, por meio de regras de inserção lexical, a partir do resultado produzido pelas regras de reescrita categorial; a própria sentença é produzida a partir das possibilidades combinatórias definidas no léxico, ou seja, por meio da unificação das entradas lexicais. Como consequência, as regras gramaticais passam a ser lexicalmente regidas, e o léxico torna-se uma unidade de controle da boa formação das sentenças geradas pelo modelo.[4]

As diferenças nos formatos de representação lexical e nos mecanismos de unificação definem as particularidades dos vários formalismos, que são muitos, entre os quais: *Lexical-Functional Grammar*, ou LFG (Bresnan, 1982); *Functional Unification Grammar*, FUG (Kay, 1984); *Generalized Phrase Structure Grammar*, ou GPSG (Gazdar et al., 1985); *Categorial Unification Grammar*, ou CUG (Uszkoreit, 1986); *Tree Adjoining Grammar*, ou TAG (Joshi, 1987); *Head-Driven Phrase Structure Grammar*, ou HPSG (Pollard, 1994).

Embora tenham mantido o compromisso com o rigor formal, as gramáticas de unificação terminaram por sobrecarregar o trabalho lexicográfico e inviabilizaram-se como alternativa robusta para o processamento automático das línguas humanas. A necessidade de incorporação, ao léxico, de todo o complexo de traços previstos pelos formalismos de unificação terminou por se revelar pouco realista, embora tenham inspirado inúmeros *parsers* de uso experimental.[5]

Os anos 2000 trouxeram uma verdadeira revolução paradigmática nos modelos de desenvolvimento do processamento automático das línguas humanas. Beneficiado pelo desenvolvimento e pelo barateamento da tecnologia e pelo aumento extraordinário de informação disponível em formato digital, principalmente a partir da disseminação da internet, o campo da Linguística Computacional se pulverizou ainda mais e passou a contemplar, além das tarefas tradicionais, sistemas ligados à recuperação e ao processamento de informação em gigantescos repositórios textuais, que passaram a subsidiar também a então emergente Linguística de Corpus.

A maior disponibilidade de dados linguísticos em meio eletrônico e a baixo custo favoreceu o desenvolvimento de abordagens estatísticas que procuravam induzir o conhecimento metalinguístico em lugar de descrevê-lo manualmente. O trabalho do sintaticista computacional se deslocou, então, da elaboração artesanal de gramáticas, fortemente inspirada pela intuição do falante, para a anotação sintática de sentenças provenientes de diversas coleções de textos. Como resultado, produziram-se inúmeros *corpora* de árvores sintáticas, as chamadas *tree banks*, de que a Penn Treebank, desenvolvida na Universidade da Pensilvânia (EUA) a partir ainda dos anos 1990, constitui o exemplo mais notável.

À medida que os *corpora* se tornaram estatisticamente relevantes, o resultado do trabalho de anotação, que originariamente servia apenas à avaliação do desempenho de *parsers* artesanais, passou progressivamente a servir também de *corpus* de treinamento para sistemas baseados em aprendizagem de máquina, e começaram a surgir os primeiros *parsers* estatísticos, que já não dependiam da explicitação de regras.

A aprendizagem de máquina provoca, então, uma ruptura importante. A gramática é substituída por um princípio de anotação dos dados linguísticos e desaparece como componente do sistema computacional. O objetivo dos sistemas de processamento sintático permanece o mesmo: prover, para uma determinada sentença de entrada, uma árvore sintática de saída. No entanto, o método é agora completamente outro: entre a sentença de entrada e a árvore de saída não há mais nenhuma gramática reconhecível como tal; há apenas um conjunto de instruções adquiridas automaticamente pela máquina que, extremamente numerosas e sem nenhuma vinculação orgânica com qualquer formalismo gramatical, não possui nenhuma validade metalinguística.

É importante enfatizar que *parsers* estatísticos não "induzem" gramáticas, no sentido de produzir, após o período de treinamento, um conjunto formal e exteriorizável de regras capaz de descrever e prever o comportamento sintático dos enunciados linguísticos. *Parsers* estatísticos aprendem a analisar sentenças, e só. São caixas-pretas. O conhecimento que "aprendem" não é declarativo, público, interpretável, mas estritamente procedural, e em nada ilumina a organização sintática das línguas humanas. Sabemos qual é o ponto de partida (a sentença) e o de chegada (a árvore), mas o intervalo entre um e outro continua tão opaco quanto o é quando observamos um falante humano desenvolver a mesma tarefa. Pode-se, evidentemente, solicitar ao *parser* que explicite cada um dos pontos de decisão por que passou; mas são tantos, tão específicos e tão arbitrários que não nos serviriam de nada.

Trata-se, efetivamente, de uma ruptura: nada se aproveita, para os estudos da linguagem, de *parsers* estatísticos. O conhecimento que ali se elabora, sendo puramente epilinguístico, não nos informa sobre como a língua é ou como ela funciona. É um novo behaviorismo. Fornecemos, à máquina, estímulos linguísticos (o *corpus* de treino) e uma regra de aprendizagem; e obtemos sistemas que produzem resultados aproximados. A máquina, porém, estranhamente descolada do homem, desenvolve suas próprias estratégias de aquisição de habilidades linguísticas. O conhecimento metalinguístico, da forma como o conhecemos, ou seja, como conhecimento sobre a linguagem, não encontra ali nenhum lugar. Na verdade, nenhuma das categorias descritivas divisadas pelos estudos da linguagem tem ali validade. As categorias sintáticas utilizadas são apenas etiquetas que colamos aos dados linguísticos no período de treinamento e que passam a ser reproduzidas, de forma equivalente, quando do funcionamento do sistema. Para a máquina, nada mais são do que cadeias de caracteres sem nenhum sentido.

Reduzida a princípio de anotação do *corpus* de treinamento, a teoria sintática sofrerá ainda uma ruptura adicional, provocada, em larga medida, pela crescente participação, na última década, de *corpora* de fala. A anotação sintática de dados de fala é consideravelmente mais complexa do que a de textos escritos. Envolve não apenas as decisões relativas às estratégias de transcrição e de representação de fenômenos fonéticos com repercussões sintáticas, mas o trabalho com falsos começos, hesitações, truncamentos, interrupções, silêncios e sobreposições. A principal consequência é que vêm sendo privilegiadas anotações parciais, evidenciadas no desenvolvimento de "*chunk parsers*" e "*shallow parsers*", utilizados, por exemplo, nos domínios de reconhecimento de voz e da síntese de fala, respectivamente.

Os "*chunk parsers*" buscam analisar apenas partes da sentença sem se preocupar em como se articulam aos demais constituintes. Não há, aqui, nenhum interesse pela estrutura do símbolo inicial S, mas apenas por constituintes determinados. Os "*shallow parsers*", por outro lado, buscam apenas reconhecer fronteiras entre constituintes sintáticos, sem interesse em sua análise estrutural. Trata-se, por exemplo, de identificar o sujeito e o predicado, sem que a análise enverede pela estrutura interna de um e de outro, desnecessária, por exemplo, para marcação de fronteiras prosódicas. Em ambos os casos, o processamento sintático automático, sendo parcial e incompleto, produziria resultados melhores.

A aparente desorganização sintática dos dados de fala tem conduzido também ao progressivo abandono da gramática de constituintes. A hipótese aqui subjacente é a de que a análise em constituintes imediatos é excessivamente idealista, no sentido de que faz com que o processamento linguístico dependa de dados completos. Nesse caso, tem havido forte inclinação, ainda que recente, pelas gramáticas de dependência, que, operando em um nível menor de profundidade, seriam mais adequadas à representação de estruturas fragmentadas.

As gramáticas de dependência, derivadas dos trabalhos de Lucien Tesnière, e menos marcadas pelo conceito de boa formação sintática, priorizam relações interlexicais em detrimento de relações entre constituintes. Assim, a sentença é descrita por meio de uma série de relações binárias orientadas que tomam normalmente o verbo como raiz, como indicado a seguir:

Figura 4: Representação linear das dependências em "Incolores ideias verdes dormem furiosamente" segundo as categorias previstas no *Stanford Dependencies Manual* (Marneffe e Manning, 2008)

```
nn(ideias, incolores)
nn(ideias, verdes)
nsuj(dormem, ideias)
advmod(dormem, furiosamente)
```

A indisponibilidade de toda a estrutura sintática é, pois, bem menos dramática para a gramática de dependências do que o é para a gramática de constituintes. Somada à simplicidade da análise – que acelera o processo de anotação sintática e homogeneíza o comportamento dos anotadores humanos –, a adequabilidade da gramática de dependências a dados linguísticos "corrompidos" vem sendo interpretada como prova de robustez e melhor ajustamento a situações de uso real da língua e, portanto, ao processamento automático das línguas humanas.

No momento em que este texto é produzido, praticamente todos os *parsers* sintáticos robustos utilizados no processamento automático de língua natural são de natureza estatística. O mais conhecido é, sem dúvida, o Stanford Parser[6] (Klein e Manning, 2003), desenvolvido na Universidade de Stanford. São também largamente empregados os de Charniak (2000), Bikel (2004) e Berkeley (Petrov et al., 2006). Trata-se de ferramentas continuamente aperfeiçoadas que proveem análise de constituintes com medida F (que combina abrangência e precisão) entre 84.2 a 91.7. É uma taxa de acertos que ultrapassa, em média, os 90%. As gramáticas de dependência também vêm inspirando inúmeros *parsers*, novamente de base estatística, como MSTParser (McDonald et al., 2005) e o MaltParser (Nivre et al., 2007), com resultados aproximados, mas muito mais rápidos.

Em toda parte, desde a segunda metade dos anos 2000, os sistemas baseados em regras começaram a ser substituídos por sistemas de base estatística, que se revelaram capazes de produzir resultados melhores e menos dispendiosos, em muito menos tempo. Neste sentido, a Linguística e os linguistas têm se tornado menos importantes no desenvolvimento de sistemas que mecanizam habilidades linguísticas e têm seu papel circunscrito à preparação dos *corpora* a partir dos quais os sistemas são treinados.

Pode-se evidentemente argumentar que a abordagem tem fragilidades evidentes. Que a máquina analisa a linguagem sem entender. Que é, na verdade, uma caricatura de falante. E que estará condenada, por isso, a sucessos que seriam antes acidentais. E o estado da arte prova, com efeito, que estamos ainda distantes de que o desempenho da máquina possa ser ainda confundido com o do humano. A questão é saber se esse mau desempenho é necessário ou contingente. Se se trata de uma limitação episódica, que será superada com o tempo, com a incorporação de novos dados e o aprimoramento das técnicas utilizadas; ou se se trata de uma limitação orgânica e, por isso, insuperável, derivada das diferenças inconciliáveis entre o desempenho do homem e o da máquina.

O problema, porém, é que o modelo automático de aprendizagem apenas se tornou viável muito recentemente, com o desenvolvimento das tecnologias da informação e da linguagem, que se intensificou, principalmente, na última década. Os modelos de aprendizagem, intensivamente dependentes de grandes repositórios de dados e de recursos computacionais (memória e capacidade de processamento) robustos, tiveram de aguardar pela popularização de computadores mais potentes e pela disponibilização de grandes *corpora* para que se pudessem analisar seus resultados. Enquanto esses recursos não estiveram disponíveis, não havia alternativa senão a representação, para a máquina, do que julgamos saber sobre a linguagem. Agora temos à disposição um conjunto incrivelmente extenso de documentos dos quais se podem extrair automaticamente padrões. E esse conjunto vem aumentando de forma exponencial.

Subsiste, é fato, a crítica de que os sistemas de base estatística não seriam capazes de operar com a produtividade da linguagem. Nos sistemas tradicionais, a máquina é incapaz da inovação. A aprendizagem ocorre apenas uma vez: quando representamos, para a máquina, o conhecimento que temos sobre a linguagem, ou quando a treinamos para um determinado *corpus*. A partir desse momento inaugural de aquisição, a máquina já não mais aprende, e repete-se todo o tempo.

No entanto, é preciso considerar que hoje os modelos de aprendizagem vêm se tornando mais dinâmicos e menos supervisionados. Em muitos casos, observa-se já uma aprendizagem "incremental": a máquina continua a aprender, mesmo após seu período inicial de treinamento, e passa a incorporar o resultado das interações com o usuário. Evidentemente, todo o processo tem base estatística, em que a frequência de ocorrência desempenha um papel importante. Dessa forma, uma única alteração não será suficiente para que os resultados possam ser alterados significativamente; mas as variadas intervenções da comunidade de usuários, que não é pequena, tendem a promover o contínuo, embora lento, aperfeiçoamento dos sistemas.

O relativo sucesso desses sistemas – quando comparados, evidentemente, aos sistemas que procuram incorporar operadores metalinguísticos – parece reforçar a tese de que o domínio de uma língua não depende do domínio de uma metalinguagem técnica, ou de que o conhecimento linguístico e o conhecimento metalinguístico correspondem, de fato, a competências cognitivas diferentes. Assim, como os humanos não precisam do conceito de fone ou fonema para produzir fones e fonemas, também a máquina, quando dotada de um algoritmo de aprendizagem, demonstra não necessitar do conceito de constituinte para realizar uma análise de constituintes, se entendermos que a análise sintática envolve, necessariamente, o reconhecimento de constituintes. Isso não significa, obviamente, que o conhecimento sobre a linguagem não desempenhe nenhum papel no comportamento linguístico. Sabemos que a máquina apenas consegue aprender a partir de juízos sobre a linguagem, como os que fazemos quando a informamos, durante o período de treinamento, que determinado constituinte é um sintagma nominal. Sem esse ponto de partida, não há o que aprender e, por consequência, como a máquina aprender a fazer a análise sintática. Esse conhecimento, porém, é de natureza sobretudo epilinguística e não envolve a sistematização ou a formalização de um saber muito sofisticado sobre a linguagem. Trata-se, em certa medida, do mesmo tipo de saber espontâneo a que a criança é exposta durante o período de aquisição de linguagem, e que também é caracterizado por estímulos negativos (como as correções) e positivos (repetições e exemplificações, por exemplo).

O fato é que o saber metalinguístico – aquele do qual se diz que expande nossa consciência da linguagem e, por extensão, aperfeiçoa nosso desempenho linguístico (e que será a principal razão de sua escolarização, por exemplo) – tem-se tornado cada vez menos utilizado nos sistemas de processamento automático da língua natural. No entanto, ainda é demasiado cedo para avaliar se se tornará efetivamente dispensável para que possamos ensinar as máquinas a falar.

Notas

1 Os fatos sintáticos apresentados não se pretendem exaustivos e figuram aqui apenas como ilustração da pertinência de um nível de descrição sintática. Em outros contextos, outras relações também podem se revelar necessárias, como, por exemplo, o caso e a ligação.

2 Escapa ao objetivo deste texto a apresentação detalhada de todos esses modelos. Alguns deles, como LFG, GPSG e HPSG são explorados no capítulo sobre "Sintaxe Lexical", publicado neste volume.

3 Sobre esses dois níveis de análise, veja-se "Sintaxe Gerativa" e "Sintaxe Minimalista", neste volume.

4 Veja mais no capítulo "Sintaxe Lexical" neste volume.

5 Salientem-se, entre os principais *parsers* desenvolvidos para gramáticas de unificação: XTAG, desenvolvido NA Universidade da Pensilvânia e usado para TAG (disponível em: <http://www.cis.upenn.edu/~xtag/>); LKB, desenvolvido a Universidade de Oslo (disponível em: <http://moin.delph-in.net/LkbTop>), e PET, desenvolvido na Universidade de Stanford (disponível em: <http://hpsg.stanford.edu/>), ambos usados para HPSG.

6 Disponível em: http://nlp.stanford.edu/software/lex-parser.shtml. Acesso em: 10 fev. 2015.

O que eu poderia ler para saber mais?

A bibliografia sobre Sintaxe Computacional é praticamente inexistente em português, e as principais referências estão em língua inglesa. Uma boa introdução ao domínio pode ser encontrada em Jurafsky e James (2000), ou em Clark, Fox e Lappin (2010). A *Association for Computational Linguistics* (ACL) mantém um grupo especial de interesse sobre *parsing* (SIGPARSE) que é o principal celeiro das publicações no domínio. Salientem-se, principalmente: Bunt, Merlo e Nivre (2010) e Bunt, Carroll e Satta (2004). Publicações mais recentes podem ser encontradas nos principais periódicos da área: *Computational Linguistics* (disponível em: http://www.mitpressjournals.org/loi/coli), *Transactions of the Association for Computational Linguistics* (disponível em: http://www.transacl.org/) e *Natural Language Engineering* (disponível em: http://journals.cambridge.

org/action/displayJournal?jid=NLE). Outra referência importante são os anais dos principais eventos, principalmente ACL (Association for Computational Linguistics), CoLing (Computational Linguistics), LREC (Language Resources European Conference), EMNLP (Empirical Methods in Natural Language Processing), NAACL (North American Chapter of the Association for Computational Linguistics) e EACL (European Chapter of the Association for Computational Linguistics).

BIKEL, Daniel. A distributional analysis of a lexicalized statistical parsing model. In: *Proceedings of the conference on empirical methods in natural language processing* (EMNLP). Philadelphia: University of Pennsylvania, 2004.

BRESNAN, J. (ed.). *The mental representation of grammatical relations*. Cambridge: MIT Press, 1982.

BUNT, H.; CARROLL, J.; SATTA, G. (eds.). *New developments in parsing technology*. Dordrecht/Boston/London: Kluwer, 2004.

BUNT, H.; MERLO, P; NIVRE, J. (eds.). *Trends in parsing technology*: dependency parsing, domain adaptation, and deep parsing. Dordrecht, Heidelberg/London/New York: Springer, 2010.

CHARNIAK, Eugene. A maximum-entropy-inspired parser. In: *Proceedings of the 1st North American chapter of the Association for Computational Linguistics conference*. Association for Computational Linguistics, 2000.

CHOMSKY, N. *Aspects of the theory of syntax*. Cambridge: MIT Press, 1995[1965].

_____. On certain formal properties of grammars. *Information and Control*, v. 2, 1959.

_____. *Syntactic Structures*. Paris: Mouton, 1976[1957].

CLARK, Alexander; FOX, Chris; LAPPIN, Shalom (ed.). *The handbook of computational linguistics and natural language processing*. Malden, MA: John Wiley & Sons, 2010.

GAZDAR, G. et al. *Generalized phrase structure grammar*. Cambridge: Harvard University Press, 1985.

JOSHI, Aravind K. An introduction to tree adjoining grammars. *Mathematics of language*, v. 1, pp. 87-115, 1987.

JURAFSKY, Daniel; JAMES, H. *Speech and language processing an introduction to natural language processing, computational linguistics, and speech*, 2000.

KAY, Martin. Functional unification grammar: a formalism for machine translation. In: *Proceedings of the 10th International Conference on Computational Linguistics*. Association for Computational Linguistics, 1984.

KLEIN, Dan; MANNING, Christopher D. Accurate unlexicalized parsing. In: *Proceedings of the 41st Annual Meeting on Association for Computational Linguistics-Volume 1*. Association for Computational Linguistics, 2003.

MCDONALD, Ryan et al. Non-projective dependency parsing using spanning tree algorithms. In: *Proceedings of the conference on Human Language Technology and Empirical Methods in Natural Language Processing*. Association for Computational Linguistics, 2005.

MARNEFFE, Marie-Catherine de; MANNING, Christopher D. *Stanford typed dependencies manual*. Disponível em: <http://nlp. stanford. edu/software/dependencies manual.pdf>. Acesso em: 20 nov. 2014.

NIVRE, Joakim et al. MaltParser: A language-independent system for data-driven dependency parsing. *Natural language engineering*, v. 13, n. 2, pp. 95-135, 2007.

PETROV, Slav et al. Learning accurate, compact, and interpretable tree annotation. In: *Proceedings of the 21st International Conference on Computational Linguistics and the 44th annual meeting of the Association for Computational Linguistics*. Association for Computational Linguistics, 2006.

POLLARD, Carl. *Head-driven phrase structure grammar*. Chicago: University of Chicago Press, 1994.

USZKOREIT, Hans. Categorial unification grammars. *Proceedings of the 11th conference on Computational linguistics. Association for Computational Linguistics*, 1986.

Sintaxe Funcional

Ivo Rosário

O que é Sintaxe Funcional?

O século xx foi marcado de maneira muito acentuada pelas correntes estruturalista e gerativista, tendo em Saussure e em Chomsky, respectivamente, seus maiores representantes. Os trabalhos de ambos costumam ser abrigados sob o rótulo geral de *formalismo*, visto que a estrutura ou *forma* linguística constitui o centro dos estudos oriundos dessas correntes teóricas.

Essa hegemonia, nas últimas décadas, começou a ceder espaço para outras linhas de pesquisa, especialmente porque estruturalistas e gerativistas tipicamente não conferiam o devido valor e importância aos sentidos e usos da língua. Diversos linguistas passaram, a partir de então, a reclamar maior atenção para estudos realizados pelo viés semântico e pragmático.

Assim, a partir da década de 70 do século xx, tem início a divulgação do chamado paradigma funcionalista. Nesse contexto, uma das mais importantes obras é *From Discourse to Syntax: Grammar as a processing strategy,*[1] de Talmy Givón, escrito em 1979. Essa obra é um grande marco nos estudos sintáticos funcionalistas.

Por meio de pesquisas envolvendo dados de línguas em situação real de uso, o autor apresenta uma investigação que relaciona Discurso e Sintaxe e conclui que a Sintaxe das línguas humanas existe em razão das funções que a estrutura desempenha. Em outras palavras, a Sintaxe estaria a serviço do discurso e da pragmática, e não seria uma entidade autônoma como defendiam estruturalistas e defendem até hoje gerativistas. Desde então, todo trabalho realizado em Linguística funcional necessariamente tem considerado esse binômio (*Discurso e Sintaxe*).

Quanto às origens dessa linha teórica, Cunha, Oliveira e Martelotta (2003: 23-24) afirmam:

> O termo *funcionalismo* ganhou força nos Estados Unidos a partir da década de 1970, passando a servir de rótulo para o trabalho de linguistas como Sandra Thompson, Paul Hopper e Talmy Givón, que passaram a advogar uma linguística baseada no uso, cuja tendência principal é observar a língua do ponto de vista do contexto linguístico e da situação extralinguística. De acordo com essa concepção, a sintaxe é uma estrutura em constante mutação em consequência das vicissitudes do discurso. Ou seja, a sintaxe tem a forma que tem em razão das estratégias de organização da informação empregadas pelos falantes no momento da interação discursiva. Dessa maneira, para compreender o fenômeno sintático, seria preciso estudar a língua em uso, em seus contextos discursivos específicos, pois é nesse espaço que a gramática é construída.

Cunha, Oliveira e Martelotta (2003), com grande abrangência e precisão, sintetizam os pressupostos teóricos fundamentais do que reconhecemos como *Sintaxe Funcional*. Como se verifica na asserção dos autores, as pressões de uso e a cognição funcionam como os catalisadores para a mudança linguística e, consequentemente, como os motores de dinamização das línguas humanas.

As preocupações dos pesquisadores em Sintaxe Funcional, em sentido lato, não surgiram na década de 70 do século passado. Na verdade, é de longa data o nascimento das primeiras ideias concernentes a essa linha de estudos linguísticos. Pezatti (2004: 166), por exemplo, recorre ao século precedente a Saussure em busca de similitudes entre a teoria funcional atual e os autores daquela época. De fato, boa parte dos pressupostos funcionalistas têm suas raízes nos trabalhos de Whitney, Von der Gabelentz e Hermann Paul, que assentaram o enfoque linguístico em fenômenos sincrônicos e diacrônicos no final do século XIX. Esses autores entendiam que a estrutura linguística só poderia ser devidamente explicada em termos de imperativos psicológicos, cognitivos e funcionais. Assim, é bem anterior à segunda metade do século XX a ideia de que a estrutura linguística é moldada pelo uso.

Nesse percurso histórico, deve ser citada a famosa Escola Linguística de Praga, fundada em 1926, cujos expoentes foram Roman Jakobson e Nikolaj Trubetzkoy. Os linguistas de Praga notabilizaram-se pelos estudos fonético-fonológicos, principalmente por meio das investigações de Trubetzkoy; contudo, um dos interesses duradouros desse Círculo Linguístico diz respeito à estrutura gramatical das línguas, ou seja, à conhecida *perspectiva funcional da sentença*, cuja gênese está associada à importante figura do linguista praguense Wilhem Mathesius, contemporâneo a Saussure.

Segundo Lyons (1970), é muito diversificada a terminologia e a interpretação dadas aos vários tratamentos funcionalistas no âmbito da Escola de Praga. Há, porém, um ponto em comum, qual seja, o de que a estrutura dos enunciados é determinada pelo uso que lhes é dado e pelo contexto comunicativo em que ocorrem. Tal asserção coaduna-se perfeitamente com todas as pesquisas desenvolvidas no que chamamos, nos dias de hoje, de campo da Sintaxe Funcional.

Como se pode verificar, os séculos passados, em especial os séculos XIX e XX, prepararam o terreno para o desenvolvimento dos estudos funcionalistas. Como toda linha de investigação, o funcionalismo linguístico foi sendo gestado ao longo do tempo por outros teóricos seguidores de diversas outras linhas de pesquisa.

Essa corrente teórica mantém em seu cerne características de alta complexidade e tensões permanentes. Como não foi diferente com o estruturalismo e certamente não o é com o gerativismo, o que chamamos funcionalismo está longe de constituir uma corrente monolítica de pensamento linguístico. Aliás, pode ser comparada com maior propriedade a uma teoria heteróclita e multifacetada. Segundo Neves (2001: 1),

> caracterizar o *funcionalismo* é uma tarefa difícil, já que os rótulos que se conferem aos estudos ditos "funcionalistas" mais representativos geralmente se ligam diretamente aos nomes de estudiosos que os desenvolveram, não a características definidoras da corrente teórica em que eles se colocam.

Em linhas gerais, a Sintaxe Funcional distingue-se de outras linhas por considerar a língua como um instrumento de interação social. Como tal, a língua torna-se um objeto não autônomo, maleável, sujeito às pressões oriundas das diversas situações comunicativas, que ajudam a determinar sua estrutura gramatical.

A Sintaxe Funcional só pode ser compreendida se aspectos cognitivos e comunicativos forem levados em consideração. Além desses traços, precisamos também considerar fatores sociais e culturais, processamento mental, papel dos interlocutores, contextos discursivos, variação e mudança. Por conta disso, reconhece-se que há uma instabilidade permanente na relação entre estrutura e função, o que faz com que a sintaxe das línguas humanas esteja em um permanente "moldar-se".

Antes de encerrarmos esta seção, é importante salientar que modernamente a chamada Sintaxe Funcional tem sido estudada em uma perspectiva francamente interdisciplinar. A aproximação cada vez maior entre a Linguística Funcional e a Linguística Cognitiva tem propiciado o nascimento de uma linha teórica denominada Linguística Cognitivo-Funcional ou Linguística Funcional Centrada no Uso (como tem sido chamada pelos pesquisadores do Grupo Discurso & Gramática[2]).

Nessa nova linha de investigação, há forte investimento em pesquisas de caráter pancrônico,[3] em que padrões regulares e formas emergentes são analisados concomitantemente. O trabalho de análise é desenvolvido tanto com dados reais de fala quanto de escrita, inseridos em contextos efetivos de comunicação, evitando lidar com frases criadas *ad hoc*, dissociadas de alguma função no ato comunicativo.

O que a Sintaxe Funcional estuda?

Há um grande espectro de temas que atrai o interesse dos investigadores no campo da Sintaxe Funcional. Em termos mais modernos, a ênfase repousa em temas relacionados à emergência e à regularização de padrões construcionais no nível morfossintático.

A Sintaxe Funcional procura observar, além de motivações estruturais, os aspectos cognitivos e comunicativos subjacentes aos fatos gramaticais. Dessa forma, os aspectos interacionais que se manifestam no uso concreto da língua e como eles se ritualizam em forma de construções gramaticais disponíveis para o falante ganham relevo nessa corrente de investigação.

Segundo Fried (2008: 25), a força dos fatores externos à língua motiva mudanças na compreensão dos falantes e também os incita à busca de formas mais expressivas, que carreiam novas nuances semânticas e pragmáticas.

Dessa forma, não se criam construções totalmente sinônimas ou iguais às anteriormente criadas, mas outras que sejam mais adequadas a determinadas situações comunicativas.

A Sintaxe Funcional considera que as verdadeiras motivações para a mudança linguística estão na busca de novos rótulos mais expressivos para substituir outros já desgastados pelo uso (que reflete uma tendência cognitiva de utilizar termos de domínios concretos para expressar domínios abstratos) e para veicular a estratégia interativa mais adequada aos diferentes contextos de comunicação. Em termos mais específicos, a mudança tende a refletir o modo mais eficaz de negociação do sentido que falante e ouvinte promovem no ato da comunicação.

Nesse campo da mudança linguística, especialmente nos estudos sintáticos funcionalistas, ganha especial atenção o paradigma da *gramaticalização*. Ao longo das últimas décadas, a gramaticalização tem sido definida de diferentes formas. Neste capítulo, adotaremos a definição de Traugott (2008a: 2): "Mudança pela qual, em certos contextos linguísticos, os falantes usam partes de uma construção com uma função gramatical. Ao longo do tempo, a construção gramatical resultante pode continuar a receber novas funções gramaticais".

A gramaticalização atua, entre outros campos, na motivação para o preenchimento das necessidades comunicativas não satisfeitas pelas formas existentes, bem como na existência de conteúdos cognitivos para os quais não se encontram designações linguísticas adequadas. Assim, acreditamos que essa é a força motriz para a emergência de novas estruturas sintáticas em uma dada língua.

Em praticamente todos os trabalhos funcionalistas, há referências centrais ou periféricas ao paradigma da gramaticalização, que é considerado um importante legado teórico do funcionalismo. Por meio dos estudos em gramaticalização, tem sido possível descrever boa parte dos fenômenos históricos do português (e de outras línguas), assim como os traços característicos da morfossintaxe da atual sincronia do nosso idioma.

Em termos mais recentes, segundo Bybee (2006), é fundamental a relação da linguagem com habilidades cognitivas gerais: a importância da frequência de uso na formação e preservação de padrões neuromotores, o uso de similaridade na categorização e a construção de generalizações através de padrões similares. A linguagem constitui um sistema complexo no qual fenômenos ocorridos no uso real com altos graus de repetição dão a base para o desenvolvimento de uma gramática.

Nesse sentido, a frequência, na pesquisa sintática funcionalista, assinala aquilo que o uso consagra como estratégia de comunicação em um determinado contexto. Em termos gerais, quanto mais frequente – e, consequentemente, mais previsível – for a informação dada por uma construção em um determinado contexto, mais sua estrutura tenderá a se solidificar e se rotinizar.

Esses são alguns pontos estudados pela Sintaxe Funcionalista. Mais detalhes serão fornecidos nas seções seguintes, especialmente na seção dedicada às *grandes linhas de investigação* dessa corrente teórica.

Como estudar algum desses fenômenos usando a Sintaxe Funcional?

Muitos pesquisadores brasileiros vêm empregando, de modo explícito ou não, a *metodologia quantitativa variacionista* na análise funcional de fatos linguísticos. Entretanto, segundo Martelotta (2009), como nem sempre esses fatos linguísticos constituem fenômenos variáveis, a metodologia corre o risco de resultar inadequada.

É fundamental ver a *metodologia quantitativa* como um modo de detectar aquilo que realmente é importante para o funcionalista: a situação concreta de comunicação e as atividades cognitivas dos interlocutores, que adaptam à comunicação os conteúdos transmitidos pelas estruturas linguísticas e as extensões que tais estruturas sofrem em função dessas adaptações.

A análise funcional vê a situação real de comunicação como o cenário em que se concretizam as tendências de natureza sociocognitiva, e parte desse contexto comunicativo para a caracterização dos fenômenos linguísticos. Assim, a descrição sintática não é apriorística, mas baseada em dados.

A Sintaxe Funcional trabalha com *uso da língua*. Portanto, é necessário utilizar algum tipo de *corpus*. Deve-se destacar que as *intuições do analista* são também material de análise; entretanto, o *corpus* dá ao linguista uma visão mais real dos usos efetivos da língua, na medida em que não só apresenta o que é utilizado de forma mais sistemática, mas, principalmente, indica as informações contextuais que motivam os usos dos elementos linguísticos.

Apenas para fins ilustrativos, vejamos alguns *corpora* disponíveis gratuitamente para pesquisa:

- *Corpus* **Discurso & Gramática** – a língua falada e escrita no Brasil, disponibilizado no site <www.discursoegramatica.letras.ufrj.br/>: cerca de 2.500 textos, falados e escritos, produzidos pela comunidade estudantil das cidades do Rio de Janeiro, de Juiz de Fora, de Natal, do Rio Grande e de Niterói.
- Acervo digital da **Revista Veja**, de 1997 a 2009, disponibilizado no site <www.veja.abril.com.br/acervodigital>.
- *Corpus* VARPORT – <http://www.letras.ufrj.br/varport/>. O projeto tem como objetivo consolidar e intensificar a integração entre os trabalhos que vêm sendo realizados em Portugal e no Brasil, de modo a oferecer um quadro geral contrastivo de suas variedades nacionais.

Com base em um *corpus* definido e controlando a atuação de fatores sobre os usos dos elementos linguísticos, o analista pode pesquisar um determinado fenômeno em termos de seus usos reais a partir dos seguintes fatores (cf. Martelotta, 2009):

(i)   **sociais**, normalmente associados ao perfil sociocultural dos usuários;
(ii)   **pragmático-discursivos**, que vão desde as características associadas ao tipo textual, ao gênero discursivo e sua modalidade até as pressuposições, inferências e marcas de expectativa, que nascem no ambiente da comunicação real entre falante e ouvinte;
(iii)   **formais** a elas relacionados, e que podem interferir em seu uso.

De um modo geral, o importante é observar a inter-relação entre esses fatores e o uso das formas linguísticas, procurando motivações ou formas de prever as tendências de uso. Em determinados fenômenos pesquisados, um ou alguns dos fatores apresentados pode(m) ser mais preponderante(s) que outros. Portanto, não há uma regularidade matemática na aplicação desses fatores.

Ainda segundo Martelotta (2009), a metodologia funcionalista deve ser capaz de

a. demonstrar a **frequência** (de ocorrência ou de tipo) associada ao elemento observado, o que daria ao analista a possibilidade de ver sua situação no fluxo da mudança;
b. observar a **inter-relação** entre o elemento estudado e os fatores que por hipótese o influenciam;
c. detectar o **nível de espraiamento** do elemento observado pelos diferentes contextos estruturais, comunicativos e sociais, dando pistas acerca do grau de desenvolvimento em que se encontra a mudança;
d. detectar as possibilidades de **manifestação translinguística** de tendências de ordem cognitiva, apontando para a universalidade do fenômeno observado.

De uma forma geral, nas pesquisas funcionalistas adota-se uma conjugação de procedimentos metodológicos distintos, conjugando o viés quantitativo e qualitativo, bem como fatores intra e extralinguísticos.

Pesquisas mais recentes têm adotado um modelo mais complexo e abrangente, baseado em Croft (2009) para a abordagem construcional. Segundo esse modelo, há necessidade de se considerar:

* **Aspectos formais** – pesquisa dos fatores estruturais de composição interna, no nível morfológico e sintático, e de ordenação, no nível da cláusula, bem como a frequência de uso.
* **Aspectos semânticos** – polissemia e o nível de integração dos termos analisados e o processo de gramaticalização.
* **Aspectos pragmáticos** – atuação de pressões como *inferência sugerida*, perfil dos interlocutores e outros fatores intervenientes na interação.
* **Aspectos discursivo-funcionais** – gênero textual e as sequências tipológicas que podem favorecer a ocorrência e a frequência de determinadas construções.

Segundo Oliveira e Votre (2009), a adoção e a combinação dos fatores referidos normalmente justificam-se pela consideração da diversidade de motivações que estão em jogo no uso linguístico. Uma série de pressões, de natureza e âmbito diversos, concorre em maior ou menor grau para a configuração das construções. Nesse sentido, o foco da análise não reside num ou noutro desses fatores, mas na inter-relação entre eles, numa perspectiva mais holística de tratamento dos dados.

Poderia me dar um exemplo?

As gramáticas da língua portuguesa apontam, de uma forma geral, a existência de dois grandes processos de ligação de orações: a coordenação e a subordinação. A correlação, salvo raras exceções, fica diluída nos capítulos destinados à investigação da sintaxe do período composto, sem um tratamento mais minucioso e aprofundado.

Rosário (2012)[4] abordou parte desse problema. A pesquisa desenvolvida pelo autor investigou a correlação aditiva, que pode ser definida como uma construção sintática prototipicamente composta por duas partes interdependentes e relacionadas entre si, encabeçadas por correlatores, de tal sorte que a enunciação de uma (prótase) prepara a enunciação de outra (apódose). Eis um exemplo do fenômeno:

> (01) Nós [...] estamos possuídos de uma alegria muito maior, porque V.Exa. *não só* representa nossa bancada na Mesa Diretora *como também*, e seguramente, representa o pensamento melhor do Poder Legislativo. – 05/02/2009

Nesse dado, o segmento "*não só* representa nossa bancada na Mesa Diretora" é a prótase (primeira parte da correlação), cuja função é preparar a apódose (segmento seguinte, ou seja, a segunda parte da correlação): "*como também*, e seguramente, representa o pensamento melhor do Poder Legislativo". Os itens em negrito são os chamados *correlatores*, que podem ser definidos como os conectivos responsáveis pela criação do par correlativo.

O interesse maior do pesquisador estava em compreender as motivações para a existência dessa construção em língua portuguesa, visto que já contamos com a coordenação aditiva. Além disso, havia um desafio teórico-metodológico de se compreender todos os pares correlativos aditivos a partir de um único padrão mais geral e abstrato.

Constituiu-se como *corpus* um conjunto de 1.275 discursos políticos de diferentes extensões, colhidos de 2 de fevereiro de 2009 a 29 de outubro do mesmo ano, no *site* da Assembleia Legislativa do Estado do Rio de Janeiro. Nesse universo, encontraram-se 382 ocorrências de pares correlativos aditivos.

Esses pares foram analisados em duas grandes seções: *padrões mesoconstrucionais* e *padrões microconstrucionais*. Esses dois grandes padrões retratam níveis diferentes de formalização para as construções aditivas. O nível mais elementar de esquematicidade é ocupado pelas microconstruções, que apresentam um grau menor de formalização. O nível intermediário de esquematicidade é ocupado pelas mesoconstruções, que são blocos com comportamento sintático e semântico similar, em nível intermediário entre as macro e microconstruções.

A partir da aplicação de uma metodologia quantitativa, vejamos como as microconstruções correlativas aditivas se apresentaram, acompanhadas do total de ocorrências detectadas no *corpus* dessa pesquisa (números absolutos e porcentagem). O critério adotado para a listagem dos padrões foi o da frequência de ocorrência:[5]

Tabela 1: Padrões microconstrucionais correlativos aditivos

PADRÃO CONSTRU-CIONAL	PARES CORRELATIVOS	NÚMERO DE OCORRÊNCIAS	PORCENTAGEM DE OCORRÊNCIA
1.	Não [V] apenas...mas	74	19,37%
2.	Não [V] só...mas	69	18,06%
3.	Não [V] só...Δ	53	13,87%
4.	Não [V] só...mas também	38	9,94%
5.	Não [V] apenas...mas [V] também	37	9,68%
6.	Não [V] só...como também	23	6,02%
7.	Não [V] apenas...Δ	13	3,40%
8.	Não só...como	9	2,35%
9.	Não apenas...como [V] também	8	2,09%
10.	Δ...mas [V] também	7	1,83%
11.	Não [V]somente...Δ	7	1,83%
12.	Não [V] somente...mas também	6	1,57%
13.	Não [V] somente...mas	6	1,57%
14.	Δ...como também	4	1,04%
15.	Não [V] só...também	4	1,04%
16.	Não somente...como também	3	0,78%
17.	Não apenas...como	3	0,78%
18.	Não só...e sim	3	0,78%
19.	Não [V] apenas...e sim	3	0,78%
20.	Não...mas também	2	0,52%
21.	Não [V] só...mas sim	2	0,52%
22.	Não simplesmente...mas	2	0,52%
23.	Não simplesmente...Δ	1	0,26%
24.	Não somente...mas como	1	0,26%
25.	Não [V] somente...também	1	0,26%
26.	Não apenas...também	1	0,26%
27.	Não só...e também	1	0,26%
28.	Não somente...e sim	1	0,26%
	Total	**382**	**100%**

A convivência de tantos padrões microconstrucionais correlativos diferentes para a expressão da adição, segundo Goldberg e Jackendoff (2004: 535-555), forma uma família de construções, que compartilham importantes propriedades, mas diferem uma das outras, inclusive pelo seu grau de produtividade.

De acordo com os pressupostos teóricos da Linguística Funcional Centrada no Uso, as mínimas alterações na forma normalmente carreiam diferenças no significado. Dessa forma, pares muito parecidos do ponto de vista morfossintático (*não só... mas também x não só... mas*) são considerados estratégias discursivas diferentes, utilizadas em contextos e em situações distintas. Assim, normalmente carreiam também diferenças, mesmo que mínimas, no campo semântico ou pragmático.

Esse princípio está bem fundamentado em Goldberg (1995: 67), ao afirmar o seguinte:

> Corolário A: Se duas construções são sintaticamente distintas e semanticamente sinônimas, então elas não devem ser pragmaticamente sinônimas.
> Corolário B: Se duas construções são sintaticamente distintas e pragmaticamente sinônimas, então elas não devem ser semanticamente sinônimas.

Segundo Traugott (2007: 6), a variabilidade é muito comum no campo das relações morfossintáticas. Trousdale (2008) corrobora suas palavras e acrescenta que quanto mais as construções são utilizadas, mais tendem a variação e extensão. É por isso que detectamos tanta flutuação na forma dos padrões microconstrucionais correlativos, que podem coexistir por até séculos (cf. Hopper e Traugott, 1997: 36).

Heine e Kuteva (2007: 17) apontam a criatividade como sendo o principal motor da mudança linguística. De fato, é a criatividade que faz com que os usuários da língua, de certa forma, modifiquem regras e transgridam o que já está sistematizado. Essa transgressão a que Heine e Kuteva (2007) fazem referência pode ser ilustrada com os dados da tabela 1.

O uso e a combinação de material linguístico já existente possibilitaram a criação de novas microconstruções que, por sua vez, carreiam novos significados, com usos determinados para novas funções. Essa capacidade humana tem sido refinada ao longo dos tempos não só no campo da linguagem, mas também em diversas outras esferas da vida humana.

Passemos, agora, à análise de dois dados do *corpus*: a microconstrução mais frequente e uma das menos frequentes. A data que consta após os dados do *corpus* corresponde ao dia em que o discurso político foi proferido:

- **Padrão microconstrucional correlativo aditivo 1**
  - Não [V] apenas... mas (74 ocorrências – 19,37%)

> (02) Mais do que isso, fez menção também à importância de regras para a realização de bailes *funk* e de outros eventos – regras que, de fato, respeitem a vida e o direito ao repouso dos trabalhadores que moram onde esses bailes são realizados. É verdade que isso tem que ser observado, Sr. Presidente, *não apenas* pelos realizadores desses eventos, *mas* de quaisquer eventos, de qualquer tipo de música; de qualquer evento e acontecimento que tenha que respeitar o direito do morador, do trabalhador que quer repousar. – 1º/09/2009.

O padrão microconstrucional correlativo aditivo *não [V] apenas... mas* revela-se como o mais prototípico, tendo em vista a sua alta frequência (19,37%). Os dados demonstram que, no discurso político dos deputados da Alerj e possivelmente em muitos outros gêneros similares, essa é a estratégia correlativa aditiva mais utilizada.

Em (02), a discussão gira em torno das regras para realização dos bailes *funk* no Rio de Janeiro. O deputado orador, no afã de tentar convencer aos outros deputados e, especialmente, ao presidente da Alerj, alerta que as regras devem respeitar a vida e o direito de repouso dos trabalhadores. Ele acrescenta que essas regras devem ser seguidas pelos realizadores dos bailes *funk* e também pelos realizadores de quaisquer outros eventos e de quaisquer outros tipos de música.

A força expressiva que emerge da construção correlativa aditiva é evidente. Essa estratégia serve a uma função semântico-pragmática de reforço ou de ênfase. Se todos os eventos fossem alocados em uma linha imaginária, segundo a concepção do orador, o baile *funk* ocuparia um extremo e todos os outros gêneros musicais, outros pontos dessa linha.

Essa maior expressividade que emerge da correlação aditiva não seria a mesma se parafraseássemos o excerto do discurso analisado por uma sequência coordenativa aditiva com o prototípico *e*. O uso de uma forma linguística diferente carrearia uma força expressiva também diferente, provavelmente utilizada em outros contextos.

Vejamos agora um dado que representa o padrão microconstrucional correlativo aditivo 28, ou seja, um dos menos frequentes, contando com apenas um exemplar no *corpus*:

- **Padrão microconstrucional correlativo aditivo 28**
  - Não [V] somente... e sim (1 ocorrências – 0,26%)

> (03) Há perspectiva de se atender em torno de 15 mil dependentes. Serão em torno de 15 mil os beneficiados com a construção dessa policlínica. *Não* devem ser, espero que assim aconteça, *somente* salas de ambulatório, *e sim* uma policlínica que engrandeça cada dia mais a Polícia Militar do Estado do Rio de Janeiro, digna instituição que, como já disse, completou 200 anos. – 02/06/2009.

Em (03), o orador fala sobre os benefícios da construção de uma policlínica para atendimento à Polícia Militar do Estado do Rio de Janeiro, tendo em vista que essa instituição já vem servindo à população há mais de 200 anos. Registramos que o primeiro correlator *não [V] somente* possui vários elementos incluídos em si: *devem ser, espero que assim aconteça*. Isso comprova a elasticidade e plasticidade da construção correlativa.

O par correlativo *não [V] somente... e sim*, à maneira de outros similares, apresenta duas importantes peculiaridades. Em primeiro lugar, destacamos a inclusão do advérbio afirmativo *sim* na apódose, que passa a equilibrar ou contrabalançar a força da partícula negativa *não*, presente no primeiro correlator. Em segundo lugar, destacamos que esse advérbio afirmativo está acompanhado da prototípica conjunção coordenativa aditiva *e*. Isso nos permite afirmar que o par correlativo reforça ainda mais a noção de adição.

De acordo com Traugott (2008b: 22), no processo de gramaticalização, é muito frequente que haja formas marginalizadas por conta de baixa frequência e pouca prototipicidade. Por outro lado, essas inovações são naturais e constantes, inerentes ao sistema linguístico. Pode ser que essas novas formas (como o padrão microconstrucional 28) sejam aceitas pela comunidade e, consequentemente, estabilizadas, como também pode ser que elas venham a ficar ainda mais raras ou até mesmo desapareçam. Como ainda diz Traugott (2008b: 22), estruturas emergentes são instáveis por natureza.

À primeira vista, essa profusão de padrões pode dar a impressão de uma falta de regularidade no âmbito da formação dos pares correlativos aditivos.

Entretanto, essa falta de regularidade é apenas aparente, já que é possível a caracterização de blocos tipológicos, que chamamos de *mesoconstruções*. Essas mesoconstruções, por sua vez, também podem ser congregadas sob uma formalização mais genérica e abstrata, denominada *macroconstrução*, como se verá a seguir.

É possível propor uma classificação mesoconstrucional que tome como ponto de partida a composição da apódose. Por esse prisma, seria possível a construção de uma proposta baseada em cinco padrões mesoconstrucionais, que seriam basicamente formados pela prótase (representada pela letra P), seguida dos elementos constituintes da apódose. São os seguintes:

- Padrão mesoconstrucional 1: *P... mas (também/sim/como)*
- Padrão mesoconstrucional 2: *P ... Δ*
- Padrão mesoconstrucional 3: *P... como (também)*
- Padrão mesoconstrucional 4: *P... e (também/sim)*
- Padrão mesoconstrucional 5: *P... também*

Cada padrão mesoconstrucional constitui uma rede construcional (cf. Traugott, 2008a: p. 6), em que há uma construção básica, que é o núcleo da rede, e outras construções diretamente relacionadas a esse núcleo, que as irradia. São metaforicamente caracterizadas como sendo *famílias*, tendo em vista as particularidades comuns que as congregam.

Trousdale (2008) acentua a importância dos padrões mesoconstrucionais ao asseverar que é nesse nível que ocorre a regularização e estruturação de novos modelos linguísticos. As mesoconstruções são, por definição, menos composicionais em termos de significado do que as microconstruções (os pares correlativos propriamente ditos).

As construções, de uma forma geral, emergem na língua, ou seja, não se encontram de forma estática. O surgimento de novas mesoconstruções objetiva capturar extensões do sentido original das diversas microconstruções, reunindo-as em blocos. Além disso, de acordo com Traugott (2008b: 240), a expansão das categorias funcionais (no caso que estamos investigando, a correlação) ocorre para que a negociação de significados seja facilitada. Afinal, quanto mais opções detém o falante, mais expressivo ele pode ser em seu discurso.

Tomando-se as micro e mesoconstruções em consideração, é possível sumarizar a constituição da correlação aditiva por meio da seguinte esquematização, que, na verdade, é o padrão macroconstrucional a que as meso e microconstruções já exploradas estão ligadas:

Esquema 1: Padrão macroconstrucional correlativo aditivo

Prótase		Apódose	
Negação	*Focalização*	*Inclusão*	*Reforço*
não	*só*	*mas*	*sim*
	apenas	*como*	*como*
	somente	*e*	
	simplesmente	*também*	
	Ø	Δ	
Δ			

O esquema 1, que representa um padrão macroconstrucional, exprime a formação da correlação aditiva em língua portuguesa. Na prótase, encontramos um elemento de negação (sempre a partícula *não*), seguido de focalização (*só, apenas, somente* e *simplesmente*). Na apódose, por sua vez, há um elemento de inclusão (*mas, como, e* e *também*), seguido ou não de um elemento de reforço (*sim* e *como*).

As duas partes que perfazem a correlação aditiva (prótase e apódose) transmitem a ideia de uma polarização (negação na prótase e afirmação na apódose). Ao falar da pertinência do processo de polarização, Neves (2010: 145) explica a atuação dessas duas forças aparentemente antagônicas:

> Uma marca polar negativa – por exemplo, *não só* ou *senão* no primeiro membro – implica/obriga a sequência de uma contraparte que insista em uma marca positiva, para acréscimo, restabelecimento ou compensação de uma noção cuja presença foi minimizada, mal valorizada, ou, mesmo, negada. Esse acréscimo é feito, no caso de *não só*, por *mas, como* e outros. [...] Tais categorias também são responsáveis pela quebra de linearidade da sentença, pondo de lado sua sucessão temporal.

Assim, a polarização que se instaura na correlação aditiva é contrabalanceada pela sua própria estrutura, dialógica por natureza. Aliás, a negociação de significados, segundo Traugott (2008a: 3), é a responsável pela geração de novos usos linguísticos. É nos processos de comunicação humana, especialmente os de cunho dialógico, que os falantes exploram novas implicaturas, e novas inferências são feitas sobre o conteúdo linguístico.

Assim, a observação dos dados permite-nos observar que a correlação está a serviço, principalmente, de uma maior explicitação dos conteúdos desenvolvidos ao longo do texto, pelo menos, de caráter argumentativo.

Com base na investigação desses dados, podemos fazer duas importantes constatações. Em primeiro lugar, comprovamos que os padrões correlativos aditivos não podem ser simplesmente reunidos em um grupo único chamado *coordenação aditiva*. Afinal, tantos usos diversificados não poderiam estar a serviço de uma mesma ideia que seria apenas "ligar termos ou orações", como preceituam as nossas gramáticas.

Em segundo lugar, é possível estabelecer um padrão macroconstrucional para a correlação aditiva (como foi verificado no esquema 1). A esse padrão macroconstrucional, podemos associar alguns padrões mesoconstrucionais que, por sua vez, reúnem diversos padrões microconstrucionais.

Quais são as grandes linhas de investigação?

Como já foi apresentado, a Sintaxe Funcional desenvolve seus estudos, tendo em vista a busca pela identificação de motivações discursivo-pragmáticas e semântico-cognitivas implicadas no uso dos padrões linguísticos.

A partir dessa grande motivação de pesquisa, Cezario e Cunha (2013: 18) arrolam os principais temas de interesse dos pesquisadores dessa linha teórica:

- Variação e mudança linguística.
- Gramaticalização e construcionalização.
- Estrutura argumental e transitividade.
- Universais e tipologia linguística.
- Codificação de cláusulas.
- Motivações competidoras.
- Elementos organizadores do texto/discurso (informatividade, plano discursivo, cadeia tópica etc.).

Todos esses temas encontram forte ressonância no ambiente acadêmico brasileiro, e têm sido fruto de muitos trabalhos científicos, como artigos, dissertações de mestrado e teses de doutorado. Deve-se acrescentar também que é bastante frutuosa a interface dos estudos funcionalistas com as pesquisas em Educação. Dessa interface, resultam estudos cujo foco é tornar o ensino de língua materna mais produtivo e reflexivo.

Notas

1 *Do Discurso à Sintaxe: gramática como uma estratégia em processamento.*

2 O Grupo Discurso & Gramática (D&G) trabalha com pesquisa na área de Linguística Funcional, com especial atenção para os processos de mudança linguística e gramaticalização. Seus pesquisadores vêm publicando, desde o início da década de 1990, livros e artigos nessa área, buscando não apenas divulgar os fundamentos teóricos funcionalistas, mas também apresentar novas propostas de análise acerca do português brasileiro e de línguas antigas, como o grego e o latim. Mais informações sobre o grupo podem ser obtidas em: <http://www.discursoegramatica.letras.ufrj.br/>. Acesso em: 10 abr. 2015.

3 **Estudo sincrônico** pode ser definido como a descrição de um estado de língua em um determinado momento no tempo. **Estudo diacrônico**, por sua vez, é a investigação que busca estabelecer uma comparação entre dois momentos da evolução histórica de uma determinada língua (cf. Costa, 2008: 117). O **estudo pancrônico**, de alguma forma, é uma terceira via que busca integrar tanto a visão sincrônica quanto a diacrônica, com o objetivo de descrever um determinado fenômeno tanto em seu estado atual como em estágios anteriores.

4 Essa pesquisa encontra-se, na íntegra, disponível em: <http://www.bdtd.ndc.uff.br/tde_arquivos/23/tde-2013-01-21T095257Z-3480/Publico/Ivo%20da%20Costa.pdf>. Acesso em: 20 nov. 2014.

5 Na tabela, o símbolo [V] indica a possibilidade de existir partícula verbal (ou de outra natureza morfossintática) inserida. Em alguns dados, portanto, essa posição é preenchida; em outros, não. O símbolo Δ indica a ausência de um correlator explícito.

O que eu poderia ler para saber mais?

No Brasil, ainda não são muito numerosos os livros que tratam da Sintaxe Funcionalista. Em geral, a produção nacional está concentrada em artigos científicos, em dissertações e em teses, produzidos nas universidades que cultivam essa linha de investigação teórica.

A seguir, elencamos uma série de materiais que podem ser utilizados para a pesquisa em Sintaxe Funcional. Listamos as obras nacionais mais importantes e algumas obras internacionais que são referências.

BYBEE, Joan. *Language, usage and cognition.* Cambridge: CUP, 2010.

_____. Mechanisms of change in grammaticalization: the role of frequency. In: JOSEPH, Brian; JANDA, Richard (ed.). *The Handbook of historical linguistics.* Manden, MA: Blackwell Publishing, 2006.

CASTILHO, Ataliba T. de. *A língua falada no ensino de português*. São Paulo: Contexto, 2002.
_____. *Nova Gramática do Português Brasileiro*. São Paulo: Contexto, 2010.
CEZARIO, Maria Maura; CUNHA, Maria Angélica Furtado. (orgs.). *Linguística Centrada no Uso*: uma homenagem a Mário Martelotta. Rio de Janeiro: Maud x Faperj, 2013.
COSTA, Marcos Antônio. Estruturalismo. In: MARTELOTTA, Mário Eduardo et al. (org.). *Manual de Linguística*. São Paulo: Contexto, 2008.
CROFT, William. Toward a social cognitive linguistics. *New directions in cognitive linguistics*. Amsterdam: John Benjamins, 2009, pp. 395-420.
CUNHA, Maria Angélica Furtado; OLIVEIRA, Mariangela Rios; MARTELOTTA, Mário Eduardo. *Linguística Funcional*: teoria e prática. Rio de Janeiro: DP & A/FAPERJ, 2003.
FRIED, Mirjan. Constructions and constructs: mapping a shift between predication and attribution. Princeton University. In: BERGS, A.; DIEWALD, G. (eds.). *Constructions and language change*. Mouton de Gruyter, 2008, pp., 47-79.
GIVÓN, Talmy. From discourse to syntax: grammar as a processing strategy. In: _____. *Syntax and semantics*. v. 12. New York: Academic Press, 1979.
GOLDBERG, Adele E. *Constructions*: a construction grammar approach to argument structure. Chicago: The University of Chicago Press, 1995.
GOLDBERG, Adele E.; JACKENDOFF, Ray. The English resultative as a family of constructions. *Language*, v. 80, 2004, pp. 532-67.
GONÇALVES, Sebastião Carlos Leite et al. (org.). *Introdução à gramaticalização*. São Paulo: Parábola, 2007.
HEINE, Bernd; KUTEVA, Tania. *The genesis of grammar*: a reconstruction. Oxford: OUP, 2007.
HOPPER, Paul; TRAUGOTT, Elisabeth. *Grammaticalization*. Cambridge: Cambridge University Press, 1997.
LYONS, John. *Linguagem e Linguística*: uma introdução. Rio de Janeiro: Zahar Editores, 1970.
MARTELOTTA, Mário. Funcionalismo e metodologia quantitativa. In: OLIVEIRA, Mariângela Rios de; ROSÁRIO, Ivo da Costa (orgs.). *Pesquisa em Linguística Funcional*: convergências e divergências. Rio de Janeiro: Leo Christiano Editorial, 2009, pp. 1-20.
NEVES, Maria Helena de Moura. *A Gramática Funcional*. São Paulo: Martins Fontes, 2001.
_____. *Ensino de língua e vivência da linguagem*: temas em confronto. São Paulo: Contexto, 2010.
OLIVEIRA, Mariangela Rios de; VOTRE, Sebastião Josué. A trajetória das concepções de *discurso* e de *gramática* na perspectiva funcionalista. *Matraga*, Rio de Janeiro, v. 16, n. 24, jan/jun. 2009.
PEZATTI, Erotilde Gomes. O Funcionalismo em Linguística. In: MUSSALIM, Fernanda; BENTES, Anna Christina. (orgs.). *Introdução à Linguística 3*: fundamentos epistemológicos. São Paulo: Cortez, 2004.
ROSÁRIO, Ivo da Costa do. *Construções correlatas aditivas em perspectiva funcional*. Niterói, 2012. Tese (doutorado em letras) – Instituto de Letras, Universidade Federal Fluminense.
TRAUGOTT, Elizabeth Closs. *Constructionalization, grammaticalization and lexicalization again*: some issues in frequency. Disponível em: <http://web.stanford.edu/~traugott/resources/TraugottTrousdaleProofs.pdf>. Acesso em: 12 fev. 2015.
_____. *Constructionalization, grammaticalization and lexicalization again*: some issues in frequency. Course on Gzn and C x G, 18 dez. 2007.
_____. *'All he endeavoured to prove was...'*: constructional emergence from the perspective of grammaticalization. 2008a. (Texto digitado).
_____. Grammaticalization, constructions and the incremental development of language: Suggestions from the development of degree modifiers in English. In: ECKARDT, Regine; JÄGER, Gerhardt; VEENSTRA, Tonjes (eds.). *Variation, selection, development – probing the evolutionary model of language change*. Berlin/ New York: Mouton de Gruyter, 2008b, pp. 219-50.
TROUSDALE, G. Constructions in grammaticalization and lexicalization. Evidence from the history of a composite predicate construction in English. In: TROUSDALE, G; GISBORNE, N. (eds.). *Constructional approaches to English grammar*. Berlin: Mouton de Gruyter, 2008.
VOTRE, Sebastião Josué et al. *Gramaticalização*. Rio de Janeiro: UFRJ, 2004.

Sintaxe Construcionista

O que é Sintaxe Construcionista?

Ao longo deste capítulo,[1] vou empregar a expressão "Sintaxe Construcionista" para fazer referência a uma abordagem dos fenômenos sintáticos que surgiu na década de 80 do século passado, na Universidade da Califórnia – *campus* de Berkeley –, em torno de nomes como Charles Fillmore, Paul Kay e George Lakoff.[2] A rigor, o trabalho seminal desses pesquisadores não deu origem apenas a um modelo de descrição sintática, mas a uma concepção alternativa de gramática, que veio a ser conhecida como Gramática de Construções (GC). Nesse sentido, uma resposta simples – e, obviamente, pouco informativa – à pergunta anterior é a seguinte: Sintaxe Construcionista é o termo que estou empregando para designar a abordagem de fenômenos sintáticos desenvolvida no âmbito da GC.

A emergência dessa abordagem foi o resultado de uma insatisfação crescente, a partir dos anos 1970, com o modelo bipartido de conhecimento linguístico, fortemente associado à tradição da Linguística Gerativa. Segundo esse modelo, o conhecimento linguístico inclui dois "ingredientes" básicos (para usar a metáfora de Pinker, 1999): um léxico, entendido como um conjunto de itens que devem ser aprendidos e memorizados individualmente, e uma gramática, definida como um conjunto de regras gerais de combinação sintática e interpretação semântica.[3] Na década de 1980, um grupo de linguistas passa a argumentar que esse modelo tem dificuldade para dar conta de certas estruturas idiomáticas, como a que se vê em (1):

(1)   a. What, me worry?
        'O quê, eu me preocupar?'
    b. Him wear a tuxedo?! (Sure.)
        'Ele usar smoking?! (Claro.)'
        (Lambrecht, 1990)

As sentenças anteriores são sintaticamente irregulares, como revelam o "sujeito" em forma não nominativa ("me", "him") e o verbo em forma finita ("worry", "wear"). Basta pensar o seguinte: um indivíduo que falasse inglês fluentemente, mas nunca tivesse se deparado com sentenças desse tipo, jamais poderia adivinhar que se trata de um uso possível na língua. Por essa razão, não é simples explicar como elas poderiam ser produzidas a partir das regras sintáticas gerais do inglês. Por outro lado, também não podemos simplesmente listar, no léxico, todas as sentenças formal e semanticamente análogas – afinal, se trata de um grupo virtualmente infinito. Diante desse impasse, onde colocar usos como (1a) e (1b)? E como descrevê-los?

O trabalho de Lambrecht (1990) é apenas um exemplo de uma tendência que marcou a década de 1980: o interesse por padrões simultaneamente idiomáticos e produtivos.[4] De fato, foi a atenção dispensada a esse tipo de idiomatismo sintático – normalmente considerado extraordinário, periférico ou residual – que levou, na década de 1980, ao desenvolvimento do conceito central da GC: a noção de *construção gramatical*.[5]

Tecnicamente, uma construção gramatical é um pareamento convencional entre uma forma (fonológica, prosódica e/ou morfossintática) e um significado (aí incluídas, de maneira ampla, quaisquer informações semânticas, pragmáticas, discursivas ou funcionais).[6] Por um lado, parece claro que essa definição se aplica às palavras: um item como "árvore" é a combinação de uma sequência de fonemas (forma) com um determinado conceito (significado). Mas ela também se aplica a padrões abstratos. Olhando com algum cuidado para os exemplos de (1), flagramos neles uma regularidade sintático-semântica: do ponto de vista formal, temos um SN acusativo seguido de um SV com verbo no infinitivo; do ponto de vista do significado, as duas sentenças expressam incredulidade e parecem restritas a contextos de réplica. A conclusão, talvez surpreendente, é a de que uma palavra como "árvore" e um padrão morfossintático como SN $_{acusativo}$ + SV $_{infinitivo}$ não são entidades qualitativamente distintas: ambos são pareamentos convencionais de forma e significado, que devem ser memorizados pelo falante e armazenados como parte de seu conhecimento linguístico. Em outras palavras, ambos são construções gramaticais.

O desenvolvimento dessa ideia conduziu, quase naturalmente, ao seguinte questionamento: será que sentenças perfeitamente regulares e composicionais também poderiam ser descritas com base na ideia de construção gramatical? A rigor, a resposta afirmativa a essa pergunta já aparece sugerida em trabalhos pioneiros da GC, como Fillmore (1985), Lakoff (1987) e Fillmore et al. (1988). Mas são os primeiros trabalhos de Goldberg (1992, 1995) que irão, de fato, estender a GC da "periferia" idiomática para o "núcleo" regular e composicional da gramática. Para ilustrar, observemos as sentenças a seguir, retiradas de Goldberg (1995):

(2) a. John gave Mary an apple. ('João deu uma maçã para Maria')
  b. Chris baked Pat a cake.   ('Chris assou uma torta para Pat')

Não é difícil observar que as sentenças anteriores são análogas do ponto de vista formal: ambas apresentam a estrutura SUJ V OBJ$_1$ OBJ$_2$. Mas o paralelismo se estende ainda para o polo semântico: ambas veiculam ideia de *transferência de posse* (efetivada ou apenas pretendida). Temos, assim, um padrão gramatical abstrato que pode ser caracterizado em termos de forma e significado. Esse padrão corresponde ao que tem sido chamado de *construção bitransitiva*.

A conclusão desse percurso é a seguinte: é possível representar a totalidade do conhecimento linguístico do falante – de palavras a sentenças regulares, passando pelos padrões idiomáticos – de maneira uniforme, graças ao conceito de construção gramatical. Para citar o *slogan* de Goldberg (2003: 233), temos "construções de cima a baixo" ("constructions all the way down"). A tabela 1 ajuda a compreender essa ideia.

Tabela 1: O *continuum* léxico-sintaxe (adaptado de Goldberg, 2013: 17)

CONSTRUÇÃO	EXEMPLOS
Palavra	a, abacaxi, gato, Zico
Estrutura morfológica	des-V (ex: *desligar*), N-eiro (ex: *jornaleiro*)
Expressão idiomática preenchida	chutar o balde, bater as botas
Idiomatismo formal (parcialmente preenchido)	dar uma de ADJ (ex: *dar uma de maluco*); que mané X (ex: *que mané descanso; que mané "não vai ter Copa"*)
Construção bitransitiva SUJ V OD OI	SUJ V OD OI (ex: Francisco deu uma peteca para Fidel)
Construção passiva	SUJ AUX SV$_{\text{PARTICÍPIO}}$ PP$_{\text{POR}}$ (ex: A peteca foi comprada pela Liana)

Analisando a tabela 1, constatamos a existência de um *continuum* de construções gramaticais, que se organizam segundo duas dimensões: grau de preenchimento e grau de complexidade estrutural interna. Assim, uma palavra como "Zico" é inteiramente preenchida e estruturalmente simples, ao passo que a construção bitransitiva é completamente aberta e sintaticamente complexa. Como se vê, uma ponta do *continuum* corresponde ao domínio tradicional do léxico (que abriga palavras e possivelmente expressões idiomáticas preenchidas), enquanto a outra ponta corresponde ao domínio tradicional da Sintaxe (que contempla, por exemplo, o estudo das sentenças bitransitivas). O mais importante, porém, é que a diferença entre "Zico" e a construção bitransitiva é de grau, e não de tipo. Afinal, ambos são pareamentos convencionais entre forma e significado – ou seja, construções gramaticais.

No entanto, a tabela 1 também pode ser enganadora: ela parece sugerir que o conhecimento linguístico do falante tem o formato de uma lista de entradas lexicais independentes. A metáfora mais adequada, porém, é a de uma *rede de construções gramaticais interconectadas*. Por exemplo: certas variantes do português brasileiro (PB) incluem a expressão cristalizada *Fala sério!*, usada para fins de rejeição enfática a uma opinião ou comportamento. Por um lado, é provavelmente seguro afirmar que muitos falantes do PB armazenam essa exata sequência de palavras. Mas esses mesmos falantes também podem produzir sentenças mais composicionais, como *fala alto* ou *respira devagar* – o que mostra que eles contam ainda com uma construção mais abstrata (algo como VERBO $_{imperativo}$ + ADVÉRBIO). Essas duas construções (a sequência concreta e o padrão abstrato) não estão simplesmente elencadas como entradas independentes: embora elas contem como construções distintas (mesmo porque o "Fala sério!" tem suas especificidades prosódicas e pragmáticas), o falante reconhece que a primeira é uma das materializações possíveis da segunda. Isso mostra que as duas construções mantêm algum tipo de relação. Agora, multiplique isso por milhares de construções estabelecendo entre si diferentes tipos de relação, e o resultado será uma rede incrivelmente densa e intricada. Para a GC, o conhecimento que cada falante tem de sua língua se parece bastante com uma rede desse tipo.

No início deste capítulo, dissemos que a Linguística Gerativa adota um modelo bipartido de conhecimento linguístico, cindindo-o em dois grandes componentes: léxico e gramática. Nesse ponto, já deve estar claro por que a abordagem da GC é sensivelmente distinta. Ocorre que ela abre mão do componente das regras derivacionais e fica apenas com uma espécie de léxico expandido – um léxico de construções, ou "constructicon".[7] Mas essa inovação pode gerar uma dúvida: como é possível, nesse modelo, dar conta do número infinito de sentenças possíveis em qualquer língua, ao mesmo tempo em que se excluem todas as impossíveis?

Sob a ótica da Sintaxe Construcionista, cada enunciado concreto é o resultado da *combinação* entre diferentes construções gramaticais. Pensemos, por exemplo, na sentença *O que você emprestou para o João?*. Ela resulta da combinação das seguintes construções (dentre outras): uma construção interrogativa-QU, caracterizada pela presença de uma palavra QU- em posição inicial e por um contorno prosódico particular[8]; a construção bitransitiva, caracterizada pelo esquema sujeito/agente + objeto direto/tema + objeto indireto / recipiente; cada uma das construções lexicais, ou seja, as palavras concretas que compõem a sentença. Nesse sentido, o elemento "o que" instancia, simultaneamente, um *slot* da construção interrogativa (que também poderia ser instanciado por elementos como "qual", "o que" etc.) e um *slot* da construção bitransitiva (aquele que corresponde ao tema). É a existência de construções abstratas, bem como a possibilidade de combiná-las, que permite explicar a criatividade linguística do falante.

Ocorre, porém, que nem todas as combinações de construções são possíveis: no mínimo, para que duas construções sejam combinadas, é preciso que elas sejam formal e semanticamente compatíveis. Nesse sentido, as propriedades de cada construção impõem restrições às possibilidades combinatórias. Um exemplo trivial é uma sentença como *Correr emprestou dinheiro para o João*: aqui, há uma incompatibilidade formal entre o verbo "correr" e o *slot* destinado ao sujeito/agente da construção bitransitiva, que deve ser instanciado por um sintagma nominal. Como regra geral, é o conflito na combinação entre construções gramaticais que explica, em uma perspectiva construcionista, a má-formação de determinadas sentenças.

Em suma, a Sintaxe Construcionista é um modelo de tratamento de fenômenos sintáticos que emergiu nos anos 80 do século passado como uma alternativa à abordagem gerativista. Suas inovações mais notáveis são, provavelmente, o abandono dos mecanismos derivacionais e o compromisso de tratar todos os tipos de uso linguístico – de esquemas morfológicos a sentenças composicionais, passando pelos padrões idiomáticos de maneira uniforme, a partir do conceito de construção gramatical.

O que a Sintaxe Construcionista estuda?

Uma primeira resposta pode ser bastante direta: se o conhecimento linguístico do falante tem a forma de uma rede de construções gramaticais, a agenda de pesquisas consistirá na descrição do inventário de construções das diferentes línguas. Por entender que a totalidade do conhecimento linguístico pode ser apreendida por meio de construções, um sintaticista construcionista não precisará negligenciar qualquer tipo de dado linguístico: ele poderá se debruçar, conforme seus interesses, sobre o núcleo regular ou sobre a periferia idiomática.

Mais especificamente, quando defrontados com uma construção de nível sintático, adeptos da GC tendem a se fazer as seguintes perguntas: (i) Qual é a estrutura dessa construção e quais as restrições formais associadas a ela?; (ii) Quais as especificações semântico-pragmático-funcionais da construção e quais as restrições de significado associadas a ela?; (iii) Com que outras construções ela pode se combinar a fim de formar sentenças concretas e que combinações não são licenciadas?; e (iv) A que outras construções essa construção gramatical está relacionada na rede construcional, e qual é o tipo de relação que se verifica?

Mas é preciso registrar que praticantes da Sintaxe Construcionista também se interessam por questões práticas, como o problema da representação mental do conhecimento linguístico e temas como aquisição, processamento, tipologia, mudança linguística e variação. Acima de tudo, seria um erro compreender a Gramática de Construções como um programa de pesquisas claramente delimitado e organizado a partir de um único centro irradiador. Mais razoável é compreendê-la como um empreendimento coletivo amplo e em larga medida difuso, que atrai linguistas com formações e interesses teóricos os mais diversos.

Como estudar algum desses fenômenos usando a Sintaxe Construcionista?

Para responder a essa pergunta, convém lembrar uma conhecida classificação dos procedimentos metodológicos em linguística, que consiste em organizá-los em três grupos: a *introspecção* do analista, a *observação de dados reais* e o emprego de *técnicas experimentais*. Dito isso, podemos reformular a pergunta nos seguintes termos: Qual ou quais dessas estratégias são empregadas por linguistas construcionistas? A resposta é direta: todas as três.

Os primeiros desenvolvimentos de uma Sintaxe Construcionista se devem a estudos que recorrem à introspecção do analista. De maneira geral, trabalhos pioneiros como Lakoff (1987), Fillmore et al. (1988) e Goldberg (1992, 1995) se valem fundamentalmente de dados inventados e constroem sua argumentação a partir de julgamentos subjetivos de gramaticalidade.

Goldberg (1995), por exemplo, recorre à intuição para investigar a construção de movimento causado do inglês, que tem a forma [SUJ [V OBJ OBL]]. Entre os diversos fatos relativos a essa construção de que a Sintaxe Construcionista deve dar conta, está, por exemplo, a impossibilidade de (3c), em contraste com (3a) e (3b).

(3)   a.   Pat invited Bob into the room. ('Pat convidou Bob para entrar no quarto')
       b.   Pat asked Bob into the room. ('Pat pediu a Bob para entrar no quarto')
       c.   * Pat begged Bob into the room. ('Pat implorou a Bob para entrar no quarto')

As sentenças (3a) e (3b), que incluem respectivamente os verbos "invite" ("convidar") e "ask" ("pedir"), são possíveis no inglês. Por isso, pode parecer surpreendente, e arbitrário, que o exemplo (3c), com o verbo "beg" ("implorar") seja impossível. Como explicar essa diferença? A hipótese de Goldberg é a de que a construção de movimento causado apresenta a seguinte restrição semântica: o deslocamento do tema deve ser a situação *default*, esperada. Em (3a) e (3b), dado o convite ou pedido para que Bob entre no quarto, o que se espera, *em princípio*, é o que o deslocamento vá ocorrer – este é, por assim dizer, o curso normal dos acontecimentos. No caso de (3c), porém, o verbo "beg" ("implorar") sugere que a ocorrência do movimento não pode ser presumida. É, portanto, o conflito semântico entre o verbo "beg" e a construção de movimento causado que explica a impossibilidade de (3c).

Note-se que essa explicação não se sustenta em técnicas experimentais[9] ou análise de *corpus*: a metodologia consiste em criar sentenças artificiais e avaliar sua aceitabilidade / gramaticalidade, produzindo então um conjunto de dados possíveis e impossíveis na língua. A partir daí, o analista examina esses dados e procura encontrar uma generalização capaz de explicá-los. Como se vê, o método é eficiente e pode conduzir a *insights* reveladores.

Na história da GC, porém, não demorou para que ele fosse complementado por outros procedimentos. Assim é que, em meados da década de 1990, o campo testemunhou um processo de diversificação metodológica – inicialmente com a popularização dos experimentos psicolinguísticos e, pouco depois, com a onda da linguística de *corpus* (Stefanowitsch, 2011). Hoje, a GC colhe os frutos desse processo: uma parcela significativa dos trabalhos na área busca comprovar suas hipóteses intuitivas por meio de métodos empíricos, sejam eles baseados na análise de dados reais ou no emprego de técnicas experimentais.

No que se refere aos métodos experimentais, porém, é preciso fazer uma ressalva. Até hoje, na seara da GC, eles têm sido empregados menos para verificar a pertinência de hipóteses específicas e mais para demonstrar a realidade psicológica das construções gramaticais abstratas (como a construção bitransitiva ou a construção de movimento causado, de que já falamos aqui). Essa preocupação se deve a uma contingência histórica: como o modelo não derivacional da GC é bem posterior à consolidação do paradigma gerativista, muitos linguistas se sentem impelidos a demonstrar que a alternativa oferecida por eles é não apenas teoricamente plausível, mas empiricamente válida.[10] O resultado tem sido uma proliferação de estudos cujo objetivo é, em última instância, comprovar que construções abstratas existem de fato na mente do falante (ver Goldberg e Bencini (2005) para uma síntese de alguns desses estudos).

De todo modo, ainda que com frequência menor, os estudos construcionistas também têm recorrido à metodologia experimental com o objetivo de verificar certas hipóteses explicativas para fenômenos sintáticos. É o que veremos na próxima seção.

Poderia me dar um exemplo?

Vamos tratar aqui de um problema sintático clássico, referido na tradição gerativista como a questão da "extração" de constituintes em interrogativas-QU. Os exemplos a seguir devem esclarecer a natureza do problema:

(4) a. O que você disse que eles enviaram?
     b. ?? O que você percebeu que eles enviaram?
     c. ?? O que você cochichou que eles enviaram?

O que qualquer modelo gramatical deve explicar é por que (4a) é perfeitamente possível, ao passo que (4b) e (4c) parecem, no mínimo, bem menos naturais. À luz da Sintaxe Gerativa, que tem discutido extensamente esse tipo de fenômeno, o problema é formulado em termos da possibilidade ou impossibilidade de "extração" de um constituinte-QU para uma nova posição estrutural na sentença. À luz da Gramática de Construções, por outro lado, não vamos falar em "extração" de constituintes ou qualquer outro tipo de operação derivacional. Em vez disso, o problema será formulado em termos da possibilidade ou impossibilidade de *combinação entre diferentes construções gramaticais*. Trocando em miúdos, o que estamos buscando é uma resposta para a seguinte pergunta: por que a combinação de construções que resulta em (4a) é possível, ao passo que o mesmo não é verdade (ou, pelo menos, não tão categoricamente) para a combinação de construções que resulta em (4b) e (4c)?

Para responder a essa pergunta, vou me basear na análise de Goldberg (2006) e Ambridge e Goldberg (2008), formulada originalmente para dados do inglês. Em primeiro lugar, vamos concentrar nossa atenção sobre os verbos principais: "dizer", "perceber" e "cochichar". Devemos observar que cada um deles pertence a uma classe distinta. Comecemos pelo verbo "perceber", de (5b): ele está incluído, junto com verbos como "lamentar" e "saber", na classe dos *verbos factivos*, que se caracterizam por pressuporem a verdade da proposição expressa pelo seu complemento sentencial.[11] Já o verbo "cochichar", de (5c), pertence ao grupo dos verbos que expressam *modo de falar*, assim como "murmurar" e "gritar", por exemplo. Por fim, verbos como "dizer", mas também "achar" e "pensar", são considerados semanticamente mais leves do que os verbos de modo de falar e os factivos. Esses verbos às vezes são chamados de *verbos-ponte* (em inglês, "bridge-verbs").

Nesse ponto, podemos observar que a boa ou má-formação das interrogativas-QU parece estar relacionada à classe do verbo principal. Com efeito, os fatos linguísticos evidenciados em (4) não parecem se dever a particularidades dos verbos "dizer", "perceber" ou "cochichar". Pelo contrário: comportamentos análogos se verificam em verbos da mesma classe. Assim, uma interrogativa-QU como (4a) continuará sendo bem formada se substituirmos o verbo "dizer" por outros verbos-ponte; da mesma maneira, a estranheza que sentimos com "perceber" ou "cochichar" permanecerá no caso de outros verbos factivos ou outros verbos que expressam modo de falar. Isso sugere uma primeira resposta para a pergunta que fizemos antes: a sentença (4a) é bem formada porque exibe um verbo-ponte como verbo principal; as sentenças (4b) e (4c) são impossíveis, ou pelo menos estranhas, porque não trazem um verbo-ponte como verbo principal. Embora aparentemente correta, essa afirmação se parece mais com uma *correlação descritiva* do que com uma verdadeira *explicação*. Afinal, ela nos deixa com a seguinte dúvida: por que razão, afinal de contas, os verbos-ponte deveriam produzir, em alguns contextos pelo menos, interrogativas-QU mais aceitáveis?

Para começarmos a compreender a resposta, observemos as sentenças a seguir.

(5) a. Ela disse que eles enviaram o dinheiro.
   b. Ela percebeu que eles enviaram o dinheiro.
   c. Ela cochichou que eles enviaram o dinheiro.

Há uma importante diferença pragmática entre (5a), de um lado, e (5b) e (5c), de outro. Uma sentença como (5a) tende a ser produzida com o objetivo de comunicar a informação de que *eles enviaram o dinheiro*. Em outras palavras, o complemento do verbo "dizer" corresponderá à "asserção principal" da sentença. Em (5b) e (5c), contudo, a situação é diferente. No primeiro caso, parece claro que o complemento do verbo "perceber" expressa um conteúdo pressuposto: o objetivo do falante não é informar sobre o envio do dinheiro, e sim sobre o fato de que alguém se deu conta disso. De forma semelhante, em (5c), a interpretação mais natural é a de que a sentença se refere ao modo como um certo conteúdo foi comunicado: o falante está dizendo que a informação sobre o envio do dinheiro foi *cochichada* (e não, por exemplo, gritada a plenos pulmões). Nos dois últimos casos, portanto, o foco pragmático recai sobre o verbo principal, e não sobre o seu complemento. Em outras palavras, a informação expressa pelo complemento fica discursivamente em segundo plano, subfocalizada. Nos termos de Goldberg (2006), essa informação desempenha o papel de *background* – uma espécie de "pano de fundo informacional".

Na primeira seção deste capítulo, dissemos que a má-formação de certos enunciados se explica, à luz da Sintaxe Construcionista, por uma incompatibilidade entre as propriedades das construções gramaticais envolvidas. Em cada um dos exemplos (4a) a (4c), temos duas construções diretamente relevantes para os propósitos deste texto: a construção interrogativa-QU e uma construção de complementação sentencial. Nesses três exemplos, podemos observar que um mesmo elemento, o item *o que*, instancia simultaneamente as duas construções. Mas essa instanciação dupla só parece ser (plenamente) aceitável em (4a). Por que isso? Qual é a incompatibilidade que se verifica em (4b) e (4c), mas não em (4a)?

A resposta é que a estranheza de (4b) e (4c) é o resultado de um *conflito pragmático* entre as construções envolvidas. Pensemos em (4b). Aqui, as construções abstratas relevantes são a construção interrogativa-QU e a construção de complementação com verbos factivos. O problema é que a construção interrogativa se caracteriza pelo fato de que *foco pragmático* recai sobre a palavra-QU,[12] ao passo que a construção de complementação se caracteriza discursivamente, como vimos, pela função de *background*. Como o item *o que* instancia, a um só tempo, ambas as construções, ele teria de atender a duas restrições contraditórias – o que provoca o *crash* pragmático, inviabilizando (4b). A mesma análise se aplica a (4c), já que os verbos que expressam modo de falar se comportam de forma análoga aos verbos factivos no que diz respeito à baixa proeminência discursiva do seu complemento. Nos termos de Ambridge e Goldberg (2008: 383), "os falantes evitam combinar construções que imporiam restrições conflitantes a um constituinte, como exigir que ele seja ao mesmo tempo subfocalizado ('backgrounded') e discursivamente proeminente".[13]

Em linhas gerais, portanto, a explicação construcionista para os fatos expostos em (4) é a seguinte: em (4b) e (4c), um conflito pragmático entre duas construções gramaticais conduz a sentenças pouco naturais; em (4a), por outro lado, esse conflito não está presente, e o resultado é uma sentença plenamente aceitável. No entanro, vale notar que essa conclusão foi alcançada com base em uma análise intuitiva. Este era, como já vimos, o tipo de procedimento metodológico dominante nos primórdios da Sintaxe Construcionista. Mas nós vimos também que, atualmente, tem sido cada vez mais comum na área o emprego de métodos empíricos. O que nos leva à pergunta: de que maneira se poderia demonstrar empiricamente a explicação construída até aqui?

Para comprovar a hipótese da incompatibilidade pragmática entre construções, Ambridge e Goldberg (2008) desenvolveram um experimento simples, usando dados do inglês. O experimento consistia na aplicação de um questionário dividido em duas partes. Na primeira parte, pedia-se que os participantes avaliassem a aceitabilidade de um conjunto de sentenças declarativas e interrogativas, com base em uma escala de 1 (completamente inaceitável) a 7 (completamente aceitável). O ponto central é que essas sentenças continham verbos das três classes discutidas aqui. Os verbos utilizados foram os seguintes: para a classe dos verbos-ponte, *say* ("dizer"), *decide* ("decidir"), *think* ("pensar", "achar") e *believe* ("acreditar", "achar"); para os factivos, *realize* ("dar-se conta", "perceber"), *remember* ("lembrar"), *notice* ("notar", "perceber") e *know* ("saber"); e, para os verbos que expressam modo de falar, *whisper* ("cochichar"), *stammer* ("gaguejar"), *mumble* ("balbuciar", "resmungar") e *mutter* ("murmurar", "resmungar"). A julgar pelo que vimos em (4), o esperado era que as sentenças interrogativas com verbos-ponte fossem consideradas mais aceitáveis.

Embora o interesse último dos pesquisadores fosse medir a aceitabilidade das sentenças interrogativas, as declarativas tinham sua importância metodológica. Ocorre que a frequência dos itens lexicais pode afetar o julgamento de aceitabilidade: sentenças com palavras mais frequentes tendem a ser consideradas mais aceitáveis. Para que esse fator não interferisse nos resultados, optou-se por *subtrair* o valor atribuído a cada sentença interrogativa daquele atribuído à sentença declarativa correspondente. Por exemplo, a média de aceitabilidade das declarativas com *say* foi bastante alta: 5.93. Já a média de aceitabilidade das interrogativas com mesmo verbo foi 5.04. Subtraindo este valor daquele, obtém-se o índice 0.89. Essa medida indica a *resistência à interrogativa-*QU. Se a resistência é 0.89, portanto bastante baixa, isso quer dizer que a interrogativa-QU é julgada bastante aceitável para esse verbo. Aqui, portanto, o que se espera é que os verbos-ponte tenham pontuação *mais baixa* que os verbos factivos e os verbos de modo de falar, indicando menor aceitabilidade da interrogativa-QU para estes últimos.

Passemos agora à segunda parte do questionário. Nela, os participantes liam pares de sentenças e avaliavam em que medida a primeira afirmação implicava a segunda. As instruções passadas aos participantes diziam assim: "Se você ouvisse alguém proferir [Declaração 1], em que medida você presumiria que essa pessoa também está sugerindo [Declaração 2]". Também aqui foi empregada uma escala de 1 a 7, na qual 1 deveria indicar que a Declaração 1 não implicava em absoluto a Declaração 2. Por exemplo:

(6)   a. Maria didn't know that Ian liked the cake.
         'Maria não sabia que Ian gostou/gostava da torta'
     b. Ian didn't like the cake.
         'Ian não gostou/gostava da torta'

Nesse caso, entendemos que quem afirma (6a) *não* está sugerindo (6b). Diante desse par de sentenças, portanto, espera-se que o participante atribua um valor baixo na escala de 1 a 7. A situação será um pouco diferente, porém, com o par a seguir:

(7)   a. She didn't think that he left. ('Ela não achou que ele saiu')
     b. He didn't leave. ('Ele não saiu')

Aqui, os autores entendem que, embora (7a) não acarrete diretamente (7b), alguma relação de implicação existe entre as duas declarações. O que se imagina, portanto, é que os participantes atribuirão um valor mais alto que o de (6).

Essa tarefa experimental se baseia em um conhecido teste de pressuposição. É sabido que conteúdos pressupostos em sentenças encaixadas não são afetados pela negação da sentença principal. Foi o que vimos em (6): o fato de negarmos o verbo *know* ("saber") não anula o fato de que *Ian gostou / gostava da torta*. Isso é evidência de que o conteúdo da sentença completiva – a ideia de que *Ian gostou / gostava da torta* – está pragmaticamente pressuposto.

Ora, conteúdos pressupostos são, por definição, pouco proeminentes do ponto de vista discursivo – ou seja, fazem parte do *background* informacional. Por isso, os resultados obtidos na segunda parte do questionário são tomados como medidas do *grau de proeminência discursiva* de certos conteúdos. Quando um conteúdo for discursivamente pouco proeminente, ele ficará imune à negação, como (6b), resultando em um valor baixo na escala de 1 a 7. Quando, inversamente, um conteúdo for discursivamente proeminente, ele não ficará imune à negação, como (7b), resultando em um valor mais alto na escala de 1 a 7.

Agora, podemos relacionar os resultados das duas partes do questionário. Como vimos, a primeira parte indica quais interrogativas-QU são mais e menos aceitáveis. Por sua vez, a segunda parte aponta quais classes verbais apresentam complementos mais ou menos proeminentes. Como você deve estar imaginando, a hipótese dos autores produz a seguinte previsão: classes verbais com valores mais altos na primeira parte (indicando forte resistência à interrogativa-QU) receberão valores mais baixos na segunda parte (indicando baixa proeminência discursiva dos seus complementos). Dito isso, vamos aos resultados:

Figura 1: Resultado da primeira tarefa

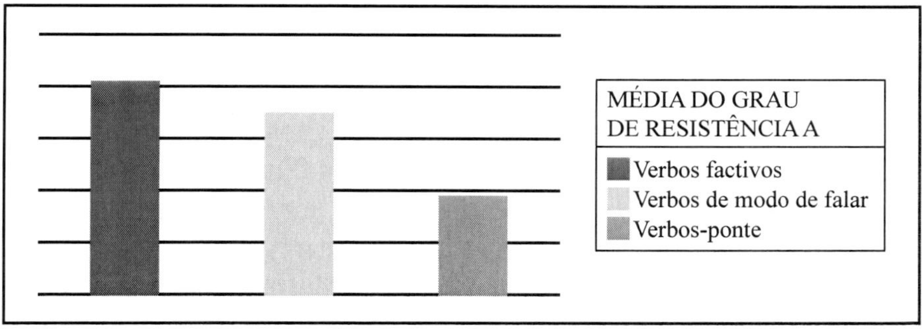

MÉDIA DO GRAU
DE RESISTÊNCIA A

■ Verbos factivos
□ Verbos de modo de falar
■ Verbos-ponte

Figura 2: Resultado da segunda tarefa

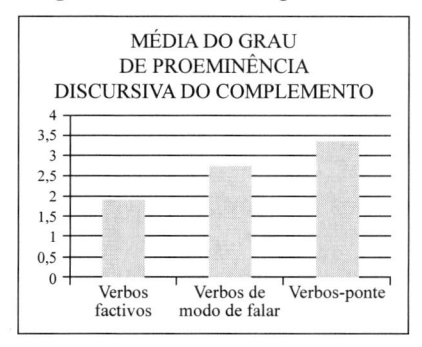

Lembremos: na primeira parte experimento (figura 1), quanto mais alto o valor obtido maior a *resistência* à interrogativa-QU. As médias para cada classe verbal foram as seguintes: 0.96 para os verbos-ponte, 1.74 para os verbos de modo de falar e 2.06 para os factivos. Os resultados, portanto, confirmam as intuições dos pesquisadores, ao mesmo tempo em que acrescentam um dado: os falantes parecem aceitar melhor as interrogativas-QU do tipo (4c), com verbos de modo de falar, do que aquelas do tipo (4b), com verbos factivos.

Na segunda parte do experimento, quanto mais alto o valor obtido maior a proeminência discursiva do complemento do verbo principal. As médias para cada classe verbal foram as seguintes: 3.35 para os verbos-ponte, 2.75 para os verbos de modo de falar e 1.90 para os factivos. Juntando as duas partes do questionário, o que se vê é o que os resultados da segunda tarefa são um espelho quase perfeito dos resultados da primeira tarefa. Resumidamente, o experimento confirmou as expectativas, sugerindo que *quanto menos proeminente é uma construção de complemento sentencial, menos aceitável será a combinação de um de seus constituintes com o* slot *de palavra-QU em uma construção interrogativa-QU.*

Naturalmente, é importante que o leitor se reporte ao artigo original para conhecer os detalhes do experimento. Aqui, nosso objetivo foi apenas apresentar uma proposta concreta de análise em Sintaxe Construcionista. A título de conclusão, vale chamar a atenção para dois pontos teóricos que ficam evidenciados pela análise apresentada: (i) a ideia de que certos fatos sintáticos podem ser mais bem compreendidos quando se levam em conta aspectos semântico-pragmáticos, e (ii) a ideia de que os enunciados linguísticos resultam da combinação de diferentes construções gramaticais, as quais impõem restrições às possibilidades combinatórias.

Quais são as grandes linhas de investigação?

Há muitos motivos para não oferecer uma lista com as "grandes linhas de investigação" de uma empreitada científica: elas tendem a ser incompletas, subjetivas e, em larga medida, arbitrárias. Mas há também ótimos motivos para oferecê-las: elas podem servir como um guia útil para pesquisadores iniciantes – e, quem sabe, despertar o interesse de alguns. Dito isso, elenco aqui três caminhos possíveis de pesquisa em Sintaxe Construcionista:

1. Estudo de construções particulares ou famílias de construções. A maior parte dos estudos construcionistas toma como objeto de investigação uma construção particular ou uma família de construções. Aqui, três linhagens se destacam. Em primeiro lugar, há a tradição de estudos sobre *construções idiomáticas* – o tipo de construção que, como vimos, deu o impulso inicial para o desenvolvimento de uma Sintaxe Construcionista. Outro caminho bastante explorado, sobretudo a partir dos trabalhos de Adele Goldberg, são as construções de estrutura argumental (CEAs), como as construções bitransitiva e de movimento causado. Ainda uma terceira tradição está ligada às *construções de estrutura informacional*, como a passiva ou a família de construções clivadas. Diferentemente das CEAs, essas construções não definem tipos específicos de evento; em vez disso, elas têm o papel de especificar a maneira como o evento deverá ser conceptualizado (sob uma ótica cognitivista) ou de organizar o fluxo de informações na sequência discursiva (sob uma perspectiva caracteristicamente funcionalista).[14]

2. "Alternâncias" sintáticas[15] e diferenças semântico-pragmáticas.

A alternância sintática diz respeito à possibilidade de expressar um mesmo conteúdo objetivo por meio de estruturas sintáticas distintas (por exemplo, *Zé venceu o jogo* X *O jogo foi vencido por Zé*). Na seara da GC, essa ideia já foi sintetizada sob a forma do Princípio da Não Sinonímia (Goldberg, 1995) e do Princípio do Contraste (Croft, 2001). Ambos traduzem o mesmo *insight* fundamental: diferenças na forma estão relacionadas a diferenças no significado. Se aceitamos essa hipótese, deparamo-nos com a seguinte questão: que diferença de significado é possível identificar entre duas construções alternantes?

Essa pergunta fundou uma linha de investigação razoavelmente produtiva na GC. Por exemplo, Langacker (2008: cap. 11) contrasta as construções transitiva ativa ("Eu abri a porta"), média ("A porta abriu fácil"), intransitiva absoluta ("A porta abriu") e passiva ("A porta foi aberta"), mostrando como elas podem traduzir conceptualizações alternativas de um mesmo cenário objetivo. No Brasil, dois exemplos de trabalhos que seguem essa trilha são Ferrari (2005) e Almeida e Ferrari (2012).

3. Coerção e a interação item-construção.

Em um quadro teórico construcionista, a coerção diz respeito a um processo de resolução de conflito entre item lexical e construção sintática. Por exemplo, na construção *há X (atrás)*, a inserção de um sintagma com valor temporal – como "três meses" ou "quinze minutos" – não gera problemas. Mas outros constituintes, não obviamente temporais, também podem se acomodar à construção, graças ao processo de ajuste semântico conhecido como coerção. Assim, podemos ter, por exemplo, "há oito copos de cerveja (atrás)", em que "oito copos de cerveja" recebe interpretação temporal.

A coerção tem se revelado uma questão teórica importante nos estudos de interface sintaxe-semântica, chegando a receber um número especial do periódico *Linguistics* (2011, n. 6). No Brasil, Brodbeck (2010) focaliza o problema ao investigar diacronicamente os padrões *Monte de N* e *Chuva de N* ("monte de beijos", "chuva de ambulâncias"). Não surpreendentemente,

Alonso (2010) também discute a coerção ao estudar um objeto semelhante: a família de *construções binominais quantitativas*, do tipo "um quilo de feijão" e "um monte de crianças". Além disso, Ciríaco (2011), embora não fale explicitamente em coerção, toma como questão central do seu trabalho o problema da interação entre verbo e construção sintática.

Notas

1. Agradeço à Liana Biar (PUC-Rio) por todas as leituras e sugestões que ajudaram a tornar o texto menos hermético para leitores iniciantes. Agradeço ainda aos organizadores Gabriel de Ávila Othero e Eduardo Kenedy pelos comentários valiosos feitos a partir de versão anterior deste texto. Naturalmente, todos os erros que permanecem são de minha responsabilidade.

2. Como toda reconstrução histórica, esta também tem sua cota de arbitrariedades. Na tentativa de minimizá-las, vale citar pelo menos dois textos importantes que antecederam o *boom* construcionista dos anos 1980. O primeiro é *Linguistic Gestalts*, em que George Lakoff sustenta, pioneiramente, a existência de padrões gramaticais – ou *gestalts* linguísticos – cujo significado não decorre da soma de suas partes componentes. O segundo é *Innocence: a second idealization for linguistics*, em que Charles Fillmore chama a atenção para a centralidade dos usos idiomáticos na comunicação cotidiana.

3. Naturalmente, o objetivo aqui não é descer aos detalhes de qualquer modelo concreto, mas dar uma ideia geral, e grosseiramente simplificada, do tipo de visão de língua presente na tradição gerativista. Para uma apreciação justa dessa tradição, ver os capítulos "Sintaxe Gerativa" e "Sintaxe Minimalista", neste volume.

4. Outros exemplos são Lakoff (1987: 462-585), que analisa a construção dêitica com *there* ("There goes our last hope"), comparando-a com a construção existencial ("There is still hope"); Fillmore *et alii* (1988), que estudam a construção com *let alone* ("Max won't eat shrimp, let alone squid"); e Lambrecht (1988), que se ocupa de um certo tipo de "amálgama sintático" ("There was a farmer had a dog").

5. Mas a intuição sobre a existência de construções gramaticais é anterior, e está certamente presente nas gramáticas tradicionais e pedagógicas. Celso Cunha e Lindley Cintra, por exemplo, trazem uma observação sobre a "inversão predicativo + verbo" em que tal inversão é relacionada, entre outros fatores, à expressão de afetividade (Cunha e Cintra, 2001). Essa forma de apresentação dos fatos da língua, em que esquemas sintáticos abstratos são associados diretamente a determinados valores semântico-pragmáticos, é própria da Sintaxe Construcionista.

6. Essa definição é consensual entre todas as vertentes da GC. Para além dela, porém, as divergências começam a aparecer. Em particular, não há consenso quanto ao que deve contar como uma construção gramatical. Para uma comparação entre as diferentes vertentes da GC, ver Croft e Cruse (2004: 10) ou Goldberg (2006: cap. 10), bem como toda a parte II de Hoffmann e Trousdale (2013).

7. "Constructicon" é um neologismo cunhado por Jurafsky (1992) a partir do cruzamento entre as palavras inglesas *construction* ("construção") e *lexicon* ("léxico"). Usado com alguma frequência, nos trabalhos da área, para fazer referência à *rede de construções gramaticais* que constitui a gramática das línguas naturais, o termo deixa particularmente claro o abandono dos mecanismos derivacionais na GC.

8. Naturalmente, também existem as interrogativas-QU com palavra-QU em posição pós-verbal. Mas, neste caso, trata-se, presumivelmente, de uma outra construção gramatical.

9. Sobre métodos experimentais em sintaxe, veja o capítulo "Sintaxe Experimental", neste volume.

10. A esse respeito, Tomasello (2003) faz um comentário provocativo. Segundo ele, a julgar pelo critério de economia explicativa da Navalha de Occam, o ônus da prova deveria caber aos adeptos da Linguística Gerativa. Isso porque os modelos gerativistas tipicamente se ancoram em dois mecanismos qualitativamente distintos de aquisição e processamento (um para o léxico e outro para a gramática), ao passo que a GC demanda apenas um mecanismo (uma vez que, como vimos, a totalidade do conhecimento linguístico é tratada de maneira uniforme).

[11] Por exemplo, uma sentença como *Eu (não) sabia que ele estava doente* evoca o pressuposto de que *ele estava doente.*

[12] Embora os autores não desenvolvam esse ponto, parece bem estabelecida a ideia de que, em interrogativas-QU, é a própria palavra-QU que constitui o domínio do foco pragmático (Lambrecht, 1994). Ver, a esse respeito, a análise esboçada no capítulo "Sintaxe em Teoria da Otimidade", neste volume.

[13] Goldberg (2006: 132) vai além e sugere que, de modo geral, todas ou a maioria das tradicionais restrições de movimento "derivam de conflitos entre as propriedades de estrutura informacional das construções envolvidas".

[14] Na Linguística Funcional, há uma longa tradição de estudos sobre estruturas especializadas no "empacota-mento" discursivo da informação, levando em conta categorias como tópico e foco. Na Linguística Cognitiva, há uma tradição mais recente, associada sobretudo aos nomes de R. Langacker e L. Talmy, que investiga as diferentes formas de conceptualização de uma mesma cena ("construal"), recorrendo a categorias como figura e fundo. Em observação inspirada, Jackendoff (2002: 418) sugere que essas duas abordagens podem ser, em certo sentido, faces de uma mesma moeda.

[15] Na GC, existe uma certa resistência ao termo "alternância" por causa da associação que ele evoca com os primórdios da Linguística Gerativa e sua abordagem transformacional. É preciso ressalvar, portanto, que, em um tratamento construcionista, cada estrutura "alternante" é vista como uma construção *em seus próprios termos*. Não há, assim, qualquer sugestão de que uma estrutura *derive* de outra ou de que uma delas seja mais básica: trata-se de construções independentes, cada qual com suas propriedades sintáticas e semânticas.

O que eu poderia ler para saber mais?

Comecemos pelas obras gerais, que apresentam os princípios básicos da Gramática de Construções. Em inglês, é bastante vasta a literatura com esse fim, a começar pelo *The Oxford Handbook of Construction Grammar* (Hoffmann e Trousdale, 2013). Além disso, livros de introdução à Linguística Cognitiva costumam incluir um ou mais capítulos dedicados à GC – Croft e Cruse (2004) é uma excelente opção, assim como Evans e Green (2006). Em português, este é também o caso do livro *Introdução à linguística cognitiva* (Ferrari, 2011), que traz dois capítulos dedicados à abordagem construcionista da gramática. Além disso, o primeiro capítulo do livro *Linguística Cognitiva em foco: morfologia e semântica* (Almeida et al., 2009) traz uma apresentação geral à GC.

Passemos agora para os trabalhos sobre construções específicas. Em inglês, é sempre recomendável ler os clássicos da Sintaxe Construcionista, como Fillmore, Kay e O'Connor (1988), Lambrecht (1990) e Kay e Fillmore (1999), além dos trabalhos de Goldberg (1992, 1995) sobre as construções de estrutura argumental. Em língua portuguesa, o livro *Espaços mentais e construções gramaticais: do uso linguístico à tecnologia* (Ferrari, 2009) traz estudos descritivos sobre construções do português e do inglês. Na mesma linha, a obra *Construções do português do Brasil: da gramática ao discurso* (Miranda e Salomão, 2009) reúne trabalhos que investigam construções gramaticais do PB, quatro das quais de nível sintático. Por fim, oriunda da sólida tradição brasileira de estudos funcionalistas, há a obra *Linguística centrada no uso: uma homenagem a Mário Martelotta* (Cezario e Furtado da Cunha, 2013).

Por limitações de espaço, optei por priorizar os trabalhos publicados em forma de livro. Mas a produção em Sintaxe Construcionista tem sido disponibilizada também sob a forma de artigos, teses e dissertações – alguns dos quais já foram citados na seção anterior.

ALMEIDA, M. L. L. et al. *Linguística cognitiva em foco*: morfologia e semântica. Rio de Janeiro: Publit, 2009.

ALMEIDA, S.; FERRARI, L. Subjectivity, intersubjectivity and epistemic complementation constructions. *Selected papers from UK-CLA Meetings*. 2012. Disponível em: <http://www.uk-cla.org.uk/proceedings/volume_1/21-10>. Acesso em: 12 jun. 2014.

ALONSO, K. S. B. Construções binominais quantitativas e construção de modificação de grau: uma abordagem baseada no uso. Rio de Janeiro, 2010. Tese (Doutorado em Linguística) – Universidade Federal do Rio de Janeiro.

AMBRIDGE, B.; GOLDBERG, A. The island status of clausal complements: evidence in favor of an information structure explanation. *Cognitive Linguistics*, v. 19, n. 3, 2008, pp. 357-389.

BRODBECK, R. C. M. S. *Um monte de problemas gera uma chuva de respostas*: estudo de um caso de desencontro na quantificação nominal em português. Juiz de Fora, 2010. Tese (Doutorado em Linguística) – Universidade Federal de Juiz de Fora.

CEZARIO, M. M.; FURTADO DA CUNHA, M. A. (orgs.). *Linguística centrada no uso*: uma homenagem a Mário Martelotta. Rio de Janeiro: Mauad X / FAPERJ, 2013.

CIRÍACO, L. A hipótese do contínuo entre o léxico e a gramática e as construções incoativa, medial e passiva do PB. Belo Horizonte, 2011. Tese (Doutorado em Estudos Linguísticos) – Universidade Federal de Minas Gerais.

CROFT, W. *Radical Construction Grammar*. Oxford: Oxford University Press, 2001.

CROFT, W; Cruse, D. A. *Cognitive linguistics*. Cambridge: University Press, 2004.

CUNHA, C.; Cintra, L. *Nova gramática do português contemporâneo*. Rio de Janeiro: Nova Fronteira, 2001.

EVANS, V.; GREEN, M. *Cognitive linguistics*: An introduction. Edinburgh: University Press, 2006.

FERRARI, L. Integração conceptual em construções epistêmicas no português do Brasil. In: MIRANDA, N. S.;

FILLMORE, C. J. Syntactic intrusions and the notion of grammatical construction. *Proceedings of the 11th Annual Meeting of the Berkeley Linguistics Society*, 1985, pp. 73-86.

FILLMORE, C. J.; KAY, P.; O'CONNOR, M. C. Regularity and idiomacy in grammatical constructions: the case of let alone. *Language*, v. 64, 1988, pp. 501-38.

GOLDBERG, A. E. The inherent semantics of argument structure: the case of the English ditransitive construction. *Cognitive Linguistics*, v. 3, n. 1, 1992, pp. 37–74.

_____. *Constructions*: a construction grammar approach to argument structure. Chicago: University Press, 1995.

_____. *Constructions*: a new theoretical approach to language. *Trends in Cognitive sciences*, v. 7, n. 5, 2003, pp. 219-24.

GOLDBERG, A. E. *Constructions at work*: the nature of generalization in language. Cambridge: University Press, 2006.

GOLDBERG, A. E.; BENCINI, G. Support from language processing for a constructional approach to grammar. In: TYLER, A. E.; TAKADA, M.; KIM, Y.; MARINOVA, D. (eds.). *Language in use*: cognitive and discourse perspectives on language and language learning. Washington: Georgetown University Press, 2005.

HOFFMANN, T.; TROUSDALE, G. (eds.). *The Oxford Handbook of Construction Grammar*. Oxford: University Press, 2013.

JACKENDOFF, R. *Foundations of language*. Oxford: University Press, 2002.

JURAFSKY, D. An on-line computational model of human sentence interpretation: a theory of the representation and use of linguistic knowledge, 1992. (PhD Dissertation) – University of California, Berkeley.

KAY, P.; FILLMORE, C. J. Grammatical constructions and linguistic generalization: The *What's X doing Y* construction. *Language*, v. 75, 1999, pp. 1-33.

LAKOFF, G. *Women, fire and dangerous things*: what categories reveal about the mind. Chicago: University Press, 1987.

LAMBRECHT, K. There was a farmer had a dog: syntactic amalgams revisited. *Proceedings of the 14th Annual Meeting of the Berkeley Linguistics Society*, 1988, pp. 319-339.

_____. "What, me worry?" – 'Mad Magazine Sentences' revisited. *Proceedings of the 16th Annual Meeting of the Berkeley Linguistics Society*, 1990, pp. 215-228.

_____. *Information structure and sentence form*. Cambridge: University Press, 1994.

_____. *Cognitive grammar*: a basic introduction. Oxford: University Press, 2008.

MIRANDA, N. S.; SALOMÃO, M. M. M. (orgs.). *Construções do português do Brasil*: da gramática ao discurso. Belo Horizonte: Ed. UFMG, 2009.

NAME, M. C. *Linguística e cognição*. Juiz de Fora: Ed. UFJF, 2005.

_____. (org.). *Espaços mentais e construções gramaticais*: do uso linguístico à tecnologia. Rio de Janeiro: Imprinta, 2009.

_____. *Introdução à Linguística Cognitiva*. São Paulo: Contexto, 2011.

PINKER, S. *Words and rules*: the ingredients of language. New York: HarperCollins, 1999.

STEFANOWITSCH, A. Cognitive linguistics meets the corpus. In: BRDAR, M.; GRIES, S.; FUCHS, M. Z. (orgs.). *Cognitive Lingusitics*: convergence and expansion. Amsterdam/Philadelphia: John Benjamins, 2011.

TOMASELLO, M. *Constructing a language*: a usage-based theory of language acquisition. Harvard: University Press, 2003.

Sintaxe Descritiva

Mário A. Perini

O que é Sintaxe Descritiva?

A Sintaxe Descritiva não é uma teoria nem um modelo de análise; é uma posição metodológica, válida em princípio para qualquer linguista trabalhando dentro de qualquer dos modelos teóricos do momento. A Sintaxe Descritiva também não é um movimento coerente de pesquisadores que aceitam pressupostos comuns; trata-se, antes, de uma atitude perante o estudo da linguagem em determinado nível. Assim, o que se segue relata os princípios aceitos por um descritivista militante; outros pesquisadores podem divergir mais ou menos dessas linhas de ação, embora não da orientação fundamental.

A Sintaxe Descritiva (tal como a concebo) tem dois objetivos básicos: primeiro, ela fornece um retrato da estrutura da língua em determinado nível de análise, representando os fatos da língua da maneira mais clara e completa possível, com o compromisso de representar fielmente dados observados; e, em segundo lugar, oferece um instrumento para a testagem de teorias e análises mais aprofundadas. Obedecendo a esse segundo objetivo, o trabalho descritivo não é visto como uma alternativa às teorias usuais, mas como um preliminar necessário à sua construção e validação empírica. Por isso mesmo, a descrição às vezes evita partir para generalizações, não por se opor a elas, mas para se limitar à apresentação de fatos toleravelmente seguros. As generalizações e a construção de teorias abrangentes são certamente objetivo da linguística, mas dependem crucialmente da disponibilidade de dados, e é isso o que o trabalho descritivo pode oferecer. Por isso mesmo, os descritivistas com frequência elaboram bases de dados (dicionários de valências, listas de classificação de palavras etc.), o que os linguistas mais comprometidos com posições teóricas costumam evitar.

Mas não é possível estudar a língua sem levar em conta pressupostos teóricos. Isso parece gerar um impasse: a Sintaxe Descritiva procura ser neutra quanto às teorias, mas tem que levá-las em conta. Esse impasse, porém, é apenas aparente: o descritivista procura limitar seus pressupostos teóricos àqueles que são amplamente aceitos e incontroversos dentro da comunidade dos linguistas atuais.

Um exemplo pode ajudar a deixar isso mais claro. Digamos que queremos incluir em nossa descrição do português frases como:

(1)   Os cachorros machucaram a menina.

Há uma série de afirmações teóricas que podem ser feitas a respeito dessa frase, e que não dependem de posicionamento dentro de um ou outro modelo. Por exemplo, podemos dizer que *machucaram* concorda com *os cachorros*, e chamar este último sintagma de "sujeito" dessa frase. Essa é uma afirmação teórica porque não se refere diretamente aos fatos observados, e depende da definição de certas categorias tais como "sujeito" e "concordância". No entanto, trata-se de algo que qualquer linguista admite como estabelecido; esse detalhe da análise faz parte do terreno conquistado da Sintaxe, e normalmente não se discute. Esse é o tipo de noção teórica que pode ser utilizada no trabalho descritivo.

Já quando se trata de definir o funcionamento da concordância verbal, aí começamos a encontrar posições teóricas conflitantes. Alguns dirão que os traços morfossintáticos de *os cachorros* – plural, terceira pessoa – determinam diretamente a forma do verbo. Outros podem sustentar que se trata antes de um caso de congruência semântica: *machucaram* indica um agente diferente do falante e do ouvinte, em número de mais de um, e *os cachorros* corresponde a essa descrição; *a menina*, por exemplo, não corresponde, porque se refere a um objeto único, e *nós* também não corresponde, porque é de primeira pessoa. Nas gramáticas escolares, encontramos uma definição do sujeito como "o elemento do qual se afirma alguma coisa". Outros podem ainda partir para uma definição bem mais técnica, como a de que o sujeito de uma oração é "o sintagma nominal imediatamente dominado por IP, ou seja, o SN na posição de especificador do IP" (Haegeman, 1992: 105).

Essa definição, naturalmente, depende que se defina noções como "ıp" (*inflectional phrase*), "sn", "imediatamente dominado" e "especificador"[1]. Aqui, porém, não é necessário entrar nesses detalhes.

Citei anteriormente apenas quatro exemplos, e há muitos outros. Podemos perguntar: qual dessas definições de "sujeito" é a melhor? Essa é uma questão relevante, mas não é abordada diretamente pelo linguista descritivo. A posição descritivista é que, seja qual for, uma teoria tem a responsabilidade de dar conta dos fatos da língua. E daí se tira o corolário de que é preciso, antes de mais nada, ter conhecimento desses fatos. A Sintaxe Descritiva é uma tentativa de apresentar fatos da língua (no que diz respeito à estrutura sintática). Essa descrição tem interesse por ela mesma, como um retrato de parte da estrutura da língua, e também é importante como subsídio essencial à construção de teorias da linguagem. Desse modo, a Sintaxe Descritiva se ocupa da descrição e da análise preliminar de grandes áreas da sintaxe da língua, sem selecionar ou interpretar os fatos em função de alguma teoria preconcebida.

É bom deixar bem claro que as teorias são necessárias, e que não é possível realizar estudos linguísticos independentes de algum posicionamento teórico. A ideia que está por trás dos estudos descritivistas é a de que os linguistas modernos frequentemente elaboram teorias sem fundamentação suficiente nos fatos da língua; ou seja, muito da teorização que encontramos hoje na literatura linguística é prematura, e deveria ser seriamente revista em função de sua adequação aos fatos de grandes áreas da língua.

Voltando a um dos nossos exemplos: temos a definição tradicional de que

> "O **sujeito** é o termo sobre o qual se faz uma declaração [...]" (Cunha, 1981: 81)

O exemplo dado logo a seguir é

(2)   A loja era o centro da vila. (Cunha, 1981: 81)

O sujeito de (2) seria *a loja* – e, com efeito, a frase faz uma declaração sobre ela.

Mas essa frase é apenas um exemplo; será que aquilo a que chamamos habitualmente "sujeito"[2] sempre se conforma com essa definição? Ou seja, a definição não pode se aplicar apenas a uma frase, ou às 20 frases prediletas do autor: deve valer para todas as frases da língua. E, quando fazemos um levantamento mais amplo, surgem muitos problemas. Por exemplo, mesmo na gramática citada encontramos

(3)   O menino doente era penteado pela madrinha. (Cunha, 1981: 86)

Essa frase faz uma declaração sobre o menino, mas também sobre a madrinha, dado que ficamos sabendo algo a respeito dela (ela penteava o menino). O que nos autoriza a dizer que *o menino* é que é o sujeito?
Depois, na frase

(4)   A loja era o centro da vila?

a definição não nos autoriza a analisar *a loja* como sujeito, porque a frase não faz declaração nenhuma (é uma pergunta).
Como se vê, o simples fato de acrescentarmos novos dados nos leva a refinar a análise; isso ilustra como é importante dispor de uma grande massa de fatos, descritos com rigor, quando tentamos construir uma análise da estrutura da língua. A Sintaxe Descritiva (e a Linguística Descritiva em geral) procura justamente fornecer essa descrição rigorosa dos fatos da língua. Isso não esgota o estudo da língua, ou da linguagem em geral, mas é um preliminar absolutamente indispensável; e os linguistas descritivos acham que esse preliminar tem sido pouco atendido em boa parte do trabalho teórico recente.

O que a Sintaxe Descritiva estuda?

Os descritivistas são como gatos: mesmo quando numerosos, não formam um bando coerente. Pode-se, entretanto, definir certo número de procedimentos utilizados por diferentes linguistas em seu esforço de descrever a língua. A seguir, vou expor os procedimentos que utilizo em minha pesquisa; e esclareço que não se trata de um modelo descritivo criado por mim – ele se baseia em trabalhos recentes, muito em especial no princípio da Sintaxe Simples, proposto por Culicover e Jackendoff (2005). Aqui vou ilustrar essas ideias tais como se aplicam à descrição do português brasileiro.

E, antes de mais nada, é bom esclarecer que não se trata de "sintaxe" no sentido tradicional – ou seja, um estudo exclusivo dos traços formais das estruturas estudadas, sem considerar fatores de significado e mesmo de conhecimento do mundo. Hoje já se sabe que boa parte da forma das estruturas linguísticas – coisas como a ordem das palavras e a correlação entre elementos morfológicos, por exemplo – depende de fatores extrassintáticos. Para dar um exemplo, sabemos que alguns adjetivos podem ocorrer antes ou depois do núcleo do sn:

(5)   Um **lindo** relógio
(6)   Um relógio **lindo**

mas outros só podem ocorrer depois do núcleo:

(7)   Um relógio **japonês**
(8)   * Um **japonês** relógio

Isso poderia ser descrito dividindo os adjetivos em duas subclasses, com base em sua possibilidade de ordenação diante do núcleo do sn. Teríamos, simplesmente, dois tipos de adjetivo, tipo A (*lindo*) e tipo B (*japonês*). Ao aprender a língua, uma pessoa teria que aprender para cada adjetivo se é tipo A ou tipo B.

No entanto, já foi observado que adjetivos que exprimem proveniência (origem nacional, regional etc.) não podem ser antepostos: essa é uma regra geral, sem nenhuma exceção em toda a língua. Isso acontece com *japonês* e também com *brasileiro, pernambucano* e *porto-alegrense*. Nesse caso, é melhor descrever os fatos observados em (5) – (8) formulando uma regra segundo a qual *adjetivos de proveniência não podem ocorrer antes do núcleo do sn*. Isso evita ter que "inventar" as duas subclasses A e B, já que a afirmação de que *japonês* denota proveniência é um fato da língua, que não depende desta ou daquela análise – é algo que qualquer usuário do português precisa tacitamente saber de qualquer modo. Podemos dizer, então, que a Sintaxe Descritiva (eu prefiro dizer: a *Gramática* Descritiva) estuda as formas que uma língua utiliza para expressar significados.

Como estudar alguns desses fenômenos usando a Sintaxe Descritiva?

O que a Sintaxe Descritiva procura explicitar é a relação que existe entre as formas sintáticas da língua e os significados que elas veiculam. Por exemplo, como é que um falante consegue transmitir a ideia de que uma criatura praticou a ação de machucar outra:

(9)   O cachorro machucou a menina.

Aqui a resposta é simples: sabemos que os cachorros praticaram a ação porque o sintagma correspondente (*o cachorro*) está colocado antes do verbo (é o seu *sujeito*); se invertermos a ordem, vai ser entendido que a menina é que machucou o cachorro. Daí tiramos uma regra[3] de que *o sujeito de um verbo de ação exprime o agente* (o elemento que pratica a ação).

Mas para isso precisamos de uma definição de sujeito que não lance mão da noção de "ser o agente de uma ação", e uma definição de "agente" que não use a noção de sujeito. Em outras palavras, é essencial manter estritamente separadas as unidades sintáticas (formais) e semânticas com que lidamos; a razão é que o que nos interessa é exatamente a relação entre a forma e o significado das unidades linguísticas. No caso anterior, o que nos interessa são as regras que relacionam funções sintáticas (como "sujeito") e funções semânticas (como "agente"); é claro que, já de início, temos que definir separadamente essas duas noções.

Para formular a regra que diz que o sujeito de um verbo de ação exprime o agente, precisamos antes verificar se isso é realmente verdade para todos os verbos que têm agente, ou para a maioria, ou só para alguns; em outras palavras, a regra precisa retratar uma situação real na língua. No caso, verificamos que cerca de 95% das construções que incluem um agente o expressam como o sujeito – ou seja, não temos uma totalidade, mas uma maioria confortável. Nesse caso, podemos formular a regra, que vai se aplicar a todos os casos, menos àqueles que forem explicitamente marcados como exceções. Uma exceção são frases com o verbo *apanhar*, como

(10)   O vizinho apanhou da mulher.

em que o agente é expresso por uma sequência de preposição mais sintagma nominal (*da mulher*). Assim, marcamos o verbo *apanhar* como exceção à regra geral que diz que um agente deve ser codificado como o sujeito da oração. Dessa maneira não só exprimimos uma regularidade (parcial) da língua, como damos conta dos dados observados, inclusive eventuais exceções. É bom notar que a regra diz que o agente é (geralmente) sujeito, mas não que o sujeito é geralmente o agente: aqui as exceções são muitas, e é possível que nem valha a pena formular uma regra. Temos um exemplo de sujeito não agente na frase (10), e também em

(11)   Esse menino engordou.

em que o sujeito, *esse menino*, não pratica ação nenhuma.[4] Dessa maneira vamos descrevendo os detalhes do relacionamento entre as formas da língua e os significados que elas exprimem.

Poderia me dar um exemplo?

O objetivo do projeto em que tenho trabalhado atualmente é justamente estudar cada verbo da língua (uma lista avaliada em mais de 3.000 itens), listando para cada um as construções em que pode ocorrer – ou seja, pretendemos construir o *Dicionário de valências do português brasileiro*. Para isso, utilizamos uma notação sintática mínima, adicionada de papéis semânticos para certos constituintes.[5] Sem entrar na discussão dos detalhes, vamos ver alguns exemplos. A frase (1)

(1)   Os cachorros machucaram a menina.

é representada nesse sistema da seguinte maneira:

(12)   **Sujeito** > *Agente*   V   SN > *Paciente*

O verbete relativo ao verbo *machucar* tem essa construção como uma de suas possibilidades. Mas *machucar* também pode aparecer apenas com sujeito, como em

(13)   Cachorro bravo machuca.

o que nos leva a acrescentar à lista das construções desse verbo a seguinte:

(14)   **Sujeito**>*Agente*   V

E *machucar* ainda pode aparecer em uma terceira estrutura, a saber,

(15)   A menina (se) machucou.[6]

que é a realização da construção

(16)   **Sujeito**>*Paciente*   V

Sem ir mais adiante, então podemos dizer que *machucar* pode ocorrer em (12), (14) e (16). Essas três construções compõem o que chamamos de **valência** do verbo *machucar*. O objetivo do projeto é formular as valências de todos os verbos do português brasileiro.

Valências e a descrição gramatical

Digamos, então, que já completamos o *Dicionário de valências do português brasileiro* – em que isso pode ser útil para uma descrição mais abrangente da estrutura da língua? Aqui vou apenas mencionar algumas informações importantes que o dicionário vai fornecer aos linguistas:

1. O *Dicionário* não dá uma lista completa, mas fornece uma boa parte das construções sintáticas possíveis do português, cada uma com parte de sua estrutura semântica associada (os papéis semânticos como Agente, Paciente etc.).
2. O *Dicionário* nos diz, dessas construções, quais são as prototípicas, por ocorrer com maior número de verbos. Por exemplo, a construção (11), vista anteriormente, vale para muitos verbos, ao passo que a construção que se realiza como

    (10)   O vizinho apanhou da mulher.

vale para apenas um verbo, *apanhar*.

3. Outra pergunta importante que o *Dicionário* vai ajudar a responder é quais são as associações mais importantes entre funções sintáticas e papéis semânticos. Por exemplo, já vimos que o agente é prototipicamente codificado como o sujeito da oração. Um exame do *Dicionário* permitirá formular outras regras desse tipo, assim como quantificar sua importância dentro do léxico da língua.

4. O *Dicionário* possibilita ainda definir com muita precisão um aspecto do significado das preposições, a saber, que papel semântico (ou papéis semânticos) se associa prototipicamente com cada preposição da língua.

5. Para citar só mais uma contribuição do *Dicionário*, ele será uma das bases para a testagem empírica de eventuais teorias – considerando-se que uma teoria linguística precisa, como requisito mínimo, ser descritivamente adequada. Ou seja, uma teoria da língua portuguesa precisa prever todas as estruturas, regras e relações de prototipicidade encontradas em um dicionário de valências completo.

Em resumo, o *Dicionário*, além de seu interesse próprio como parte da descrição da língua, tem uma contribuição decisiva na busca pela teoria adequada das línguas e da linguagem.

Quais são as grandes linhas de investigação?

A área de atuação da gramática descritiva é o estudo da estrutura sintático-semântica das línguas naturais, dando preferência a estudos de grande amplitude. Isso significa que, em geral, se foge à definição de pontos muito locais, para abordar temas abrangentes como a valência dos verbos, a classificação das palavras, a estrutura interna da oração e do sintagma nominal, e assim por diante. O que importa antes de tudo é evitar generalizações que não sejam estrita e abundantemente fundamentadas na observação de dados da língua; na prática, isso quer dizer que não estamos ainda em condições de elaborar teorias da linguagem tais como as muitas que atualmente se encontram no mercado.

O linguista francês Maurice Gross observou, já em 1979, que "nenhum linguista conseguiu construir uma gramática transformacional com o tipo de abrangência que as gramáticas tradicionais costumavam oferecer".[7] A razão, acredito, é que não havia (e continua não havendo) uma preocupação com a descrição das línguas enquanto estruturas completas; em vez disso, encontramos discussões sobre a teoria da linguagem e estudos de problemas locais.[8] A posição do linguista descritivo é que discutir a teoria da linguagem, embora certamente relevante e interessante, é prematuro enquanto não dispusermos de descrições amplas de línguas naturais: português, francês, guarani, japonês, estudadas cada uma em seus próprios termos. Só a partir daí é que será possível procurar os grandes traços que caracterizam as línguas humanas.

Dentre as linhas de investigação que produziram resultados interessantes nos últimos tempos, podemos citar: a estrutura do sintagma nominal; os fatores que governam a ocorrência dos modos verbais; o comportamento dos verbos de localização; as construções de tópico; a subclassificação dos verbos quanto a suas valências. Uma coisa que ainda falta é um esforço muito grande de síntese desses trabalhos para cada língua em particular: uma tentativa de integrar certo número de análises em panoramas mais amplos da estrutura de cada língua. Já se produziu alguma coisa nesse sentido, como se verá na seção seguinte, mas temos aqui uma área ainda bem pouco explorada e que constitui o próximo passo nos estudos descritivos.

Notas

[1] O que encontramos no livro de Haegeman referido.

[2] E é interessante observar que, apesar da diversidade de definições, em geral todos concordam quanto a que sintagma é sujeito em qualquer oração.

[3] Dada aqui em forma muito simplificada, claro. Essa regra é elaborada em Perini (2008). Note-se que essa é uma regra descritiva, e se refere aos fatos da língua tais como observados. Não deve ser interpretada como querendo dizer que "o sujeito de um verbo de ação *deve* exprimir o agente".

[4] O mesmo se verifica em muitas orações passivas. Outra maneira de formular a regra é: se um constituinte é agente, quase sempre é sujeito; mas há muitos sujeitos que não são agentes.

[5] Papéis semânticos são relações como *agente*, *paciente*, *lugar* etc.

[6] O reflexivo é exigido para alguns falantes; outros dizem apenas *a menina machucou*. A frase (15) tem ainda a acepção de que a menina se machucou a si mesma, deliberadamente.

[7] Gross (1979, p. 859). A crítica continua valendo hoje em dia, e não só para trabalhos na linha gerativa.

[8] Hoje há exceções, citadas na seção seguinte – ou seja, felizmente houve algum progresso desde 1979.

O que eu poderia ler para saber mais?

Como observei anteriormente, não existe uniformidade entre os descritivistas quanto à posição metodológica nem quanto à nomenclatura utilizada. Claro, isso vale para os linguistas em geral, que frequentemente têm dificuldade de dialogar por causa das diferenças de terminologia. Por outro lado, os trabalhos descritivistas tendem a abordar seus temas de maneira mais concreta, e são no geral mais fáceis de ler, mesmo quando se exprimem em uma linguagem um pouco diferente da nossa. Dou a seguir uma lista de trabalhos com que me deparei nos últimos anos e que me impressionaram por sua qualidade; eles não passam de uma pequena amostra do muito que se tem feito na área da gramática descritiva das diversas línguas. O que esses trabalhos têm em comum é um foco muito decidido na observação e descrição dos fatos da língua, minimizando o quanto possível as preocupações teóricas.

ADESSE. *Alternancias de diátesis y esquemas sintáctico-semánticos del español*. Disponível em: <http://adesse.uvigo.ES>. Acesso em: nov. 2014.

BORBA, Francisco da Silva (ed.). *Dicionário gramatical de verbos do português contemporâneo do Brasil*. São Paulo: Ed. Unesp, 1990.

BOSQUE, Ignacio; DEMONTE, Violeta (ed.). *Gramática descriptiva de la lengua española*. Madrid: Espasa, 1991.

CANÇADO, Márcia; GODOY, Luisa; AMARAL, Luana. *Catálogo de verbos do português brasileiro*. Belo Horizonte: Ed. UFMG, 2013.

CASTILHO, Ataliba T. *Nova gramática do português brasileiro*. São Paulo: Contexto, 2010.

CULICOVER, Peter W.; JACKENDOFF, Ray S. *Simpler Syntax*. Oxford: Oxford University Press, 2005.

CUNHA, Celso. *Gramática de base*. Rio de Janeiro: Ministério da Educação e Cultura/Fundação Nacional de Material Escolar, 1981.

GROSS, Maurice. On the failure of generative grammar. *Language*, v. 55, n. 4, 1979.

HAEGEMAN, Liliane. *Introduction to Government and Binding Theory*. Oxford: Blackwell, 1992.

LEVIN, Beth. *English verb classes and alternations*: a preliminary investigation. Chicago: The University of Chicago Press, 1993.

LEVY, Paulette. *Las completivas objeto en español*. México: El Colegio de México, 1983.

NEVES, Maria H. M. *Gramática de usos do português*. São Paulo: Ed. Unesp, 1999.

PERINI, Mário A. *Estudos de gramática descritiva*: as valências verbais. São Paulo: Parábola, 2008.

_____ et al. O sintagma nominal: estrutura, significado e função. *Revista de estudos da linguagem*, número especial. Belo Horizonte: UFMG, 1996.

PONTES, Eunice. *O tópico no português do Brasil*. Campinas: Pontes, 1987.

Sintaxe Normativa Tradicional

José Carlos de Azeredo

O que é Sintaxe Normativa Tradicional?

Para caracterizar o tema deste capítulo, precisamos situá-lo em uma área de produção de conhecimento mais ampla, denominada Gramática Tradicional. Sendo assim, examinaremos primeiro o que significa *tradicional* nessa expressão. O adjetivo *tradicional* serve muitas vezes para qualificar qualquer aspecto da cultura de um povo que se transmite sem alterações significativas de geração a geração e se consolida em sua memória como uma marca de identidade. Esse é o sentido de *tradicional* em expressões como "culinária tradicional", "festa tradicional", "ritmo tradicional". Não é, entretanto, com esse significado que *tradicional* figura ao lado de *gramática* naquela expressão, e tampouco na denominação "sintaxe normativa tradicional". Essas denominações surgiram no contexto da reflexão crítica sobre a história do estudo da linguagem, e é em relação a esse contexto que temos de apreciá-las.

A expressão *gramática tradicional* faz parte do discurso acadêmico em geral, mas tem sentidos diferentes quando esse discurso tem caráter historiográfico-descritivo, focado na evolução do pensamento gramatical, e quando esse discurso tem por assunto a atividade pedagógica, voltada para o ensino da leitura e da escrita. No primeiro caso, ela recobre um amplo conjunto de conhecimentos sobre a estrutura e o uso das línguas, produzido especialmente na Europa desde a Antiguidade grega e latina até a primeira metade do século XIX. Esse assunto será desenvolvido mais adiante.

No segundo, ela diz respeito a um conteúdo a ser aprendido nas escolas básica e média como requisito para o domínio e emprego das formas corretas da linguagem falada e escrita. Neste sentido, de dimensão estritamente escolar e viés prático, a Gramática Tradicional corresponde ao que também conhecemos como Gramática Normativa.

O tema deste capítulo, Sintaxe Normativa Tradicional, deve ser compreendido, portanto, no âmbito desta última acepção, tendo em vista seu perfil pedagógico. Deixemos claro, preliminarmente, que, seja numa ótica tradicional ou moderna, a sintaxe de uma língua como a portuguesa constitui o sistema de regras que presidem à disposição das palavras na frase e regem as alterações a que estão sujeitas em virtude das relações que contraem umas com as outras. Quando, entretanto, dirigimos o foco para seu papel normativo, mudam o objeto, o objetivo e a metodologia de trabalho. O trabalho com a Sintaxe Normativa promove uma intervenção no uso da língua; ela não se ocupa da totalidade dos recursos empregados na disposição e combinação das palavras na frase, mas de uma seleção desses recursos em nome de um de uma forma ideal – ou única considerada correta – de emprego da língua. Por exemplo, ao prescrever a construção "nasceram cinco cachorrinhos" no lugar de "nasceu cinco cachorrinhos".

Registre-se ainda a função normativa do conhecimento explícito/descritivo da estruturação sintática nas instruções de emprego dos sinais de pontuação, como a seguinte, transcrita de uma gramática escolar: "Atenção: não se admite, no interior de orações, o uso da vírgula para separar o sujeito do predicado verbal, o verbo do seu complemento...".

Essa imagem sobreviveu aos séculos e permanece nos dias atuais, apesar de todo o esforço que a moderna ciência da linguagem, fundada no início do século xx, tem feito no sentido de revelar seus fundamentos pré-científicos e reorientar o trabalho dos professores, em especial os de língua materna. Trata-se de um conceito herdado da tradição greco-romana ("arte de falar e escrever corretamente a língua") e preservado praticamente intacto em alguns nichos da instituição pedagógica e generalizadamente reforçado pela mídia falada e escrita.

A maioria dos manuais escolares contemporâneos abandonou a definição tradicional de gramática e traz conceitos modernos sobre variação linguística – *língua coloquial*, *norma* e *registro*, entre outros. Apesar disso, a forma de apresentação dos conteúdos gramaticais revela que o objetivo final da análise continua o mesmo: domínio das estruturas da língua escrita padrão. É exemplar dessa prática a seguinte observação, transcrita de um desses manuais:

> Uma estrutura da língua costuma causar dúvida sobre o uso das formas **retas** ou **oblíquas** dos pronomes pessoais. Você certamente já ouviu muitas pessoas dizerem algo como: *Ele pediu para mim fazer uma cópia da fotografia.* A gramática normativa recomenda, nesse contexto, que seja usado um pronome do caso reto: *Ele pediu para eu fazer uma cópia da fotografia.* O pronome pessoal de 1ª pessoa, nessa frase, desempenha a função de sujeito do verbo fazer. Como vimos, são os pronomes pessoais do caso reto que atuam como sujeito nas estruturas do português. (Abaurre e Pontara, 2006: 215)

Um olhar sobre a história vai nos ajudar a compreender como se construiu essa imagem. Sabe-se que a gramática, tal como a conceitua a tradição ocidental, tem origem na Grécia antiga; ela finca seus alicerces na obra dos filósofos, notadamente Platão (427 a.C.-347 a.C.) e Aristóteles (384 a.C.-322 a.C.), que também investigaram – e buscaram explicar – como se relacionam a linguagem e o mundo nomeado e convertido em conhecimento/informação por meio das palavras.

As potencialidades da gramática acham-se no conceito platônico de *lógos* (discurso racional), composto basicamente pelas categorias referidas como *ónoma/nome* (o ser ou entidade) e *rhéma/verbo* (propriedade do ser, o que se predica ao ser). Aristóteles, por sua vez, formulou um elenco de categorias (substância, quantidade, qualidade, relação, entre outras), baseado nas diferenças de "modos de significar" das palavras. Posteriormente, os filósofos estoicos deram um passo adiante e se fixaram nas características mórficas que distinguiam espécies de palavras.

Estava preparado o terreno para o surgimento da gramática como conjunto de conceitos sobre a língua e como disciplina pedagógica. O coroamento desse percurso do pensamento grego foi a elaboração da *tékhne grammatiké* (Arte de escrever) de Dionísio, o Trácio, membro da comunidade intelectual da colônia grega de Alexandria, no século II a.C. Essa obra assinala a instituição da língua como objeto autônomo de um novo campo de reflexão e análise, com objetivos próprios.

A *tékhne* era um tratado sobre a língua grega segundo a forma como poetas, filósofos e autores dramáticos do passado a tinham praticado em suas obras. O trabalho dos filólogos alexandrinos, sintetizado por Dionísio, o Trácio, em sua *tékhne*, tinha finalidade pedagógica: oferecer instrumentos para a leitura dessas obras, cuja linguagem, praticada por gerações de um passado já longínquo, diferia muito da língua dos estudantes. De toda a situação cultural que cerca o nascimento dos estudos gramaticais – informa-nos Moura Neves – "decorrem as características que determinaram a sua natureza: limitação à língua escrita, especialmente à língua do passado, mais especificamente à língua literária, e exclusivamente, à grega" (Neves, 1987: 105). E acrescenta: "Não interessava a língua coloquial nem quaisquer línguas de outros povos. A elucidação dos textos clássicos e o comentário crítico desses textos ditavam a diretriz dos estudos linguísticos" (Neves, 1987: 105).

A obra dos gramáticos alexandrinos inspirou os romanos, que produziram descrições do latim mediante o modelo da *tékhne*. O primeiro deles foi Varrão, autor que viveu no primeiro século da era cristã. As obras que, entretanto, tiveram grande repercussão ao longo de toda a Idade Média foram as gramáticas de Donato (século IV) e de Prisciano (século VI). Durante todo esse tempo, o latim era ensinado praticamente como uma segunda língua, a ser praticada particularmente nos meios acadêmicos e a ser usada como forma de expressão escrita e instrumento para a leitura dos textos religiosos, filosóficos e científicos. Fica clara a finalidade normativa e pedagógica dessas obras, perfil que marcaria a maior parte da produção subsequente.

A influência dessa contribuição se ampliou ao estudo das "novas línguas", prestigiadas como marcas de identidade cultural e afirmação política das nações europeias fundadas nos últimos séculos da Idade Média. A *Gramática de la lengua castellana*, de Antonio de Nebrija, veio a público em 1492, e a *Grammatica da lingoagem portuguesa*, da autoria de Fernão de Oliveira, primeiro gramático português, foi impressa em 1536.

Os séculos XVII e XVIII, por sua vez, foram o cenário das gramáticas "filosóficas". Estas eram, na verdade, herdeiras das "gramáticas especulativas" medievais, cujos autores, inspirados em Aristóteles e conhecidos como "modistas", estavam convencidos de que as diferentes espécies de palavras traduzem diferentes "modos" de significar as ideias, de sorte que as línguas seriam conjuntos organizados de formas que refletem o pensamento (*especulativo* vem do lat. *speculum*, que significa *espelho*).

Revivendo a tradição especulativa, as gramáticas filosóficas reafirmavam a hipótese da isomorfia entre pensamento e linguagem e radicalizavam a tese de que as línguas são expressões de uma organização mental universal na espécie humana. A Gramática de Port-Royal, intitulada *Grammaire Générale et Raisonnée*, de Antoine Arnaud e Claude Lancelot, publicada na França em 1660, tornou-se o símbolo dessa corrente. Em Portugal, a *Grammatica Philosophica* ganhou uma versão da autoria de Jerónimo Soares Barbosa. A introdução da obra leva a data de 24 de junho de 1803, mas ela somente ganhou impressão em 1822, seis anos após a morte de seu autor.

Ao longo do século XIX, no entanto, os estudos da linguagem ganharam novo rumo, ditado pela voga evolucionista que dominou as pesquisas no campo da Biologia. A palavra de ordem passou a ser *evolução*; o *status* de ciência requeria de toda a investigação de então o propósito de descobrir as leis gerais da mudança e determinar a origem dos fenômenos naturais. As línguas passaram a ser vistas como organismos sujeitos ao ciclo da vida, tais como plantas e animais.

Essa vertente do estudo da linguagem, autointitulada *Gramática histórico-comparativa*, erigiu-se pouco a pouco como a primeira proposta de uma autêntica ciência da linguagem. Pela primeira vez, renunciava-se à motivação filosófica e ao viés pedagógico da tradição greco-latina. Como cientista, o linguista observava as formas da linguagem despido de juízos de valor: não mais as catalogava como exemplos de perfeição ou de imperfeição, de correção ou de incorreção; ao contrário, interessava-se imparcialmente pelas formas correntes e efetivamente atestadas no uso vivo da língua, passando a tratar as variações de todo tipo e a mudança no tempo como fenômenos inerentes ao seu objeto de estudo.

No início do século XX, quando o uso literário tradicional ainda detinha sem contestação o *status* de modelo recomendado nas gramáticas, um filólogo brasileiro resumiu o espírito científico da época nesses termos:

> Os velhos gramáticos tinham a pretensão de governar ou "corrigir" a linguagem, no propósito de a melhorar. Os linguistas actuais estudam a linguagem como sábios, como observadores imparciais, como naturalistas que dissecam, analisam, e especulam as causas. Todos os fenômenos linguísticos têm a sua razão de ser, e não se trata nem de louvar nem de censurar factos, mas de determinar as condições em que eles se produziram, e de analisar as causas das chamadas locuções viciosas. É isso o que faz o homem de ciência. (Barreto, 1980b: 223)

O emprego de termos/expressões como "sábios", "naturalistas", "dissecam" e "locuções viciosas" revela o tributo do autor às ideias evolucionistas de seu tempo, mas a crítica à "pretensão" dos "velhos gramáticos" e a visão geral de linguagem ("Todos os fenômenos linguísticos têm sua razão de ser") estão afinadas com os pontos de vista da linguística atual.

O que a Sintaxe Normativa Tradicional estuda?

Sintaxe é palavra de origem grega que significa, etimologicamente, "ordenamento, composição". Prisciano, gramático romano, traduziu-a para o latim como *constructio* (construção). Esse é o termo empregado por Fernão de Oliveira, primeiro gramático português, em 1536. O autor da primeira gramática do espanhol (1492), António de Nebrija, valeu-se, no entanto, da forma castelhana decalcada no étimo grego, conforme se lê a seguir:

> No último livro falamos apartadamente sobre cada uma das dez partes do discurso; agora, neste quarto livro, falaremos sobre como essas dez partes devem se juntar e se organizar entre si. A essa consideração, como dissemos no início do trabalho, os gregos chamaram de sintaxe; nós podemos dizer ordem ou junção entre as partes.[1]

A Sintaxe refere-se, portanto, aos recursos formais sistemáticos que usamos para combinar palavras e criar enunciados. Embora tenha sido assunto da obra de outro gramático grego, Apolônio Díscolo, a Sintaxe sempre ocupou um espaço muito reduzido nas gramáticas, quando comparado ao dedicado ao estudo da palavra e suas formas. A palavra foi, de fato, o foco dos estudos gramaticais até o século XVIII. O conjunto das classes (substantivo, verbo, advérbio, conjunção etc.) e o sistema de categorias (gênero, número, pessoa, tempo, modo) fixados ao longo dessa tradição perduram praticamente inalterados nos nossos dias. Na gramática de Fernão de Oliveira, composta de cinquenta capítulos, dezoito são dedicados às "dições" (palavras) e apenas no penúltimo o autor faz menção à "construção" (sintaxe), de resto anunciada como objeto de outra obra, da qual não se teve mais notícia.

Foi especialmente por influência da gramática geral ou filosófica (*grammaire raisonnée*) que a Sintaxe como objeto de estudo gramatical ganhou o contorno que conhecemos hoje. Focada na relação entre linguagem e pensamento, a gramática filosófica deu ênfase à noção lógica de proposição (articulação de sujeito e predicado para a expressão de um juízo) e buscou distinguir na forma dos enunciados as construções logicamente perfeitas e os desvios desse padrão, a fim de formular uma tipologia deles e explicar suas "causas".

Um ponto fundamental para compreendermos a repercussão desse conceito de linguagem na abordagem tradicional da Sintaxe diz respeito à natureza do que era chamado de "pensamento". O pensamento era tomado como um conceito evidente por si mesmo, portanto pré-teórico. O ato de pensar é entendido, nesse contexto, como uma habilidade exclusiva da espécie humana, que age racionalmente sobre os fenômenos percebidos a fim de organizá-los, tirar conclusões, tomar decisões e orientar-se no mundo. O que se conquista pelo pensamento e dá sentido às ações conscientes é a verdade, essência do bem e da vida harmoniosa.

Se é assim, presume-se que existem regras para a construção do pensamento correto. A esse corpo de regras, que são objeto de exercitação e de aprendizagem, se dá o nome de *Lógica*. A inobservância de alguma regra implica o erro de raciocínio, produz pensamento errado, resulta em defeitos da expressão e induz o leitor/ouvinte ao erro. Estamos aqui diante de uma formulação bastante esquemática, e inevitavelmente redutora, do embasamento lógico-filosófico da gramática tradicional, mas suficiente para os nossos propósitos.

Tomemos, por exemplo, a caracterização do campo da Sintaxe feita por Francisco Solano Constancio, D. M., autor de uma gramática publicada em 1831 (obs.: a ortografia foi modernizada e adaptada ao sistema em vigor no Brasil):

> Sintaxe é uma voz composta grega que significa coordenação, e com efeito esta parte da gramática ensina as regras da composição das sentenças ou orações, segundo a reta correspondência das palavras de que elas constam, com os pensamentos que pretendemos exprimir. Sendo as vozes a imagem dos pensamentos, claro está que para que uma oração represente o juízo feito pela nossa inteligência, é indispensável não só usar de termos que exprimam as ideias, mas também que todos eles estejam uns

> para os outros em relações que denotem a conveniência e ligação destas ideias, e que exprimam a volição ou a convicção do indivíduo. Daqui se segue que, conhecida a significação e as funções de cada termo, o valor das inflexões (= flexões) dos nomes e dos verbos, não pode haver dúvida na reta sintaxe, exceto quando há omissão de palavras, ou inversões que deixam ambiguidade na relação de um termo com outros. Se, na oração portuguesa não houvesse omissão de termos, que, ou por brevidade ou por elegância, se suprimem, esta parte da gramática não careceria de regras, visto não ser mais que a aplicação das que se referem ao sentido e funções das partes da oração. (Constancio, 1831: 203-204)

Fiel à doutrina filosófica da gramática racional, Jerónimo Soares Barbosa distinguia os conceitos de sintaxe e de construção. Segundo ele,

> a sintaxe é uma ordem sistemática das palavras, fundada nas relações das coisas que elas significam, e a construção uma ordem local autorizada pelo uso nas línguas. Assim, a construção pode ser ou direita ou invertida, e ter contudo a mesma sintaxe. Nestas duas orações: Alexandre venceu a Dario, e a Dario venceu Alexandre, as construções são contrárias, porém a sintaxe é a mesma. (Barbosa, 1885: 254)

A distinção terminológica feita por Soares Barbosa não foi seguida pelos estudos imediatamente posteriores, mas o conceito que se depreende de *construção* foi absorvido pelo termo "colocação". Em meados do século XIX firma-se a divisão da Sintaxe em três aspectos, consagrada pela nomenclatura oficial brasileira ainda em vigor: colocação, regência (dependência ou regime) e concordância.

Por fim, buscando resgatar a dimensão estritamente histórica da expressão "gramática tradicional", nota-se que ela recobre, de fato, um elenco de produções acumulado ao longo de uma história que ultrapassa dois mil anos e envolve variadas escolas de pensamento.

É certo que, no transcurso de vários séculos, seu objeto exclusivo foi o latim. Mas isso tem uma explicação. Difundido com a expansão romana nos primeiros séculos da era cristã, o latim era a língua em que se exprimiam, por escrito e nas situações formais de fala, os cidadãos cultos – filósofos, cientistas, padres, historiadores, entre outros – ao longo de toda a Idade Média e pelo menos até o século XVII. Esse *status* cultural do latim prolongava o prestígio que a língua dos romanos conquistara no século I a.C., quando o orador Cícero, o historiador Júlio César e os poetas Ovídio e Horácio, entre outros, legaram à cultura romana as obras da chamada "época de ouro" de sua literatura.

Com esse perfil histórico e social, o latim foi estudado e cultivado como uma forma de expressão verbal que os homens cultos consideravam idealmente desenvolvida e apurada. Para os filósofos desse tempo, o léxico e a gramática do latim atendiam com perfeição às exigências do raciocínio lógico. Embora não tenha qualquer base científica e esteja superada desde o século XIX, a tese da superioridade de alguma língua – ou variedade dela – em relação a qualquer outra ainda é ostensivamente sustentada por não linguistas (o que quer dizer, pela esmagadora maioria dos cidadãos). Como se explica, por exemplo, que no século XVIII a língua francesa tenha tomado o lugar do latim? O linguista Émile Benveniste resumiu uma resposta possível nesses termos: o voo do pensamento liga-se muito mais estreitamente às capacidades dos homens, às condições gerais da cultura, à organização da sociedade do que à natureza particular da língua (Benveniste, 1995: 80).

Como estudar algum desses fenômenos usando a Sintaxe Normativa Tradicional?

Nesta seção, traço em linhas gerais, primeiramente, o método de trabalho do filólogo e do gramático tradicionais. Em seguida, dou uma notícia sobre a técnica de descrição que se popularizou nas aulas de português: a análise sintática.

O procedimento do filólogo/gramático variava segundo o objetivo da tarefa que cada qual se propunha. Como filólogo, sua tarefa era reunir o mais amplo conjunto possível de dados – um *corpus* –, analisá-los, deduzir regras a partir deles e apresentá-los como exemplos dessas generalizações. As fontes desses dados eram sempre as obras dos escritores considerados, de antemão, os verdadeiros "mestres da língua" e modelos da expressão literária. O critério da seleção de dados geralmente tinha em vista alguma peculiaridade da construção, especialmente quando ela era uma possibilidade entre outras ou quando eventualmente se tratava de uma forma destoante da norma ideal vigente. Era uma metodologia muito simples, a serviço de uma tarefa sem sobressaltos e com metas bem definidas.

O gramático, por sua vez, tendia a pôr o arcabouço analítico acima dos dados. Sua tarefa consistia, sobretudo, em reunir exemplos adequados a uma grade classificatória que poderia receber pequenos ajustes, quer de nomenclatura, quer de novas subdivisões. Esse modo de realizar sua tarefa passou a ser ainda mais facilitado a partir da oficialização da nomenclatura gramatical. Aqui não se há de falar sequer de um método de trabalho.

As considerações que farei em seguida valem sobretudo para as obras escritas no final do século xix e primeira metade do século xx. Distinguirei basicamente dois gêneros de obras que se ocuparam da Sintaxe:

a. coletâneas de dissertações breves sobre temas sintáticos; e
b. gramáticas pedagógicas e obras similares.

Umas e outras se ocupavam de dados colhidos em obras literárias, cujos autores – frequentemente chamados de "mestres da língua" – se distinguiam pela preocupação em extrair efeitos estéticos do emprego que faziam das palavras.

O perfil de *mestre da língua* seria alcançado pelos escritores que, demonstrando intimidade com a tradição escrita do idioma e habilidade para explorar, com senso artístico, as potencialidades da língua comum, recebiam uma espécie de "carta branca" para renovar a expressão literária. Mário Barreto, que contribuiu com uma numerosa produção para o gênero 'a', pensava dessa maneira:

> digamos desde logo que, entre a opinião dos lexicógrafos e o uso bem estabelecido dos escritores, damos preferência a estes últimos, porque é verdade inquestionável e sabidíssima que são eles e não os gramáticos os que fazem as línguas. (Barreto, 1980b: VIII)

A distinção adotada anteriormente revela também uma diferença de atitudes: o autor de uma obra do gênero 'b' (gramática de perfil pedagógico) praticava um discurso didático, de viés prático, destinado ao estudante da escola média; já o autor de uma obra do gênero 'a' punha nos dados o olhar do pesquisador, adotava um estilo polêmico e dirigia-se a um público adulto interessado em questões gramaticais, por conta de uma espécie de "deleite intelectual".

O autor do gênero 'b' era um gramático; o do gênero 'a', um filólogo. Um gramático sem espírito ou formação filológica se tornava uma espécie de guardião inflexível das formas clássicas do idioma. Um purista, enfim. O filólogo repudiava suas atitudes puristas em nome de uma conduta científica em face da realidade viva da linguagem, como se viu na passagem citada anteriormente. No entanto, uns e outros tinham em vista a língua literária como expressão superior, e, por mais que o filólogo incorporasse o espírito do cientista, o alterego gramático estava sempre atento e acabava por fazer valer seu ponto de vista.

Desse modo, por mais que declarasse que o que importava era o uso (Fernão de Oliveira propunha: "não desconfiemos da nossa língua porque os homens fazem a língua, e não a língua os homens"), o gramático-filólogo não se libertava da imagem de um "padrão de beleza, elegância e correção" alcançado pela língua. Fruto do trabalho de seus cultores mais talentosos, esse padrão idealizado norteava a escolha das fontes dos exemplos.

Em uma situação ainda mais extrema, o filólogo dava lugar ao gramático, para censurar alguma construção praticada por um autor considerado modelar. Por exemplo, o uso da locução "de modo a" e equivalentes seguidas de infinitivo (*de modo a permitir*) em vez de "de modo que permita" era considerado galicismo – por influência da língua francesa – e inadmissível na linguagem de um autor correto. Mário Barreto, que recolheu na obra do romancista português Camilo Castello Branco, considerado um autor "corretíssimo", exemplos da construção condenada, observou que

> as incorreções de Camilo não procedem de ignorância e desestudo da língua, mas de culposa incúria (= descuido) no ato de escrever, e de falta de lima (= ferramenta usada para polir metal) depois de haver escrito. (cf. Um punhado de barbarismos. In: Barreto, 1980a: 341-342)

As obras do gênero 'b' se caracterizam, principalmente, pela apresentação de uma análise dos fatos mediante dois procedimentos: uso de uma grade classificatória de funções (sujeito, objeto direto, predicativo, oração subordinada etc.) e formulação de regras de acomodação categorial (concordância) e de ordem dos termos (colocação). As obras do gênero 'a', bem menos numerosas, não tinham perfil pedagógico e se destinavam a esclarecer dúvidas e discutir análises. No Brasil, esse gênero foi praticado com destaque especial por Heráclito Graça (*Fatos da linguagem*) e Mário Barreto (*Novos estudos da língua portuguesa*, entre outros), que não procediam como gramáticos, mas como filólogos.

Passo agora a um subconjunto de obras do gênero 'b' que desfrutou de grande popularidade no cenário escolar brasileiro: os *manuais* de análise sintática.

A publicação, em 1895, da *Antologia nacional*, de Fausto Barreto e Carlos de Laet, dá início, conforme opinião corrente, a uma nova fase na história do ensino da língua portuguesa no Brasil. A obra trazia uma seção introdutória intitulada "Noções elementares de sintaxe da proposição simples e da proposição composta", texto que esboçava o molde da análise sintática popularizado na escola brasileira.

A análise sintática foi o principal instrumento de aferição do conhecimento ministrado nas aulas de Sintaxe. J. Mattoso Câmara Jr. observou que ela "foi considerada a base imprescindível do estudo escolar da língua materna e quase totalmente absorvia o tempo dedicado a esse estudo nos currículos" (Câmara Jr., 2004: 235).

Inicialmente, e durante largo tempo, era conhecida como "análise lógica". O nome mudou, mas não sua essência, e muito menos seu espírito, porque a Sintaxe continuou a ser tratada como a parte da estrutura da língua mais diretamente relacionada com a organização do pensamento e o processo do raciocínio. Inspirados na tese de que a linguagem é o corpo do pensamento e tem por função exteriorizá-lo, muitos gramáticos referiam-se a "ideia" e "pensamento" como se fossem conceitos que dispensassem qualquer explicação. Partiam desse acordo tácito com o leitor e aprendiz para lhe dizer que as ideias se materializam nas palavras, ao passo que os pensamentos se expressam por meio das frases. Enfim, ensinavam que combinando ideias formamos pensamentos; e combinando palavras, formamos frases. Uma ilustração clara desse procedimento encontra-se no parágrafo inicial da seção dedicada à Sintaxe da *Gramática expositiva*, de Eduardo Carlos Pereira:

> Dois aspectos gerais caracterizam as operações do nosso espírito: *ideias* e *combinação de ideias*, isto é, IDEIAS e PENSAMENTOS; dois aspectos gramaticais devem corresponder ao estudo da língua como instrumento das manifestações de nossa atividade espiritual: – a PALAVRA e a FRASE. A

palavra é a expressão da *ideia*, como a frase é a expressão do *pensamento*. (Pereira, 1942: 205)

Multiplicaram-se em nossa tradição os manuais destinados ao ensino da análise sintática. Carlos Eduardo Falcão Uchôa, professor titular de Linguística aposentado da Universidade Federal Fluminense, escreveu um livro em que comentou a contribuição de alguns desses manuais (Uchôa, 2010). Em um deles, da autoria de Gladstone Chaves de Melo, a análise sintática é apresentada como "um dos instrumentos do ensino da língua, e nunca sua razão de ser". E prossegue o autor:

> Serve para dar uma nomenclatura técnica, unívoca e econômica, que facilitará o estudo da sintaxe, tornando claras e racionalmente perceptíveis as relações entre os membros da frase. É mero instrumento de trabalho da gramática, para facilitar-lhe o fim, que é o conhecimento organizado e sistemático da língua literária. Serve ainda como elemento de verificação, quando o autor, na intuição, desconfia da sua frase. A análise lhe revelará o ponto fraco, a estrutura mal urdida. Presta ela ainda auxílio nas possíveis perplexidades sobre pontuação, nomeadamente quando não teve o autor um aprendizado conveniente desse capítulo da gramática e da estilística. (Melo, 1954: 23)

Poderia me dar um exemplo?

Um assunto que oferece material bem ilustrativo da abordagem normativa tradicional é a análise das orações adjetivas e da sintaxe dos pronomes relativos. Segundo a lição consensual das gramáticas, a oração adjetiva típica exerce a função de adjunto de um substantivo pertencente a outra oração. Assim, em *A fantasia que eu comprei ficou guardada* há duas orações. A primeira oração é *A fantasia ficou guardada*. Seu sujeito, *a fantasia*, serve de antecedente ao "que", introdutor da segunda oração – *que eu comprei*. Esta segunda oração se diz "adjetiva" porque ocupa o lugar de um adjetivo/adjunto (cf. A fantasia *nova* ficou guardada) e, como esse, serve, no plano semântico, para qualificar ou especificar o respectivo antecedente.

Um ponto sempre lembrado pela análise à luz da Sintaxe Normativa é o duplo papel gramatical do pronome relativo: ele introduz a oração como um conectivo e ainda participa de sua estrutura exercendo nela uma função sintática (sujeito, complemento). Esse é um detalhe muito importante, porque é a base da compreensão de certas estruturações complexas exclusivas do uso escrito formal, como se vê a seguir.

A estrutura sobre a qual comentamos anteriormente pertence à sintaxe dos usos praticados pelos falantes de português, na fala e na escrita, nas situações formais ou informais. O mesmo não ocorre, porém, com as construções que figuram em 1, 2, 3 e 4, formadas segundo as normas sintáticas do uso padrão formal:

1. Feche a gaveta em que (ou na qual) guardamos os documentos
2. Não me lembro do nome do funcionário a quem entreguei os documentos
3. A polícia apreendeu o carro cuja licença estava vencida
4. Vou receber um casal de amigos em cuja companhia passei o *réveillon*.

Em 1 e 2, temos casos típicos de pronomes relativos – que/quem – precedidos de preposição; em 3, o relativo "cujo" simples; e em 4, esse mesmo pronome precedido de preposição. Trata-se de construções adquiridas pela via da educação escolar e em contato com a escrita, inexistentes na fala espontânea e raras até mesmo no uso oral mais formal de pessoas com alto grau de escolaridade. Na fala corrente, 1 poderia se apresentar como 5:

5. Fecha a gaveta que a gente guardou os documentos,

2 como 6

6. Não lembro (d)o nome do funcionário que entreguei os documentos,

3 como 7

7. A polícia apreendeu o carro que a licença estava vencida,

e 4 como 8

8. Vou receber um casal de amigos que passei o *réveillon* na companhia deles.

As construções 5, 6, 7 e 8 revelam que as regras sintáticas envolvidas na formação das orações adjetivas do português são responsáveis por grandes diferenças entre a língua que os brasileiros falam e a língua que as gramáticas descrevem e prescrevem a título de variedade padrão. O português falado por brasileiros praticamente só possui uma regra de relativização, que se aplica nas condições sintáticas presentes na sequência 5-8. A língua que se fala generalizadamente no Brasil não põe preposição antes de pronome relativo e não conta com as formas 'cujo', 'o qual' e respectivas variações em gênero e número.

A Sintaxe Normativa insiste na preservação das estruturas 1, 2, 3 e 4 em nome do "rigor lógico" da abordagem filosófica já aqui comentada. Ela parte da seguinte premissa: o pronome relativo pode exercer diferentes funções sintáticas, mas sua posição obrigatória no início da oração pode dificultar o reconhecimento da respectiva função. É a falta desse dado que explica a ausência de preposição nas estruturas da fala corrente, em que se diz o que é preciso por meio de estruturas mais simples, a que falta o preenchimento de todas as "casas lógicas" do enunciado.

O comentário anterior não implica um questionamento da legitimidade das construções 1, 2, 3 e 4 como opções de uso. Embora não estejam presentes no uso oral corrente sequer dos brasileiros mais escolarizados, elas não lhes são estranhas, pois fazem parte da língua padrão em sua feição ideal e ordinariamente praticada no discurso escrito acadêmico e ensaístico; compete ao usuário avaliar a oportunidade de empregá-las, sem afetação nem artificialidade, seja na escrita seja na fala menos espontânea, sempre que a necessidade de maior monitoramento do discurso justifique o respaldo da orientação normativa.

Apresentam-se a seguir dois casos exemplares, transcritos de *sites* de notícias.

> Jóbson, além de se destacar em campo, tem uma carreira marcada por diversas polêmicas. Com isso, o clube citou que esta medida de cortar o jogador faz parte de um planejamento de recuperação, ***ao qual, de acordo com o time tricolor, o jogador já apresentou significativas melhoras***. (Terra, 20/08/2011)

> Segundo a auditoria do governo, a atuação do irmão de Erenice na Universidade de Brasília tem indícios de irregularidade em contratos de R$ 2 milhões. Conforme a **Folha** mostrou, José Euricélio era coordenador-executivo de projetos na editora da UnB *que, segundo o próprio governo e a UnB, não houve comprovação de que o serviço foi feito.* (UOL, 30/09/2010)

No primeiro trecho, há um emprego inadequado da preposição 'a' junto ao pronome relativo "o qual". Tal como está construído, o texto informa ao leitor que "o jogador já apresentou significativas melhoras **ao** planejamento de recuperação", o que, obviamente, não é o caso, pois não faz sentido. O articulista seguramente pretendia dizer que o "planejamento de recuperação" foi um fator determinante das "significativas melhoras" do jogador. Portanto, convinha que, em vez de 'ao qual', escrevesse algo como 'graças ao qual', 'em virtude do qual'. O articulista falha ao tentar usar um recurso da sintaxe da língua padrão.

No segundo trecho, por outro lado, o que se tem é uma interferência do recurso de relativização próprio da fala espontânea: o pronome relativo anuncia que algo será dito sobre o coordenador-executivo do projeto, mas o fluxo do raciocínio é interrompido por uma expressão, posta entre vírgulas, à qual vem se conectar a informação seguinte e final do texto. Desse modo, o 'que' perdeu a função e o sentido. Com um ponto após UnB, a eliminação do 'que' e o início de um novo período, devolve-se ao parágrafo a forma sintática padrão: "Conforme a *Folha* mostrou, José Euricélio era coordenador-executivo de projetos na editora da UnB. Segundo o próprio governo e a universidade, não houve comprovação de que o serviço foi feito".

Quais são as grandes linhas de investigação?

Inicio esta seção citando um linguista admirável, que tem escrito bastante sobre o tema deste capítulo e com quem compartilho as páginas desta publicação: Mário Perini. Em um ensaio que integra o volume *Sofrendo a gramática*, ele afirma que "a imagem popular da gramática realmente não dá espaço para se falar em pesquisa". Esse ceticismo tem uma explicação: "paira a ideia geral de que a gramática já está *pronta*".

Mário Perini disse bem; essa é a "imagem popular" da gramática: uma coisa já achada, que já está pronta. Eu diria que, no imaginário popular, não é só a gramática que está pronta. Tudo está pronto, protegido por crenças consensuais sobre como as coisas são e como devem continuar a ser. O conhecimento popular naturaliza tudo, toma os costumes como leis, as convenções como verdades. Como essa imagem popular foi criada pela escola e seus instrumentos, uma das tarefas do pesquisador é contar a história da construção dessa imagem. Os documentos dessa história incluem as normas e instruções emanadas das autoridades, as gramáticas em geral, bem como as coletâneas de textos (antologias) e respectivos comentários.

Uma precaução importante é distinguir o que está nas obras sérias (elas existem!, por mais que pareçam, a um olhar contemporâneo, trabalhos de duvidosa consistência científica) da caricatura difundida em livros didáticos de má qualidade, toscas apostilas para concurso e aulas que repetem o conteúdo desse material.

A evolução do pensamento gramatical brasileiro vem despertando o interesse de muitos pesquisadores nas universidades públicas do país. Um aspecto desse campo de estudos, que tem mobilizado um grupo muito atuante e se ramificado por diferentes universidades, é o perfil das gramáticas escritas na virada dos séculos XIX-XX e na primeira metade do século XX, cujos autores se empenhavam em afirmar a autonomia do pensamento gramatical brasileiro. É seguramente promissora uma investigação da abordagem da sintaxe realizada nas obras de Júlio Ribeiro, João Ribeiro, Manuel Said Ali, Maximino Maciel, Mário Barreto, Sousa da Silveira, José Oiticica, Mário Pereira de Souza Lima, entre outros.

Ainda no domínio historiográfico, creio que a *Sintaxe clássica portuguesa*, editada em 1963, um volume monumental de fatos coligidos e descritos pelo professor mineiro Claudio Brandão no espaço de mais de 800 páginas, merece, por si só, a atenção dos pesquisadores.

A *Gramática normativa*, de Rocha Lima, e a *Moderna Gramática Portuguesa*, de Evanildo Bechara, são obras que estão no mercado há mais de sessenta anos. A edição atual de cada uma apresenta diferenças em relação à respectiva primeira edição. É matéria de pesquisa o alcance e o perfil dessas diferenças.

Lembro, por fim, a questão da revisão do padrão de linguagem e a redefinição de suas fontes. Até que ponto os autores de gramáticas ainda se servem de exemplos literários? Quais são os *corpora* disponíveis hoje para a pesquisa da Sintaxe na escrita contemporânea? Como Maria Helena de Moura Neves selecionou o exemplário de sua monumental *Gramática de usos do português*? Quais são as novidades sintáticas da língua aí descrita? Como Ataliba Teixeira de Castilho selecionou o exemplário de sua monumental *Nova Gramática do português brasileiro*? Quais são as novidades sintáticas da língua aí descrita?

À guisa de arremate, deixo ainda uma palavra sobre a abordagem normativa. Penso que a condenação sumária desse ponto de vista sobre a língua, em geral respaldada na presunção de que o conceito de erro (de pronúncia, de flexão, de concordância), decorre tão somente de preconceito social, envolve os equívocos inerentes a toda espécie de radicalismo. No que diz respeito ao tratamento da língua no contexto brasileiro, um fato ganha destaque: muitas publicações brasileiras recentes – especialmente coletâneas de ensaios – incorporaram aos respectivos títulos a expressão "língua em uso". Essa preocupação tem méritos óbvios e inquestionáveis, já que uma das tarefas mais relevantes e urgentes da linguística brasileira é documentar e descrever a língua que os brasileiros usam. E o que tem a ver a menção que fiz a radicalismos com esse fato? É que há uma clara tendência para limitar o alcance da expressão "língua em uso" à modalidade falada nos eventos interativos face a face.

A ser real essa tendência, pode-se dizer que a proposta comete o mesmo erro que condena na tradição: preconceito contra outras variedades e modalidades da língua. Nesse caso específico, o alvo de preconceito é a variedade amplamente empregada na escrita e que a tradição gramatical define como padrão. Ao erro tradicional que consiste em tratar a fala como algo menor, como mera serventia cotidiana e "celeiro de erros", contrapõe-se agora o de considerar que a escrita, especialmente em sua feição literária, é o palco da distorção, no qual é gerada uma imagem artificial e enganosa da língua.

A incontestável evidência de que a fala precede a escrita – seja na história da espécie humana (filogênese), seja no desenvolvimento biológico e cognitivo de cada pessoa (ontogênese) – não dá qualquer respaldo científico à presunção de que a diferença entre fala e escrita corresponde a uma distinção entre natureza e cultura. Falamos a língua que ouvimos à nossa volta desde que nascemos; o simples fato de ser aprendida prova que a fala é um produto da cultura tanto quanto a escrita. O que as distingue, além dos traços estruturais e os meios por que se materializam, é o processo da respectiva aquisição.

A língua é a totalidade dos seus usos, e as variedades – regionais, sociais, estilísticas – que a concretizam como feixes de hábitos comuns a subconjuntos de usuários não são meros sistemas de unidades e regras. As variedades de uma língua são, também, formas de comportamento inerentes à identidade sociocultural de seus falantes, e como tal é que qualquer variedade de língua passa a ser objeto de normalização e de ações pedagógicas. Nesse caso, entram em cena outras variáveis, que vão além da "suficiência estrutural" do enunciado e condicionam seu sucesso comunicativo à capacidade de projetar uma imagem social positiva do enunciador.

A abordagem normativa de qualquer aspecto da língua não pode ser tratada, *a priori*, como uma "prática de imposição da língua da classe dominante". O conceito de correção na linguagem que marcou a tradição de ensino da língua portuguesa no Brasil ainda não está inteiramente superado – como se depreende das palavras iniciais deste capítulo –, mas deu lugar a uma compreensão adequada da heterogeneidade linguística brasileira, a julgar pelo perfil de obras recentes, quer de descrição gramatical, quer de reflexões sobre a contribuição da linguística ao ensino, que levam a assinatura de importantes linguistas brasileiros.

A título de ilustração concernente ao tópico anterior selecionado, nenhum linguista-gramático ignora que o padrão do português brasileiro vem incorporando construções nas quais se percebe afinidade com o uso do relativo exemplificado em 5, 6, 7 e 8. Nos exemplos a seguir, colhidos do uso escrito contemporâneo, a forma *que* exerce papel apenas conectivo, de sorte que a função sintática que ela deixa de exercer é assumida por uma unidade anafórica empregada mais adiante:

- "Há circunstâncias da vida *que* só quando passam nos perguntamos como foi possível conviver *com elas*." (Rosiska D. de Oliveira, *O Globo*, 02/07/08)
- "Um gigante que fazia coisas terríveis que me amedrontavam mas *que* eu gostava *dele* porque, no final de tudo, ele sempre tirava de um alforje de couro um brinquedo..." (Carlos Heitor Cony, *Quase memória*, São Paulo, Companhia das Letras, 1995, p. 110).

Nota

[1] Trecho original: "En el libro pasado dijimos apartadamente de cada una de las diez partes de la oración, ahora en este libro cuarto diremos cómo estas diez partes se han de ayuntar y concertar entre sí. La cual consideración, como dijimos en el comienzo de aquesta obra, los griegos llamaron sintaxis, nosotros podemos decir orden o ayuntamiento de partes". (Disponível em: <www.antoniodenebrija.org/libro4.html>. Acesso em: nov. 2014).

O que eu poderia ler para saber mais?

ABAURRE, M. L. M.; PONTARA, M. *Gramática* – Texto: análise e construção do sentido. São Paulo: Moderna, 2006.

BAGNO, M. (org.). *Linguística da norma*. São Paulo: Loyola, 2002.

BARBOSA, J. S. *Grammatica philosophica da lingua portugueza*. 6. ed. Lisboa: Academia Real das Sciencias, 1885 [1822].

BARRETO, M. *Novos estudos da língua portuguesa*. Rio de Janeiro: Presença/INL-FCRB-MEC, 1980a[1911].

_____. *Novíssimos estudos da língua portuguesa*. Rio de Janeiro: Presença/INL-FCRB-MEC, 1980b [1911].

BASTOS, N. B.; PALMA, D. V. *História entrelaçada 1*. São Paulo: IP-PUC; Rio de Janeiro: Lucerna, 2004.

_____; _____. *História entrelaçada 2*. São Paulo: IP-PUC; Rio de Janeiro: Lucerna, 2006.

BECHARA, E. *Lições de português pela análise sintática*. 10. ed. Rio de Janeiro: Grifo, 1976.

BENVENISTE, E. *Problemas de linguística geral I*. 4. ed. São Paulo: Pontes, 1995.

CÂMARA JR., J. M. Os estudos de português no Brasil. In: _____. *Dispersos de J.M.C.Jr.* Nova edição revista e ampliada (org. Carlos Eduardo Falção Uchôa). Rio de Janeiro: Lucerna, 2004.

CONSTANCIO, F. S. D. M. *Grammatica analytica da lingua portugueza*. Paris: J. P. Aillaud; Rio de Janeiro: Souza, Laemmert e Cia., 1831.

CRYSTAL, D. Posições tradicionais no estudo da linguagem. In: CRYSTAL, D. *A linguística*. Lisboa: Dom Quixote, 1973.

HENRIQUES, Claudio Cezar. *Sintaxe*: estudos descritivos da frase para o texto. Rio de Janeiro: Elsevier, 2008.

MELO, G. C. *Novo manual de análise sintática*. Rio de Janeiro: Organização Simões, 1954.

NEVES, M. H. de M. *A vertente grega da gramática tradicional*. São Paulo: Hucitec, 1987.

_____. *Que gramática estudar na escola?* Norma e uso na língua portuguesa. São Paulo: Contexto, 2003.

PEREIRA, E. C. *Gramática expositiva*: curso superior. 59. ed. São Paulo: Companhia Editora Nacional, 1942 [1907].

PERES, J. A.; MÓIA, T. *Áreas críticas da língua portuguesa*. Lisboa: Caminho, 1995

PERINI, M. A. *Sofrendo a gramática*. São Paulo: Ática, 2002.

POSSENTI, S. (org.). *Mas o que é mesmo "gramática"?* São Paulo: Parábola, 2006.

UCHÔA, Carlos E. Falcão. *Sobre o ensino da análise sintática*: história e direcionamento. Rio de Janeiro: Nova Fronteira, 2010.

VIEIRA, S. R.; BRANDÃO, S. F. *Ensino de gramática: descrição e uso*. São Paulo: Contexto, 2007.

Organizadores

Gabriel de Ávila Othero, formado em Letras Português e Letras Português/Inglês pela Universidade do Vale do Rio dos Sinos (Unisinos), é especialista em Estruturas da Língua Portuguesa pela Universidade Luterana do Brasil (ULBRA), mestre e doutor em Linguística pela Pontifícia Universidade Católica do Rio Grande do Sul (PUC-RS) e pós-doutor pela Universidade Federal do Rio Grande do Sul (UFRGS). É professor adjunto do Instituto de Letras da Universidade Federal do Rio Grande do Sul (UFRGS) e editor-chefe da *Revista Virtual de Estudos da Linguagem* (ReVEL) desde 2003. Tem experiência nas áreas de Linguística, Gramática do Português Brasileiro, Sintaxe e História das Ideias Linguísticas.

Eduardo Kenedy é doutor e mestre em Linguística pela Universidade Federal do Rio de Janeiro (UFRJ) e licenciado em Letras pela Universidade Federal Fluminense (UFF). Na UFF, é professor do Departamento de Ciências da Linguagem e membro permanente do Programa de Pós-Graduação em Estudos de Linguagem, filiado à linha de pesquisa Teoria e Análise Linguística, com ênfase em Psicolinguística e Linguística Gerativa. Coordena o Laboratório do Grupo de Estudos em Psicolinguística Experimental (GEPEX UFF), atuando como orientador de pesquisas sobre processamento linguístico e Sintaxe Gerativa. Em 2013, recebeu da Faperj o prêmio Jovem Cientista do Nosso Estado.

Os autores

Diogo Pinheiro é doutor em Linguística pela Universidade Federal do Rio de Janeiro (UFRJ) e mestre em Língua Portuguesa pela mesma instituição. Professor adjunto da UFRJ, onde está lotado no Departamento de Linguística e Filologia. Foi também professor-assistente de Língua Portuguesa e Linguística na Universidade Federal da Fronteira Sul (UFFS). Tem experiência em Linguística Cognitiva (em especial, Gramática de Construções e Teoria dos Espaços Mentais), atuando principalmente com duas grandes linhas de investigação: interface sintaxe-semântica e semântica lexical. Além de ser um dos organizadores de um livro da área de Linguística Cognitiva, é autor e coautor em publicações nacionais e internacionais.

Ivo Rosário possui graduação em Letras pela Faculdade de Formação de Professores da Universidade do Estado do Rio de Janeiro (FFP-UERJ), especializações em Docência do Ensino Fundamental e Médio (FEITA-Itaboraí), em Língua Portuguesa (FFP-UERJ) e em Planejamento, Implementação e Gestão da Educação a Distância (LANTE-UFF). É mestre em Letras Vernáculas (Língua Portuguesa) pela Universidade Federal do Rio de Janeiro (UFRJ) e em Letras pela Universidade Federal Fluminense (UFF). Doutor em Letras pela UFF e em Letras Vernáculas pela UFRJ, é professor adjunto de Língua Portuguesa do Departamento de Letras Clássicas e Vernáculas da UFF e membro permanente do Programa de Pós-Graduação em Estudos de Linguagem. É vice-líder do grupo D & G (Discurso e Gramática), na UFF, que tem por finalidade promover discussões e produzir trabalhos na área de Linguística Funcional.

José Carlos de Azeredo é graduado em Língua Portuguesa e Literaturas, mestre em Letras (Letras Vernáculas) e doutor em Letras (Letras Vernáculas) pela Universidade Federal do Rio de Janeiro. Atualmente, é professor-associado da Universidade do Estado do Rio de Janeiro. Tem experiência na área de Letras, com ênfase em Gramática da Língua Portuguesa, atuando principalmente em temas relativos à sintaxe e à semântica do verbo. É autor de diversas obras.

Luiz Amaral, graduado pela Universidade Estadual do Rio de Janeiro, mestre pela Pontifícia Universidade Católica do Rio de Janeiro e doutor pela Ohio State University, é professor-associado do programa de Linguística Hispânica da University of Massachusetts Amherst, onde é um dos diretores do Language Acquisition Research Center (LARC) e diretor do Programa de Pós-graduação em Espanhol e Português. Também é pesquisador associado do Laboratório de Psicolinguística Experimental (LAPEX) da Universidade Federal do Rio de Janeiro. Atua nas áreas de teoria linguística, aquisição de segunda língua, bilinguismo e linguística aplicada em português, espanhol e línguas indígenas brasileiras. Coordena o projeto Gramáticas Pedagógicas de Línguas Indígenas Brasileiras do Museu do Índio/Unesco.

Marcus Maia, doutor em Linguística pela University of Southern California (USC), realizou estágio de pós-doutorado na área de Processamento da Linguagem como pesquisador visitante na City University of New York (CUNY). É professor-associado IV de Linguística do Departamento de Linguística e coordenador do Programa de Pós-Graduação em Linguística da Faculdade de Letras da UFRJ. Foi professor visitante no Departamento de Línguas, Literaturas e Culturas da University of Massachusetts, Amherst. Fundou e coordena o Laboratório de Psicolinguística Experimental (LAPEX). Coordenou o Grupo de Trabalho de Psicolinguística da ANPOLL no biênio 2006-2008. Pesquisador 1C do CNPq, atua nas áreas de Psicolinguística, Teoria e Análise Linguística e Línguas Indígenas Brasileiras.

Mário A. Perini tem graduação em Letras pela Universidade Federal de Minas Gerais (UFMG) e doutorado pela University of Texas. É professor voluntário da Universidade Federal de Minas Gerais, tendo sido professor na UFMG, na PUC-Minas, na Unicamp e nas universidades de Illinois e Mississipi. Atua na subárea de Teoria e Análise Linguística, com concentração em português brasileiro falado, sintaxe, ensino de português e gramática de construções.

Maximiliano Guimarães é professor adjunto de Linguística da Universidade Federal do Paraná (UFPR), bacharel em Letras pela Universidade Federal da Bahia, mestre em Linguística pela Universidade Estadual de Campinas e doutor em Linguística pela University of Maryland. Foi membro da diretoria da Associação Brasileira de Linguística (Abralin) da gestão 2009-2011. Sua área de atuação como professor e pesquisador é Teoria da Gramática, trabalhando no quadro teórico da Gramática Gerativo-Transformacional, tendo como principais temas teoria e análise sintática, teoria e análise fonológica, aquisição de linguagem e argumentos de pobreza de estímulo.

Ronaldo Martins possui graduação em Letras pela Universidade Federal de Juiz de Fora, mestrado e doutorado em Linguística pela Universidade Estadual de Campinas. É consultor legislativo do Núcleo de Pronunciamentos do Senado Federal. Tem larga experiência na área de Linguística Computacional, como gerente de projetos (UNDL Foundation, NILC), como consultor e *language expert* (Lionbridge, Microsoft, Nuance, Itautec), e como pesquisador (Fapesp, CNPq, Capes, FINEP, Fondation Hans Wilsdorf). Também atuou em universidades brasileiras, como professor da graduação (Univás, Mackenzie, USF), como professor e orientador do Programa de Pós-Graduação *stricto sensu* em Ciências da Linguagem (Univás), como editor de periódicos científicos (*Todas as Letras*, *Entremeios*) e como coordenador de cursos de graduação em Letras (USF, Mackenzie).

Rosana Costa de Oliveira, graduada em Letras, tem especialização em Línguas Indígenas Brasileiras e em Gramática Gerativa e Cognição. Mestre em Linguística e doutora em Linguística pela Universidade Federal do Rio de Janeiro, é professora adjunta da Universidade Federal da Paraíba. Tem experiência na área de Linguística, atuando principalmente nos seguintes temas: Gramática Gerativa e Língua Indígena.